MILAN♥SECRETS

2ª EDIZIONE

ISBN 978-88-6852-785-3

Art director *Mara Scanavino*
Graphic designer *Alberto Lameri*
Mappe di *Francesco Sangalli*

www.baldinicastoldi.it
info@baldinicastoldi.it

BaldiniCastoldi
BaldiniCastoldi
baldinicastoldi
baldinicastoldi

Sibilla Milani
Emanuela Roncari

MILAN♥SECRETS

Pensi davvero di conoscere Milano?

BALDINI&CASTOLDI

INDICE

MILANO, CON NOI, NON È UN SEGRETO

Milano può essere odiosa.

Soprattutto alle diciannove di ogni cazzutissimo giorno feriale, quando cercate di farvi largo tra la folla per uscire dal vagone strabordante della metropolitana, che prima fagocita e poi vomita mandrie di lavoratori nei punti nevralgici della città. Se poi siete costrette a scendere in una stazione di interscambio, vi accompagnerete a decine di sventurati che spingono per raggiungere (possibilmente prima di voi) la loro ambìta meta.

Lì, intrappolate tra un ombrello e uno zainetto, tra una borsa e una sciarpa incastrata fra le spalle, sballottate a destra e sinistra e con lo sguardo rivolto in alto per cercare di guardare l'orizzonte e scorgere uno spazio libero, il solo pensiero è fuggire il più lontano possibile.

Camminare trasportati dalla ressa, salire le scale come in mezzo a un fiume in piena è esperienza da farsi in silenzio, e – almeno per quanto ci riguarda – in apnea.

Come se quel pezzo di giornata non fosse mai esistito. Come se, non respirando, potessimo evitare di vivere quei lunghissimi minuti tra la metropolitana e la libertà.

Nonostante questo, e in tutti gli altri momenti della giornata e soprattutto della serata, Milano è meravigliosa.

E mai l'avremmo potuta apprezzare e scoprire così bene se un giorno di tanti anni fa non ci fossimo incontrate e non avessimo intuito, al primo sguardo, che saremmo state amiche del cuore, della città e dello shopping.

Da allora ispezioniamo palmo a palmo tutte le vie di questo avamposto dell'Europa individuando quel che di unico ha da offrire a chi la sa guardare con occhi smaliziati e curiosi.

Da quel giorno nessuna ha mai più avuto alcun dubbio: avremmo condiviso ogni vetrina, ogni via, ogni ristorante e ogni indirizzo che valesse una chiacchiera fra noi due. Fino a quella volta in cui, un po' per scherzo, un po' sul serio, abbiamo deciso di mettere la parola fine alle richieste di tutte le nostre amiche o conoscenti, che ci stressavano con continue domande su dove si trovasse quella tal cosa che solamente noi eravamo in grado di scovare.

E se mettessimo tutte le nostre scoperte in un sito? Tre settimane dopo nasceva *MilanoSecrets*. Siamo da sempre ragazze smart. La determinazione non ci manca. La voglia di lavorare sodo, nemmeno.

La mania di girare per la città alla ricerca di posti nuovi era trasversale, e il sito ci dava una scusa in più per abbandonare uffici, famiglie, impegni, palestre e lanciarci verso un nuovo itinerario cittadino.

Effetti collaterali? Portafogli piangenti e carte di credito in fiamme, perché prima di consigliare uno qualunque dei posti citati lo testiamo personalmente, e adesso abbiamo anche la scusa per non sentirci troppo in colpa.

Emanuela, Sibilla

Non vogliamo essere trendy, ma chic.

Non vogliamo essere glamour, ma solo eleganti.

Non vogliamo stupire, ma offrire qualcosa di unico.

Condivideremo insieme a voi gli indirizzi – proposti in diversi itinerari – che abbiamo raccolto in anni di passaparola, shopping selvaggio e ricerche, per accompagnarvi mano nella mano in giro per la città.

Non sono itinerari turistici o convenzionali, non ci troverete piazza Duomo o il Castello Sforzesco, ma indicazioni totalmente personali per apprezzare Milano in modo nuovo.

I nostri suggerimenti avranno un testo, scritto nel nostro modo informale e ironico, e una mappa illustrata per vedere i nostri percorsi.

MilanoSecrets

USCIRE, MA NON DOVE CAPITA.

MANGIARE, MA NON QUALSIASI COSA.

SCOPRIRE, MA SOLTANTO QUELLO

CHE VALE LA PENA SAPERE.

Milano culturale
PIAZZA DELLA SCALA

Il centro non è uno dei luoghi dove preferiamo andare. Non è abbastanza nascosto, a qualunque ora del giorno è invaso da turisti appena scesi dai pullman, con le guide con gli ombrellini intente a mettere ordine tra i malcapitati viaggiatori.

Passeggiare in Galleria è quel che più lontano dal milanese si può immaginare, ma in questa zona si possono scovare posticini intriganti, da frequentare con parsimonia evitando le rotte consuete e imboccando strade meno battute.

Anche qui, quindi, si possono fare scoperte piacevoli, soprattutto se si va alla ricerca di qualche angolo poco conosciuto dei luoghi simbolo di una città in perenne movimento, ma molto legata alla sua storia.

E allora tuffiamoci in questo dedalo di stradine vicine al Duomo, e cominciamo ad apprezzare persino la Galleria: osservata con occhi nuovi, sarà un'esperienza *MilanoSecrets* anche questa! Per esempio, lo sapevate che tutti gli esercizi commerciali che si affacciano sulla Galleria devono avere rigorosamente le insegne delle vetrine uniformi, con scritte oro su fondo nero?

{SHOPPING}

SMALL THINGS

Via Ponte Vetero, 15
tel 02 8053532
lun/sab 10.00 - 19.00

Sixties con stile
Da Small Things, suggestivo concept store dedicato ad abiti, accessori e scarpe, si va per trovare capi insoliti, tutti realizzati con cura dal titolare, in pieno stile Sixties. L'imbarazzo della scelta è l'unico lato negativo di questo negozio, in cui le milanesi passano ore per scovare il capo più modaiolo da sfoggiare al prossimo aperitivo. 1

NEWOLDCAMERA

Via Rovello, 5
tel 02 36589216
lun 15.30 - 19.00
mar/sab 10.00 - 13.00
e 15.30 - 19.00
www.newoldcamera.com

Macchine fotografiche del giapponese all'Opera
Prendete un cantante lirico, giapponese. Mettetelo in un negozio di macchine fotografiche usate, a Milano. Vi sembra un mix irragionevole? No, è esattamente quello che troverete andando da Newoldcamera, in un interno di via Rovello. 2

DOUDOU

Via Mercato, 8
tel 02 89095893
lun 15.00 - 19.30
mar/sab 10.00 - 19.30
www.doudou.it

Bimbi alla francese
Che fossimo filo-francesi lo si poteva immaginare, ma quando si tratta di abbigliamento per bambini perdiamo letteralmente la testa. Ecco perché non poteva mancare questo negozio dove abbigliare i piccoli di casa con capi sempre inconsueti e con quel tocco in più che conquisterà loro e voi. 3

PORSELLI

Piazza P. Ferrari, 6
tel 02 8053759
mar/sab 9.00 - 12.30
e 15.00 - 19.30
www.porselli.it

Voglio tornar bambina
Anna da grande avrebbe voluto fare lo *spinazitt*. Per i non milanesi, questo è il soprannome che i milanesi davano alle bimbe minute ed elegantissime che studiavano alla Scala. Lucidissime scarpe dalla punta di raso rosa, soffici

tutù multicolori, calzamaglie e incrociatini… un sogno! Come ricrearlo? Tornando da Porselli per comprare le ballerine! Di tutte le tinte immaginabili, supercomode in mille situazioni, con il colore di stagione che diventa un vero must. 4

DEMALDÉ

Via Ponte Vetero, 22
tel 02 86460428
lun 15.30 - 19.30
mar/ven 10.30 - 14.00
e 15.00 - 19.30
sab 10.30 - 13.00
e 15.30 - 19.30

Gemelli… diversi!
L'eleganza non è il suo forte? Il suo guardaroba non corrisponde alla sua età anagrafica ma solo a quella mentale? Credeteci, è il problema di noi tutte. Ma spesso sono i particolari a fare la differenza. E mai come nel caso dei gemelli, il solo possederli farà del vostro lui un vero lord inglese. Cercateli nella microscopica ma meravigliosa vetrina di via Ponte Vetero: ci sono di tutte le fogge, di tutte le dimensioni, per tutti i portafogli e per tutti gli abbinamenti di colore (che naturalmente andranno fatti col vestito preferito…) Mentre ci siete, potete sempre dare un occhio ai gioielli d'epoca per voi: un regalo è più bello se si condivide con un altro (regalo)! 5

TORRIANI

Via Mercato, 5
tel 02 866519
lun 15.00 - 19.30
mar/sab 10.00 - 13.00
e 15.00 - 19.30
www.labottegadelcarnevale.it

La bottega del Carnevale
La festa più pazza dell'anno o la ami o la detesti. Noi l'adoriamo, perché ci permette di essere diverse da come siamo, almeno una volta l'anno. E di conseguenza non potevamo non amare questo bazar dai mille volti, dove l'imperativo è tornare bambini e divertirsi, travestendoci come più ci va. Ce n'è davvero per tutti i gusti: se amate trombette e coriandoli, questo è di sicuro il vostro regno. 6

{MANGIARE/BERE}

PIZZERIA SIBILLA

Via Mercato, 14
tel 02 39663561
mar/sab 12.30 - 14.30
e 19.00 - 23.00
dom 19.00 - 24.00
chiuso lunedì

Un punto di riferimento
Non potevamo non segnalarlo, rischio muso di Sibilla! Pizza e calzoni molto buoni, un po' un'istituzione

cittadina, in un locale lontano dalle mode e dalle tendenze. E se non può essere chic, allora che sia verace: a noi non dispiace proprio per la location, un po' spartana ma autentica e immutabile. Le certezze, di tanto in tanto, sono molto rassicuranti! 7

CUCINA DEL TORO

Via Camperio, 15
tel 02 875107
chiuso domenica

Con mamma e suocera

Semplicità e stile, per questo piccolo e ben frequentato ristorante che vi offre un porto sicuro in una zona non facile gastronomicamente parlando. Qui troverete piatti ben cucinati, personale accogliente e un ambiente rilassato e sereno, dove condividere un pranzo in tutto relax. Da portarci la mamma, o la suocera. O entrambe, se avete voglia di pensare ai fatti vostri mentre spettegolano tra loro. 8

SHION CAMPERIO

Via Camperio, 7
tel 02 49532787
www.shion.it

Nonsolosushi

Se vi hanno dato a intendere che la cucina giapponese è fatta solo di sushi, vi hanno spudoratamente mentito. E questo ristorante di specialità del Sol Levante è qui a dimostrarlo. Troverete tutto il cotto che rende questa cucina variegata e intrigante, sempre rigorosa e coinvolgente, con presentazioni da fotografia. Qualcuno sostiene addirittura che il pollo teriyaki (una squisitezza che vi consigliamo!) si mangi meglio qui che a Osaka. Non resta che andare in esplorazione. 9

CAFFÈ LETTERARIO

Via Rovello, 2
tel 02 72333505
lun/sab 12.00 - 22.00
dom 11.00 - 15.30
www.piccoloteatro.org

Lontano dagli sguardi

Siete con il vostro giovane amante e non volete esporvi troppo? Voilà, ecco il posto che fa per voi! Questo caffè è ricavato in un bell'angolo, nascosto all'interno del palazzo quattrocentesco che ospita il teatro Grassi. Quasi unico a Milano per la location centralissima ma un po' appartato, vi permette di godervi una pausa segreta (che può anche essere all'aperto nella bella stagione). Va bene anche se volete semplicemente prendervi un break tra una camminata e l'altra. Certo, con l'amante fa subito romanzo d'appendice! 10

REFETTORIO SIMPLICITAS

Via dell'Orso, 2
tel 02 89096664
lun/ven 12.00 - 15.00
e 19.30 - 23.00
sab 12.00 - 15.00 e 19.30 - 23.30
dom 12.30 - 14.30
APERITIVO lun/sab 18.00 - 20.00
www.refettoriomilano.it

Atmosfera conventuale
Di questo ristorante gradiamo l'atmosfera, un po' nordico e molto essenziale proprio come il refettorio di un convento, che ci fa riassaporare il piacere dell'ascolto pranzando in pace come a casa. Prediligiamo andarci al lunch, anche se di sera l'ambiente è reso suggestivo da tante candeline illuminate. 11

TOLDO

Via Ponte Vetero, 9
tel 02 86460863
mar/sab 7.00 - 23.00
dom 12.00 - 23.00

Una pallina, please!
Altro che «rito dell'happy hour». I milanesi di riti ne hanno ben altri, come per esempio questo vezzo da golosi: il caffè con la pallina (di gelato, naturalmente…) Un vero must cittadino da sorseggiare velocemente o da godersi con calma, dopo una bella sessione di shopping. Non amate il caffè? Prendete la cioccolata calda. Non vi deluderà! 12

{BUONI PRODOTTI}

DUE LECCORNIE

Via Mercato, 10
tel 02 72022877
chiuso domenica e lunedì mattina

Formaggi, salumi, gusto!
I formaggi ci piacciono a discapito della linea. Comprarli è un piacere secondo solo al gustarli. Anna fa addirittura parte della confraternita delle *Cheese girls*! Quindi non potevamo non darvi un indirizzo gustoso, dove scovare i migliori prodotti italiani e qualche chicca francese e spagnola. Quale scegliere? Ma il più puzzolente, ovvio! 13

{TEMPO LIBERO}

CIRCOLO FILOLOGICO MILANESE

Via Clerici, 10
tel 02 86462689
lun/ven 10.00 - 18.00
www.filologico.it

Cultura e relax
È la più antica associazione culturale della città, vero tempio

del sapere e degli incontri con il mondo che conta. Propone corsi di lingue, attività culturali ed eventi, e c'è sempre qualcosa di piacevole da fare in una delle sue sale. Noi ci andiamo anche solo per godere di uno spazio tranquillo nella bella biblioteca. 14

{BELLEZZA}

PARRUCCHIERE CENTRO ESTETICO SINERGIE

Via Broletto, 39
tel 02 86996733
mar/sab 9.30 - 18.30

Capelli al vento
Qui, da buone milanesi attente al look, trascorriamo ore per ottenere una chioma totalmente naturale per non sembrare appena uscite dal salone di bellezza. Si chiama Sinergie perché vi troverete i famosi trattamenti che faranno risplendere di luce propria i vostri meravigliosi capelli. Due ore ben spese che forse vostro marito non noterà, ma il vostro umore senz'altro sì. 15

{DORMIRE}

MANZONI42

Via Manzoni, 42
tel 335 8243343
suitemanzoni42@gmail.com

Sognando sui tetti
Questo bellissimo appartamento/attico con splendida terrazza è una scelta perfetta per il vostro soggiorno a Milano. È una suite all'ottavo e ultimo piano di uno stabile signorile in via Manzoni, a pochi passi da via Montenapoleone e dalle maggiori attrazioni cittadine. Chi non vorrebbe fingere di abitare qui in zona almeno qualche giorno nella sua vita? 16

HOTEL PALAZZO SEGRETI

Via San Tomaso, 8
tel 02 49529250
www.palazzosegreti.com

Design hotel nel cuore di Milano
Bellissimo contrasto tra un signorile palazzo d'epoca e interni moderni e ricercati. 17

{COL NASO IN SU}

PICCOLO TEATRO

Via Rovello, 2 - tel 848 800 304

www.piccoloteatro.org

Intellettuali di tutto il mondo, questo è il posto che fa per voi. Per avere argomenti di discussione anche nei salotti più «in», guardate gli spettacoli che vanno in scena qui e andrete sempre sul sicuro. **A**

TEATRO ALLA SCALA

Via Filodrammatici, 2

www.teatroallascala.org

Che ve lo diciamo a fare? È «theplacetobe» della città. Che siate di passaggio o residenti, stranieri o italiani, non potete perdervi l'emozione unica e indescrivibile delle luci che piano piano si abbassano per lasciare spazio all'arte. Ammirate il lampadario centrale, passeggiate nel foyer salutando con la mano, sorseggiate una flûte di bollicine nell'intervallo tra un atto e l'altro e non dimenticatevi che siete in uno dei teatri più belli al mondo. Ritardatarie? Non è il posto per voi. Qui si comincia alle 20, cascasse il mondo. Se ci siete bene, se no, faranno senza alcun problema a meno di voi. L'uscita artisti è sulla sinistra guardando il teatro: se cercate l'autografo dell'osannato Roberto (Bolle, *ndr*), dopo la rappresentazione piazzatevi davanti alla porta a vetri e spintonate le adolescenti. Potete farcela. **B**

DUOMO E GUGLIE

Piazza Duomo

www.duomomilano.it

Credenti o no, al Duomo si viene in gita scolastica da piccoli o si passa per rinfrescare le proprie conoscenze di architettura gotica. Se non siete mai state a Milano, cercate di venirci in metropolitana e uscite dalla scalinata in mezzo alla piazza: più imponente, magico di così non potrà essere. Salire sulle guglie e ammirare la città è un privilegio che val la pena concedersi, anche se verrete bollati come turisti e un milanese non lo farebbe mai. A meno di andarci al tramonto, per ammirare i terrazzi intorno alla piazza abitati da fortunati concittadini, che spesso non si godono la vista. Per vederlo da un punto di osservazione inconsueto, andate all'ultimo piano della Rinascente, e guardatelo da lì. Le guglie non sono mai state così vicine! **C**

GALLERIA VITTORIO EMANUELE

Piazza Duomo - Galleria Vittorio Emanuele II

Nessuna milanese che si definisce tale passa di qui, a meno che ci abiti o stia andando di corsa alla Scala o a bere un cocktail al Park Hyatt. Unico momento dell'anno in cui è concesso un passaggio è il 7 dicembre, Sant'Ambrogio, patrono della città e giorno in cui c'è la prima alla Scala e qui viene allestito un maxischermo per ascoltare l'opera senza pagare il biglietto. Per cortesia, non fate tre volte il giro con il tallone destro sulle palle del povero toro nel mosaico sul pavimento dell'Ottagono della Galleria: dicono porti fortuna (in realtà la tradizione prevede di farlo soltanto la notte del 31 dicembre a mezzanotte), ma noi non vi rivolgeremo mai più la parola. D

DUOMO

Statua della Libertà

L'abbiamo sempre pensato che siamo molto più avanti degli americani: e la statua sul lato sinistro del balcone sopra il portale centrale del Duomo ne è la prova provata! Non trovate una certa qual somiglianza? Sicure? Eppure… Sembra davvero che questa statua, dal titolo la *Legge Nuova* e realizzata nel 1810 per mano di Camillo Pacetti, sia un modello a cui si ispirarono per realizzare il simbolo dell'approdo a New York City. E

{COME GIRARE MILANO}

Milano è piccola, concentrata, bellissima da esplorare a piedi. Ma non sempre è possibile! E ogni tanto è piacevole utilizzare uno dei mezzi di trasporto disponibili per raggiungere la meta prediletta.

In assoluto, avendo tempo, il mezzo da usare è il tram.. Del resto, è il mezzo dei nostri nonni, e da allora poco è cambiato, e percorrere le vie su questo splendido cavallo di ferro sferragliante e sballonzolante è un'esperienza che dev'essere vissuta.

Se siete amanti dello sharing, troverete tutto quel che fa per voi. Dalle bici alle auto, a breve persino gli scooter, si possono affittare con un semplice clic da un'app e usare come se fossero vostri. Di solito, è la scelta più economica e pratica, e i milanesi di Milano non ne possono più fare a meno. Volete mettere quant'è sostenibile, ecologico e raccontabile all'aperitivo? I servizi più celebri sono **Car to go** ed **Enjoy**, uno con tessera e l'altro senza. A voi la scelta.

Non vi va di guidare o semplicemente non avete la patente? Soprattutto di sera, o per raggiungere quei luoghi dove non c'è la metropolitana, ecco spuntare i taxi bianchi. Tre le sigle, che si differenziano a seconda del numero di telefono: **02/4040, 02/8585, 02/6969**. Su tutte le auto troverete autisti disponibili a una chiacchierata, meglio se a tema politico, contro il sindaco e l'amministrazione comunale. Di qualunque colore o partito siano, di sicuro sono contro i taxisti! Fatevi consigliare da loro, ma non prendeteli troppo alla lettera, spesso vi mandano nella pizzeria del cugino, e non perché sia la migliore!

Se volete essere *up to date*, però, proprio come una milanese di stampo internazionale, girate la città col servizio più cool (e contestato!) del momento: **Uber**! Così i taxisti se la prenderanno anche con voi! Comodo, si prenota con la app, rapido e sempre con auto di livello, vi scarrozza dove volete al prezzo di un taxi, o poco di più. Ma volete mettere raccontarlo agli amici?

Un classico imperdibile
BRERA

L'Accademia di Brera e l'annesso museo sono una delle tappe fisse di qualunque viaggio in Italia che si rispetti: è un pellegrinaggio che ogni appassionato d'arte, ma a dire il vero ogni turista che dir si voglia, mette nel suo carnet.

Però in quanti sanno che lo splendore nascosto dentro quelle storiche mura fu voluto da Maria Teresa d'Austria in persona?

È infatti merito dell'imperatrice se nel 1776 è nato questo angolo di meraviglia: un'accademia, una pinacoteca, un orto botanico da mille e una notte in cui andare alla scoperta di opere artistiche ed erbe da tutto il mondo.

Un bel punto di partenza per gironzolare nei dintorni, che qui sono un vero e proprio pezzo di storia: non c'è che l'imbarazzo della scelta, tra via Brera, via Fiori Chiari e via Madonnina.

Un giretto qui ci porta sempre a contatto con tanti turisti, di quelli attenti che hanno capito che Milano non è solo il Duomo, ma nasconde altre bellezze da non perdere in cui scovare suggestivi scorci per foto ricordo, gustosi piatti, ma anche regalini perfetti per sé o per gli altri.

Un angolo della città completamente pedonale, dove dimenticare il traffico e dove passeggiare, dribblando venditori di falsi e lettrici di carte con il loro banchetto posticcio. Ma dove ritrovare l'autentico spirito di una città che ama il bello, soprattutto se è nascosto e segreto.

{SHOPPING}

RIGADRITTO

Via Brera, 6
tel 02 80582936
lun/sab 10.30 - 19.30
dom 11.00 - 19.00
www.rigadritto.com

Profumo di cartoleria

Un luogo magico dove ci piace tornare spesso. Più che una cartoleria noi la consideriamo una terapia per farci tornare il buonumore: basta un piccolo acquisto a renderci felici. Giancarlo e Beba Naj-Oleari, gli ideatori, sono persone speciali con un talento naturale per la selezione di cose belle. Pensando a loro non possiamo non ricordarci delle splendide stampe che hanno vestito e accompagnato a scuola un'intera generazione di milanesi, compresa Anna, che non poteva fare a meno delle sue apine gialle su fondo verde acqua. 18

MERONI SÌ

Via Madonnina, 10
tel 02 8057406
lun 15.00 - 19.00
mar/mer/ven 10.00 - 14.00
e 15.00 - 19.00
gio/sab 10.00 - 13.00
e 15.00 - 19.00

Regali da zia

State cercando un regalo per la nascita della vostra figlioccia? Ecco il posto che fa per voi! Tutine, pigiamini, borse, culle e accessori vari. Noi non abbiamo potuto fare a meno di portarci a casa la culla old style con le ruote, per poter ninnare con stile i nostri pargoli! 19

CAVALLI E NASTRI

Via Brera, 2
tel 02 72000449
lun 14.30 - 19.30
mar/sab 10.30 - 19.30
dom 12.00 - 19.30
www.cavallienastri.com

Vintage doc

Se volete essere una milanese, dovete essere passate da qui almeno un paio di volte. Attenzione al portafoglio: non ve lo rubano, certo, ma rischiate il collasso economico per troppe spese in questo regno della moda vintage, che raccoglie abiti e accessori di un tempo che fu. Una certezza se volete acquistare qualcosa di unico, proveniente da chissà dove e indossato da chissà chi. 20

GOODS

Via Castelfidardo, 2
tel 02 36596003
lun 15.00 - 19.30
mar/sab 10.00 - 19.30
www.facebook.com/goodsmilano

Più che buono, bello!
Un mix vincente di moda street e tailor made: scegliete il modello e il tessuto dalle cartelle colori e senza sovrapprezzo ecco pronto un modellino fatto apposta per voi. Borse vintage e maglioni di cashmere completano l'offerta. 21

IL CIRMOLO

Via Fiori Chiari, 3
tel 02 8052885
lun 15.00 - 19.00
mar/dom 10.00 - 19.00
www.ilcirmoloantiquariato.it

Appeal rétro
Se anche a voi piace l'arredamento diversificato, che regna indiscusso a casa di Sibilla e Anna, dove tutto è stratificato dal tempo e rimescolato dai viaggi, qui troverete ciò che fa per voi. Dai mobili classici agli oggetti antichi di campagna, mobili in ferro patinato del Novecento, centinaia di oggetti inglesi dell'Ottocento (dalle ceramiche bianche e blu all'Old Sheffield), fregi e lampade in legno patinato o dorato, e una discreta selezione di oggetti per gli appassionati di mare e di nautica d'epoca. A completare l'opera un'infinità di oggetti curiosi: modelli anatomici, insegne pubblicitarie e giocattoli, tutto rétro. 22

PROFUMO

Via Brera, 6
tel 02 72023334
lun/sab 10.00 - 19.00
www.profumomilano.com

Laboratorio olfattivo
Tutte noi abbiamo il nostro profumo preferito, quello che ci caratterizza e usiamo da una vita, ma non possiamo rinunciare a una visita a questo negozio che raccoglie le chicche non commerciali nel mondo delle essenze. Da poco ospita anche il famoso marchio Le Labo con confezioni bellissime, semplici e minimali, proprio come si conviene al bagno sobrio ed elegante di ogni milanese che si rispetti. 23

LA VETRINA DI BERYL

Via Statuto, 4
tel 02 654278
lun 15.30 - 19.00
mar/sab 10.30 - 19.00

Ostinatamente... scarpe!
Lo sappiamo benissimo, quando si tratta di scarpe il mondo femminile si divide in due: quelle che farebbero follie pur di indossare i trampoli più cool e quelle che nemmeno dipinte si

arrampicherebbero sul tacco 12. Per la prima categoria, questo è il posto perfetto. Incredibili, pazze, scriteriate, ma splendide, queste proposte vi faranno andare letteralmente fuori di testa! Osare è la parola d'ordine. 24

{MANGIARE/BERE}

SUSHI B

Via Fiori Chiari, 1/a
tel 02 89092640
APERITIVO 18.30 - 21.00
PRANZO 12.30 - 14.00
CENA 20.00 - 23.00
chiuso domenica
www.sushi-b.it

Eccellenza in salsa jap
Milano sta vivendo una vera e propria new wave della ristorazione, e il Sushi B è uno dei più quotati rappresentanti di questa rinascita. Il locale è molto elegante nella sua semplicità: bello il bar all'ingresso per la zona aperitivo, piacevole la possibilità di cenare al banco del teppanyaki in cui un vetro separa la zona cottura dai clienti. Nel seminterrato invece c'è il sushi bar, con poltroncine voluttuosamente morbide. Non poteva mancare in questo tempio neo glam una saletta vip, rigorosamente privata, con *chef's table* da 10 persone. La carta è ricca, ricchissima, forse anche troppo con quasi 100 piatti. 25

FIORI CHIARI PLATES

Via Fiori Chiari, 13
tel 02 36630635
lun/dom 12.30 - 15.00
e 19.30 - 24.00
www.fiorichiariplates.it

Un bistrot da amare
Un bistrot dall'atmosfera gradevole proprio nel cuore di Brera, dove notoriamente mangiare «non da turista» è un'impresa ardua. Qui il menu è equilibrato, i piatti sono ben fatti e la scelta giustamente varia. Location decisamente carina, adeguata al tono della zona in cui siete. 26

LA TORRE DI PISA

Via Fiori Chiari, 21/5
tel 02 874877
lun/dom 12.00 - 14.45
e 19.00 - 24.00
www.trattoriatorredipisa.it

Toscana in famiglia
Prenotare è indispensabile, e vi dà l'idea di quanto questa trattoria di lusso con impronta toscana sia frequentata. Ambiente *décontracté*, clientela affezionata, piatti sinceri. Un buon posto per un pranzo in famiglia. 27

DI VIOLE DI LIQUIRIZIA

Via Madonnina, 10
tel 02 89092201
lun 12.45 - 20.00
mar/dom 9.00 - 20.00

Bomboniera golosa
La scoperta di questo angolo antico della città non può che iniziare con una tazza di tè accompagnata da una cupcake (vera e propria mania delle milanesi *à la page*) o da un croissant burroso alla francese in questo piccolo e profumato negozio. Accostatevi al bancone e scegliete tra le decine di proposte, e prima di uscire non dimenticate di fare scorta di... liquirizia, naturalmente, che qui è proprio buona ed è ideale da sgranocchiare durante il vostro shopping (tra l'altro è anche light, quindi non influisce sul conteggio calorico giornaliero!) 28

RISTORANTE CARMINIO

Via del Carmine, 3
tel 02 72022992
lun/sab 12.00 - 15.00
e 19.00 - 23.00
chiuso il sabato a pranzo a luglio
www.carminiocucina.com

Cucina per amiche
Per una serata tranquilla con la vostra migliore amica, Carminio è il posto ideale. Cucina casalinga dai sapori genuini e di stagione che si ispira alla campagna, per un luogo che fa tanto salotto della nonna, senza i tocchi hipster che vanno così di moda in città ma che a noi cominciano a dare un po' noia. Non vi resta che cercare la compagnia perfetta per andarci al più presto! 29

JAMAICA BAR

Via Brera, 32
tel 02 876723
lun/dom 9.00 - 2.00
www.jamaicabar.it

Istituzione alcolica
Immancabile un cocktail nel superclassico Jamaica Bar, una vera e propria istituzione di questa zona, dove incontrare in un funambolico melting pot uomini d'affari in giacca e cravatta, hipster con bici a scatto fisso e MacBook Air sul tavolino, signorine della Milano strabene e famiglie di turisti tedeschi. Tutti accomunati da un'innata passione per i cocktail ben shakerati e le patatine da sgranocchiare. A questi tavolini si sono seduti negli anni tutti gli intellettuali milanesi o di passaggio in città. Potete mancare proprio voi? 30

{BUONI PRODOTTI}

MACELLERIA PANZERI

Piazza del Carmine, 1
tel 02 86464599
lun 8.30 - 13.00
mar/sab 8.30 - 13.00
e 15.45 - 19.30

Super cotolette!
Venite in questa macelleria nel cuore della vecchia Milano per acquistare una carne goduriosa. La barba del proprietario dietro al bancone è garante dell'ottima qualità. Le specialità sono davvero tante, ma noi stravediamo per le mini cotolette di pollo con osso già impanante pronte da cuocere. Faranno impazzire i vostri amici, ai quali potrete spacciarle per home made. Basta non rivelare l'indirizzo del fornitore! 31

FARAGE

Via Brera, 5
lun/ven 8.00 - 19.00
sab 10.00 - 19.00
dom 12.00 - 19.00
www.faragecioccolato.it

A tutto ciocco
Per praline, biscotti, caramelle & Co (con qualche piatto dalla piccola cucina) una puntata indispensabile per le amanti del cioccolato in tutte le sue possibili declinazioni, anche con abbinamenti inattesi e golosi. 32

{DORMIRE}

HOTEL MILANO SCALA

Via dell'Orso, 7
tel 02 870961
www.hotelmilanoscala.it

Il fascino del centro
Nel cuore del quartiere di Brera, a pochi passi da via Montenapoleone, il Duomo e piazza della Scala, l'hotel è situato in uno storico palazzo milanese dell'Ottocento ed è un esempio di come si possa conciliare il concetto di ospitalità contemporanea, l'amore per la musica, lo charme e la raffinatezza di un boutique hotel e la sensibilità ai temi ambientali. Straordinaria terrazza panoramica all'ottavo piano con vista mozzafiato su tutta la città che propone durante la stagione estiva una versione eco-chic del classico aperitivo milanese. Qualunque sia il motivo del vostro viaggio, l'Hotel Milano Scala vi regalerà un'emozione unica che porterete a casa con voi. 33

ACCADEMIA E PINACOTECA DI BRERA

Via Brera, 28
www.brera.beniculturali.it

Che ci veniate per studiare o per ammirare i capolavori qui custoditi, questo è uno dei templi indiscussi della città. Uno dei luoghi simbolo di una Milano che non è solo business e tendenza, ma anche cultura e storia. Fondata nel 1776, per desiderio di Teresa d'Austria, ospita, tra gli altri, dipinti di Caravaggio e Raffaello. La Pinacoteca espone una delle più celebri raccolte italiane di pittura, e, in estrema sintesi, non potete non visitarla. F

ORTO BOTANICO

INGRESSO PRINCIPALE DA Via Brera, 28
o Via Fiori Oscuri, 4 e anche da Via Gabba
www.ortobotanicoitalia.it/lombardia/brera

Una autentica chicca, sconosciuta anche a tanti concittadini, che muta a ogni stagione. Qui sono coltivate numerosissime specie vegetali, in un cortiletto iper chic, dove scoprire tutti gli aromi più profumati o leggere un libro all'ombra degli alberi secolari. Teresa d'Austria l'ha voluto, e noi ne godiamo ogni volta che possiamo, come un piccolo giardino segreto dove nasconderci dalla frenesia dei dintorni. G

BIBLIOTECA NAZIONALE BRAIDENSE

Via Brera, 28
www.braidense.it

Un emozionato «wow!» (mi raccomando, a bassa voce!) non potrà che sfuggirvi quando, dopo aver salito l'imponente scalone, vi troverete in questo scrigno di tesori di carta di inenarrabile valore. Se amate i libri, non potrete non adorare questo luogo dal profumo inconfondibile e dall'atmosfera ovattata, dove il tempo si è fermato. Perdetevi tra i capolavori che spuntano da ogni scaffale e ammirate il meglio della cultura racchiuso qui. Non c'è digitale che tenga! H

{LE CLASSIFICHE DI MILANOSECRETS}

LE 5 FRASI SU MILANO IN MUSICA

Porta Romana
Giorgio Gaber
«Porta Romana bella Porta Romana
è già passato un anno da quella sera
un bacio dato in fretta sotto un portone.»

Il ragazzo della via Gluck
Adriano Celentano
«Là dove c'era l'erba ora c'è una città,
e quella casa in mezzo al verde ormai, dove sarà?»

Luci a San Siro
Roberto Vecchioni
«Ma dammi indietro la mia Seicento,
i miei vent'anni e una ragazza che tu sai.
Milano scusa stavo scherzando,
luci a San Siro non ne accenderanno più.»

Milano
Lucio Dalla
«Milano lontana dal cielo tra la vita e la morte continua il tuo mistero.»

Milano
Alex Britti
«È Milano, con i suoi 1000 dialetti, con le settimane lunghe
e con gli uffici, con le abbronzature a 100.000 watt
e con la vita appesa a 1000 sacrifici.»

{IL BON TON ALLA MILANESE}

Prendersi sul serio, ma non troppo e non sempre. Questo è il nostro imperativo categorico. Ma quando si tratta di savoir-faire, non si può sbagliare, e soprattutto si devono conoscere le usanze locali. Ecco dei suggerimenti facili e di agile lettura per il perfetto bon ton alla milanese, per non perdere un colpo e spargere stile come se non avessimo mai fatto altro nella vita. Forse, sono regole che valgono anche in altre parti del mondo, o forse no. Di sicuro, a Milano, funziona così.

La mancia al ristorante: sì o no? Ma soprattutto, quanto? Ne abbiamo discusso a lungo e – anche se i milanesi sono un po' tirchi da questo punto di vista – lasciare il 10% del conto è cosa buona e giusta. Non nelle mani del cameriere, meglio nel portaconto. Non c'è? Allora al tavolo, ma senza farvi notare troppo.

Se un milanese vi invita a cena che cosa portate, e quando? Vige la regola non scritta di evitare mazzi di fiori troppo ingombranti, la padrona di casa potrebbe non avere un vaso adeguato o lo spazio necessario! Vino e prodotti gastronomici? Starete forse insinuando che la vostra ospite non ha abbastanza da darvi da mangiare? Insomma, fate girare le rotelline e cercate qualcosa di più personalizzato, perfetto se fatto recapitare il giorno dopo, con un biglietto di ringraziamento. Così old style, ma così chic!

E se siete voi, le padrone di casa? L'invito per telefono o sms? Inorridiamo! Se proprio non volete sprecarvi con un invito scritto a mano (ok, stiamo scherzando!), almeno sprecatevi con una telefonata. Se invitate noi con un sms… non verremo. Siete avvisate!

Su quest'altra regola Anna e Sibilla dissentono… Sarà perché una è milanese e una pendolare? Per Sibilla, è assolutamente vietato portarsi il cambio di scarpe in ufficio, anche se prima si devono percorrere milioni di chilometri. Per Anna il cambio è vitale. Insomma… vedete voi. Le milanesi, comunque, non lo fanno mai.

E infine, tre regole-base da scolpirsi nel cervello e non dimenticarsi mai, cascasse il mondo: *non* si dice «Salve» quando ci si saluta; *non* si dice «Piacere» quando ci si incontra; *non* ci si presenta solo con il nome né ci si dà del tu al primo incontro se avete superato i 20 anni.

Ora siete pronte: sapete davvero tutto per essere milanesi come un'autentica milanese!

Storia e tradizione
SOLFERINO

Il 2014 ha segnato indiscutibilmente la rinascita di questa zona, da sempre sede di locali storici ma che si sentiva addosso un po' una vecchia patina. Adesso via Solferino è una delle strade a più alto tasso di nuovi locali, che si susseguono senza soluzione di continuità e offrono ai visitatori tutto quello che si può desiderare, dall'aperitivo al dopocena.

Se passate di qui dalle diciannove in poi ci troverete l'intera città, alle prese con tutte le cucine d'Italia e non solo, in luoghi rinnovati ma che mantengono intatto il loro fascino.

Di giorno il regno è appannaggio dei tanti lavoratori del «Corriere», che qui ha la sua sede storica, mentre di sera diventa un luogo da movida, assolutamente da frequentare e da vivere all'aperto.

Via Solferino e dintorni è un angolo di fantasia in una città più abituata a usare ragionamento e puntualità, piuttosto che genio e sregolatezza. Qui l'offerta commerciale e culturale è completa, paragonabile alle realtà dei «Village», i quartieri caratteristici che troviamo nelle più grandi metropoli.

Quando siamo indecise, questo è il posto giusto, perché se non c'è un buco da Pisacco, si può sempre andare ai Salentini, e se proprio ci va male c'è Zazà, che tanto piace agli hipster in vena di delizie d'Oriente.

Che dite? Ci venite anche voi?

{SHOPPING}

LE SOLFERINE

Via Solferino, 2
tel 02 6555352
lun 11.00 - 19.30
mar/sab 10.00 - 19.30
dom 11.00 - 14.00 e 15.00 - 19.00
www.lesolferine.com

Ancora un paio, uno solo...
Quando abbiamo bisogno di un paio di scarpe il primo posto dove andiamo a curiosare è questo. E noi, come voi, abbiamo sempre bisogno di un nuovo paio di scarpe, *n'est-ce-pas*? Grandi classici e tante novità da non perdere, sempre ben presentate e sempre ben disposte, esattamente come noi all'acquisto compulsivo. I diamanti sono i migliori amici delle donne, può essere, ma le scarpe non sono da meno! 34

KRISTINA T

Via Solferino, 18
tel 02 653379
lun 15.00 - 19.00
mar/sab 10.00 - 19.00
www.kristinati.it

Dobbiamo presentarvela?
Nel nostro armadio un capo di Kristina T non può mai mancare, come non manca negli armadi di quasi tutte le milanesi chic, che adorano questo marchio, uno dei pochi che viene consapevolmente citato ed esibito, a garanzia di linee sobrie, pulite, ma elegantissime. Insomma, è una delle nostre stiliste preferite, e diventerà anche la vostra, appena andrete a trovarla nel suo negozio. Apprezziamo il suo mood romantico e molto femminile, ma mai affettato e kitsch. 35

GIOLINA & ANGELO

Via Solferino, 22/a
tel 02 653770
lun 15.30 - 19.30
mar/sab 10.30 - 13.30
e 15.30 - 19.30
www.giolinaeangelo.com

Gioielli reinventati
Chi non ha un anello della nonna, o una spilla trovata in un mercatino, che ci piace tanto, però avrebbe bisogno di una rimodernata? Ecco il posto che state cercando! Angelo Mereu e i figli Giolina e Giammarco disegnano e creano gioielli da molti anni, e oltre a proporvi le loro creazioni, recuperano i gioiellini della Comunione, o appunto le vecchie cose della nonna e le riportano a nuova vita, trasformandole in gioielli unici. Realizzati con materiali poveri o preziosi, i gioielli a volte vengono creati proprio sotto i vostri occhi. Che volete di più dalla vita? 36

JE M'EN FOUS

Via Solferino, 12
tel 02 63793911
lun/sab 10.30 - 19.30
jemenfous.it

No logo!
Adoriamo la filosofia di questo brand: me ne frego della logomania. In pieno stile *MilanoSecrets*, Je m'en fous ha trovato un modo molto raffinato per ricordarci che i brand sono una garanzia, ma non dobbiamo diventarne portabandiera: insomma, via quel gigantesco ricamo con la marca e lasciamo il posto a linee e colori, tessuti e decorazioni che da soli sono capaci di raccontare una storia. Sì quindi a questi abiti e capi curati nel dettaglio e nei materiali, che ci distinguono senza farci diventare «di serie». 37

{MANGIARE/BERE}

FIORAIO BIANCHI CAFFÈ

Via Montebello, 7
tel 02 29014390
lun/sab 8.00 - 24.00
www.fioraiobianchicaffe.it

Fiore tra i fiori
Abbiamo tutte l'amica miss perfettina, quella che sa tutto su come vestirsi, mangiare, crescere i pargoli e tenersi strette un uomo. Il Fioraio Bianchi è un luogo magico, in cui il relax è dato dai fiori e il buon gusto fa capolino a tavola: un bel mix tra un fiorista e un ristorante, sul quale anche l'amica più critica non avrà davvero nulla da ridire. 38

FISHBAR DE MILAN

Via Montebello, 7
tel 02 62087748
mar/sab 12.00 - 15.00
e 20.00 - 24.00
BRUNCH dom 12.00 - 16.00
www.fishbar.it

Fish&People
Si chiama Fishbar ma è il perfetto rifugio del pescatore che c'è in voi! I mattoni a vista sbiancati, le lampade di metallo, i tavoloni di legno e i dettagli studiati ne fanno un quadro perfetto per gustare le specialità di uno chef che ci è sempre piaciuto e non delude nemmeno in questa nuova avventura a tema pesce! Il format è facile: pochi tavoli (prenotate, gente! Anche perché questo posto sta diventando terribilmente cool), pochi piatti ma di gran sostanza, carta dei vini intrigante, conto onesto. Se impazzite per il fish&chips qui ne avrete una porzione da non poterne più, se volete ricordare la vacanza nel Maine c'è il più classico lobster roll, se volete sentirvi born in the USA vi mettono a disposizione un fishburger da finire dopodomani. 39

PISACCO RESTAURANT & BAR

Via Solferino, 48
tel 02 91765472
mar/dom 12.00 - 15.00
e 19.00 - 1.00
www.pisacco.it

DRY COCKTAILS & PIZZA

Via Solferino, 33
tel 02 63793414
aperto tutte le sere
COCKTAIL BAR 19.00 - 1.30
PIZZERIA 19.00 - 24.00
www.drymilano.it

Il bello e il buono
Ci andate perché fa figo (quasi quanto usare lo scalogno). Ci dovete andare perché: «Ma come, non ci sei ancora stata?» Ci andrete perché – comunque – il conto è così abbordabile che per essere a Milano «neanche la pizzeria». Ma andateci anche perché si mangia bene, e non è un dettaglio, considerato che il posto è in zona vip, è disegnato da un architetto, gestito da uno starchef e il personale è cortese e sorridente. Pisacco vi è già venuto a noia? Improbabile. Ma se siete pronte per un'esperienza ancora più cool, entrate al civico di fronte e provate Dry. Stessa squadra, stessa competenza, formula intrigante: pizza e cocktail, entrambi da sogno. Mica pizza e fichi! 40

I SALENTINI

Via Solferino, 44
tel 02 45498948
mar/dom 11.30 - 15.00
e 18.30 - 23.30
www.isalentini.com

Pizzica?
L'ultimo must della Milano bene è avere una masseria in Puglia, quindi ottima l'idea di trasferirne le bellezze naturali e le prelibatezze culinarie a Milano. Qui le potete trovare in un ambiente davvero curato, visto che siamo negli spazi ben restaurati di un'ex galleria d'arte. Tra l'altro potete portarvi un po' di Salento anche a casa, visto che è possibile acquistare prodotti tipici come vino e olio. Per i nostalgici della pizzica e gli appassionati della taranta. 41

ZAZÀ RAMEN

Via Solferino, 48
tel 02 36799000
lun/dom 12.00 - 15.00
e 19.00 - 24.00
zazaramen.it

Come Zenigata
Se anche voi, come noi, siete state fan del cartone animato *Lupin III*, non potrete non ricordarvi che l'ispettore Zenigata, detto «Zazà», mangiava spesso ramen. Questo posto davvero carino ripropone il ramen giapponese con attenta scelta di ingredienti dalla cucina italiana. Negli ultimi mesi del 2014

è stato uno dei must della città, e queste zuppone ricche e variegate sono davvero la nuova cotoletta. E qui è decisamente la mecca di questo particolare tipo di piatto. Per voi, si sa, solo il meglio! 42

BAB

Via San Marco, 34
tel 02 83422356
lun/ven 12.30 - 15.00
e 18.30 - 22.00

Il coreano che non ti aspetti
Uno degli chef che conosciamo e che insegna cucina italiana all'estero racconta sempre che la Corea è uno dei luoghi più belli e gastronomicamente interessanti al mondo. E allora perché non provare la cucina coreana a due passi da casa? Qui ci consigliano i kimbap fatti di verdure, pollo, tofu, pesce, uova, carne. Il locale nasce come takeaway, ma a noi piace fermarci per un aperitivo... Sapete che ai milanesi questo momento della giornata non basta mai! 43

BIRRERIA BALADIN

Via Solferino, 56
tel 02 6597758
lun/dom 12.00 - 2.00
www.baladin.it

Le birre di Teo
Teo Musso è un'istituzione piemontese, ma le sirene milanesi l'hanno conquistato e dal 2013 da Piozzo ha trasferito alcune delle sue creazioni più buone anche nella città degli Sforza. Baladin è una certezza per le birre, sempre piacevolissime e sempre con belle storie da raccontare anche al birrofilo più impegnato. Questa nuova «declinazione» dello stile Baladin non mancherà di stupirvi per la sua anima «double face», con piatti che chiamano birra! 44

LATTERIA DI SAN MARCO

Via San Marco, 24
tel 02 6597653
lun/ven 12.30 - 14.30
e 19.30 - 22.00
chiuso sabato e domenica

In latteria si mangia!
Se siete una milanese, questo posto lo conoscete. Se volete diventarlo, segnatelo subito in agenda e frequentatelo finché non diventate delle habitué. Il luogo fa parte della storia della nostra città e da sempre offre ristoro ai passanti di questa zona chic. Lo spazio è molto piccolo e non accettano prenotazioni, se volete mangiare qui andate un po' presto. Troverete giornalisti, intellettuali e semplici concittadini che amano la sua cucina casalinga, genuina e molto buona. 45

EL TOMBON DE SAN MARC

Via San Marco, 20
tel 02 6599507
mar/dom 9.30 - 15.00
e 17.30 - 1.00

Classico con brio

Anche qui parliamo di un locale che ha fatto la storia di Milano, ed è un punto di riferimento indiscusso della zona. Il bar è sempre affollato ed è piacevolissimo fermarsi per bere un bicchiere di vino e ammirare il movimento, che è un giusto mix tra anziani del quartiere, uomini d'affari in giacca e cravatta e studenti squattrinati. Se volete mangiare un piatto, qui gusterete la cucina classica milanese, sempre più difficile da trovare in città. Se siete fortunate, al piano inferiore di tanto in tanto si suona buona musica. 46

BRERI

Via Pontaccio, 5
tel 02 36737385
lun/sab 11.00 - 15.00
e 18.30 - 22.00
www.breri.it

Sapori di Puglia

Qui manca solo… il mare! Per il resto c'è la summa di tutto quel che ci fa impazzire del tacco d'Italia, dalla celeberrima focaccia barese a ogni genere di panzerotto di cui davvero c'è solo l'imbarazzo della scelta. Se passate come noi per un aperitivo *comme il faut* ecco comparire i vini pugliesi, i tarallini che dire uno tira l'altro è riduttivo e le olive ciccione e carnose che solo loro le sanno fare così gustose. Vi è venuto un certo appetito? Fermatevi ancora un po', e non fatevi sfuggire la tiella di riso e cozze, e tutte le altre delizie in cui le verdure sono sovrane, e il gusto anche! 47

MACINATA SARTI DI BURGER

Via Goito, 3
tel 02 29014858
lun/dom 12.00 - 15.00
e 19.30 - 24.00
www.macinata.it

Macinata? Perché no?

A Milano, proprio davanti al liceo Parini, è l'indirizzo da tenere a mente per una cenetta porcosa al punto giusto, dove godersi un panino coi fiocchi e scoprire un altro modo di apprezzare la cucina americana. L'hamburger lo crea il cliente, scegliendo tra un sacco di possibili combinazioni e aggiungendo tutto quel che si può desiderare: un panino taylor made, da veri «sarti» del food! Se volete stare a casa, hanno anche il servizio delivery: per pigri impenitenti! 48

MEATBAR DE MILAN

Via Solferino, 41
tel 02 6596249
mar/dom 12.00 - 15.00
e 20.00 - 24.00
www.meatbar.it

Ricette carnivore
Prima c'era il Fishbar, poi quando sul pesce si sono stabilizzati, gli stessi gestori hanno scoperto la loro vena carnivora e hanno aperto questa bella versione «meat». Degno fratello del Fishbar, questo bistrot vi permetterà di assaporare tutte le specialità più gustose, dalle ali di pollo alle costolette, fino alle costate e agli hamburger. Il tutto sapientemente accompagnato da salsine di gran gusto. 49

TAKEAWAY BISTROT

Via San Marco, 33
tel 02 6552204
lun/sab 8.00 - 2.00
www.takeawaybistrot.it

Da mane a sera
Che passiate di qui per la colazione, il pranzo, l'aperitivo o la cena, ma anche solo per uno snack veloce tra una compera e l'altra, troverete quel che fa per voi e riuscirete a scovare un angolo tranquillo in una Milano che va sempre di corsa. 50

{BUONI PRODOTTI}

ENOTECA COTTI

Via Solferino, 42
tel 02 29001096
mar/sab 9.00 - 13.00
e 15.00 - 20.00
www.enotecacotti.it

Non solo vini
Il gusto autentico delle cose buone di una volta, racchiuso in un luogo che di per sé è un pezzo di storia della nostra città. Spingete la porta a vetri e fatevi catapultare dentro un mondo che non c'è più, ma che qui resiste e addirittura si moltiplica. Bottiglie a perdita d'occhio e drogheria d'altri tempi in cui andare alla ricerca di quelle cose che ci facevano impazzire dalla nonna. Per noi, per esempio, mai più senza i canestrelli di Biella, che qui troneggiano come fossero un bel ricordo, ma che invece sono ancora fragranti e golosi. 51

CENTRO BOTANICO

Piazza San Marco, 1
tel 02 29013254
lun/sab 10.00 - 19.30
dom 15.00 - 19.30
centrobotanico.it

Bio bio bio
Anna ci ha comprato il suo inseparabile tappetino del fachiro, che da quando è entrato nella sua vita la cervicale è solo un brutto ricordo. Emanuela adora i prodotti per il corpo, specialmente quelli tutti naturali che produce un simpatico signore in Sicilia con agrumi e olio dei suoi terreni. Voi cercatevi quel che di più bio vi va, e avrete solo l'imbarazzo della scelta! 52

{DORMIRE}

ANTICA LOCANDA SOLFERINO

Via Castelfidardo, 2
tel 02 6570129
www.anticalocandasolferino.it

Una magica atmosfera
Situata nel quartiere degli artisti di Brera, che per lungo tempo è stata luogo di ritrovo prediletto di attori e scrittori, questa locanda è poetica già nel nome, e regala momenti da ricordare. Figuratevi che nel suo ristorante siamo riuscite a cenare fianco a fianco con Vincent Gallo! 53

LUXURY B&B ANTICA BRERA

Via Solferino, 12
tel 02 29002470/338 6310853
www.bed-and-breakfast.it

Che charme!
Ok, non è uno dei più economici e alla mano della città, ma in questo bed and breakfast troverete sicuramente accoglienza di ottimo livello, in un posto unico. 54

BRERA APARTMENTS

tel 02 36555708/340 9596030
www.brerapartments.com

Il comfort di una vera piccola casa
Non soltanto in Brera, ma nei punti più caratteristici e centrali della città, questi appartamenti attentamente selezionati sono l'ideale quando cercate privacy e allo stesso tempo comodità e rassicurante quotidianità.

{COL NASO IN SU}

PONTE DELLE GABELLE
Via San Marco

In questo caso, il naso va all'ingiù, perché bisogna scendere dal livello della strada e guardare in basso, per scoprire proprio in via San Marco i resti di un fossato che ci riporta alla Milano sull'acqua dei tempi che furono. Un po' più avanti si scorge il ponte delle Gabelle, realizzato da Leonardo & Company a fine 1400. Persino lo storico locale El Tombon de San Marc sorge su un antico porto fluviale, e da qui l'acqua si ricongiungeva addirittura al Naviglio. Ci pensate? Be', ormai bisogna solo immaginarlo! I

CORRIERE DELLA SERA
Via Solferino, 28

È la sede storica del quotidiano italiano più venduto, e la prima volta che Anna ha varcato la soglia di questo palazzo ha capito perché: qui si concentra una tale solennità, un tale rigore meneghino, che non potrebbe essere altrimenti. La sala Albertini è un punto focale della cultura italiana, ed è possibile visitarla in gruppi organizzati che vengono accompagnati dal segretario di redazione. L

{LE CLASSIFICHE DI MILANOSECRETS}

LE VIE COL NOME PIÙ BUFFO

Lupetta
Verziere
Spadari/Armorari/Cappellari/Speronari
Caminadella/Rugabella
Zecca Vecchia

LE PIAZZE

Piazzale Libia
Piazza del Carmine
Piazza Borromeo
Piazza Sant'Alessandro
Piazza Sant'Erasmo
Piazza Mirabello
Piazza del Governo Provvisorio

I POSTI PIÙ BELLI PER CORRERE

Parco Sempione
Idroscalo
Giardini di Porta Venezia
Parco Solari
Parco Forlanini

I CHIOSCHI DI FIORI PIÙ BELLI

Vincenzo, il baracchino in via Melzi d'Eril angolo corso Sempione
Angolo viale Monte Nero/via Muratori
Via Manzoni (angolo via Montenapoleone)
Piazza San Babila (davanti all'ingresso di Zara Home)

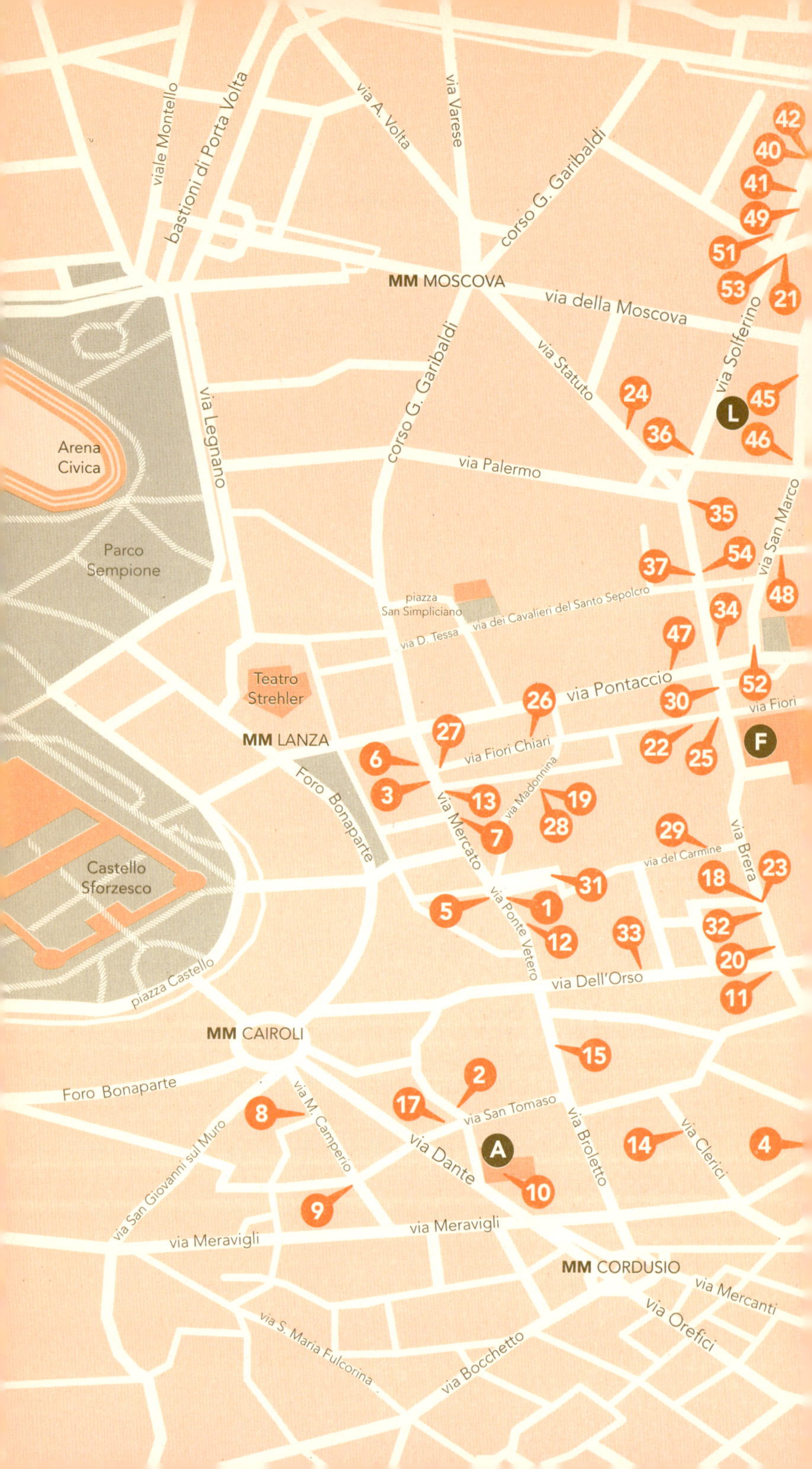
viale Montello
bastioni di Porta Volta
via A. Volta
via Varese
corso G. Garibaldi
MM MOSCOVA
via della Moscova
via Solferino
via Statuto
Arena Civica
Parco Sempione
via Legnano
corso G. Garibaldi
via Palermo
via San Marco
piazza San Simpliciano
via dei Cavalieri del Santo Sepolcro
via D. Tessa
Teatro Strehler
via Pontaccio
via Fiori
MM LANZA
via Fiori Chiari
Foro Bonaparte
via Madonnina
via Mercato
via Brera
via del Carmine
Castello Sforzesco
via Ponte Vetero
via Dell'Orso
piazza Castello
MM CAIROLI
Foro Bonaparte
via M. Camperio
via San Tomaso
via San Giovanni sul Muro
via Dante
via Broletto
via Clerici
via Meravigli
via Meravigli
MM CORDUSIO
via Mercanti
via Orefici
via S. Maria Fulcorina
via Bocchetto

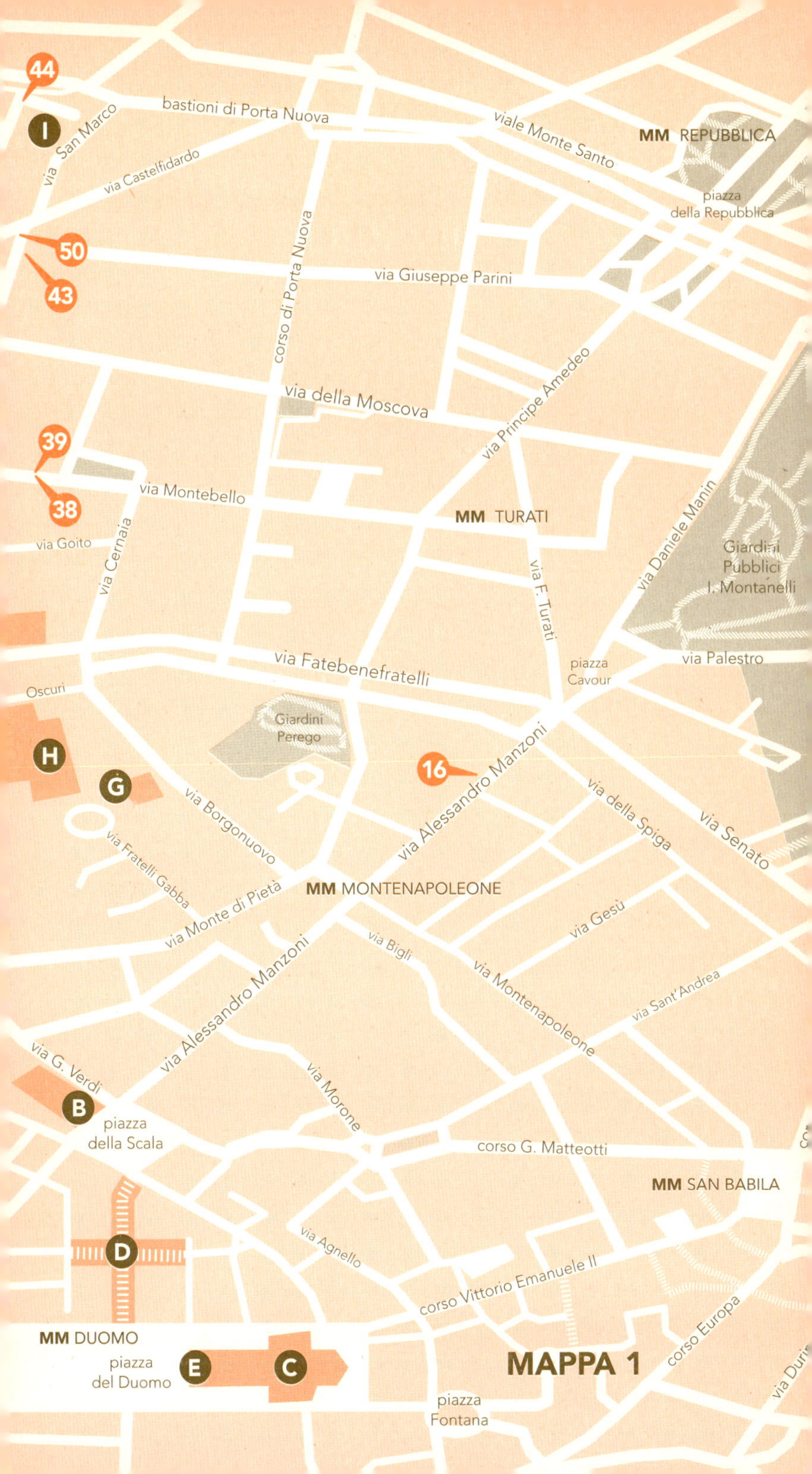

44
I
bastioni di Porta Nuova
viale Monte Santo
MM REPUBBLICA
via San Marco
via Castelfidardo
piazza della Repubblica
50
43
corso di Porta Nuova
via Giuseppe Parini
via della Moscova
via Principe Amedeo
39
38
via Montebello
MM TURATI
via Goito
via Cernaia
via Daniele Manin
Giardini Pubblici I. Montanelli
via F. Turati
via Fatebenefratelli
piazza Cavour
via Palestro
Oscuri
Giardini Perego
H
G
16
via Alessandro Manzoni
via della Spiga
via Senato
via Borgonuovo
via Fratelli Gabba
MM MONTENAPOLEONE
via Monte di Pietà
via Gesù
via Bigli
via Alessandro Manzoni
via Montenapoleone
via Sant'Andrea
via G. Verdi
via Morone
B
piazza della Scala
corso G. Matteotti
MM SAN BABILA
via Agnello
D
corso Vittorio Emanuele II
MM DUOMO
piazza del Duomo
E
C
MAPPA 1
corso Europa
piazza Fontana

Milano da cartolina
LE 5 VIE

Alzate lo sguardo, meglio se una sera d'inverno. Dopo le cinque è già buio e potrete ammirare senza essere visti i magnifici appartamenti con soffitti a cassettoni e pareti affrescate che rendono questa zona la più raffinata e sorprendente della città. Se c'è un'aristocrazia, abita di sicuro qui!

Le 5 Vie sono un dedalo di stradine che si sviluppa alle spalle di piazza Missori, subito dietro via Torino, e ha assunto questo nome non da molto, grazie alla lungimiranza dei commercianti della zona, tutti indistintamente fortunati perché stanno tra mura antichissime e ricche di fascino a prescindere. Camminando si respira l'eleganza d'antan, si vedono i cortili più belli della città e si possono scovare delle autentiche chicche, introvabili altrove.

Passeggiare lungo via San Maurilio e nei suoi immediati dintorni alla scoperta di vecchie contrade, fino a piazza San Sepolcro – in epoca romana il foro di Milano – e a piazza Borromeo, dove gli stemmi di quest'importante famiglia nobile milanese ornano portoni e palazzi, memoria di un passato glorioso.

Per un pomeriggio di *window-shopping* al braccio del vostro amato, non c'è luogo migliore. E se ci scappa anche un regalino in uno qualsiasi di questi negozi, la modalità romantica è di sicuro ON!

{SHOPPING}

RISI

Via San Giovanni sul Muro, 21
tel 02 89092185
lun 15.00 - 19.00
mar/sab 10.00 - 14.30
e 15.00 - 19.30
www.risimilano.com

Da Risi, in coppia

Righe azzurre, rosse, blu. Righe rosa, tinta unita azzurra, bianca, grigia. L'importante è che sia *bon chic, bon genre*, e che possa essere indossato indistintamente in ufficio o sotto l'ombrellone. È così la moda da Risi: capi senza tempo, tagli da sarta del nonno, colori sobri ma brillanti, che fanno subito gentiluomo o gentildonna d'altri tempi, pur essendo attualissimi. 1

CARLA SAIBENE ATELIER

Via San Maurilio, 20
tel 02 874008
lun 15.00 - 19.00
mar/sab 11.00 - 19.00
www.facebook.com/
carla.saibeneatelier

Lo psicodramma dei pantaloni

A sigaretta mettono in evidenza il fisico non troppo scolpito (se salgono). Ampi e comodi vi fanno sembrare un nano di Biancaneve (e vi costa più l'orlo dei pantaloni). Non so voi, ma ogni volta che ne provo un paio mi deprimo e corro a mangiarmi un etto e mezzo di cioccolato per rinfrancare il mio amor proprio distrutto. Non ci resta che farcene una ragione e andare da Carla Saibene: l'unico negozio al mondo in cui i pantaloni vanno bene a tutte e rendono tutte più belle, più magre e con le gambe più lunghe. 2

OSANNA E MADINA VISCONTI DI MODRONE

Via Santa Marta, 13
tel 02 84190134
lun/ven 9.30 - 13.30
e 14.30 - 18.30
osannavisconti.it

Idee e oggetti da indossare

Vi siete mai immaginate di poter portare al dito, all'orecchio, al collo o al polso un pezzo unico, di fattura artistica e realizzato da un gioielliere che prende spunto e ispirazione dai più innovativi trendsetter internazionali? Oggi tutto questo è possibile senza muovervi dalla Milano che tanto amate! Ma anzi andando a scoprirne uno degli angoli più nascosti e meravigliosi. Nel nuovo showroom milanese di Osanna e Madina le idee e gli oggetti di cui circondarvi sono innumerevoli e tutti da indossare (o, se proprio volete, da regalare per il prossimo Natale!) 3

MONICA G

Via Brisa, 15
tel 333 8641216
lun 15.00 - 19.00
mar/sab 11.00 - 19.00

Il fascino discreto dei gioielli
Collanine, orecchini, anelli e braccialetti: che cosa rende tutti questi oggetti unici e irrinunciabili, sempre al centro dei nostri più insopprimibili desideri? Sarà il fascino del lusso? Sarà il luccichio? Probabilmente, non lo scopriremo mai! Ma quello che abbiamo scoperto per voi è un nuovo e irrinunciabile posticino dove andare a rifornirsi, per dar sfogo a tutti i nostri desideri a cui – si sa! – c'è un unico modo per resistere… ovvero, cedere. 4

FUNKY TABLE

Via Santa Marta, 19
tel 02 3674 8619
lun 15.30 - 19.30
mar/sab 10.30 - 1930
www.funkytable.it

La tavola allegra
Mariangela Negroni, stylist per diverse riviste, apre finalmente un suo spazio che vi farà andare fuori di testa, parola della nostra amica stylist Bea, provetta e fidata scouter di nuovi progetti cittadini. Piatti, piattini, ciotole, arredi per la vostra tavola, oggettistica… non saprete più dove guardare e avrete solo l'imbarazzo della scelta. Oppure, fate come noi, non scegliete e lasciatevi sedurre dall'istinto: riempirete casa, ma sarà tutto meravigliosamente bello! E se anche voi siete sempre un po' imbranate quando si tratta di allestire una tavola da scatto su Instagram, chiedete e vi sarà dato: imparerete in un lampo e con poche dritte come diventare la padrona di casa più ammirata del reame. 5

LABORATORIO PARAVICINI

Via Nerino, 8
tel 02 72021006/333 7041292
lun/ven 9.30 - 13.30
POMERIGGIO SOLO SU APPUNTAMENTO
www.paravicini.it

La ceramica e la bellezza
È un minuscolo laboratorio, tutto ceramiche, colori e pennelli, in cui una giovane signora insieme alla figlia crea servizi per la tavola personalizzati. Immaginate che chic apparecchiare la tavola della domenica con piatti realizzati appositamente per voi, a mano, da artigiani che lavorano la ceramica come un tempo. Forse non potete permettervi il servizio completo, ma avrete comunque scoperto un cortile bello e segreto, e lo potrete raccontare alle amiche. 6

WAIT AND SEE

Via Santa Marta, 14
tel 02 7208 0195
lun 15.30 - 19.30
mar/sab 10.30 - 19.30
www.waitandsee.it

La vita è bella!
Uno dei nostri luoghi del cuore, che mescola sapientemente vintage e nuovo in un ambiente eclettico e dal sapore pazzo, che farà di sicuro impazzire anche voi. Una volta entrate non saprete trattenervi, e vi proverete cose che mai avreste immaginato, compreso quel cappottino stile georgiano tutto colorato che mai e poi mai avreste sognato di potervi mettere. Eppure, se non lo fate qui, non lo farete mai! Quindi osate, oppure fate shopping per amiche disposte a sorprendersi, e a sorprendere, con pezzi che lasciano il segno. A parte i vestiti nuovi e vintage, per completare il vostro look troverete anche tanti accessori, bijoux e oggetti molto particolari. La loro filosofia è: «la vita è bella», e come non condividerla? 7

ARTISANAL

Via Santa Marta, 15
tel 02 36752541
www.artisanal-sumisura.com

L'uomo che non deve chiedere viene qui!
Lidia vi accoglie con il calore tipico napoletano, e vi conquista con il suo sapere e la sua innata passione per tutto ciò che è maschile, e bello. Il meraviglioso negozio farà il resto, svelandovi delle autentiche chicche per lui. Le scarpe su misura, capolavori preparati con perizia da cinque tra i più abili calzolai italiani, i cappelli estrosi ma sempre eleganti, i preziosi guanti e i gemelli francesi, o il gel da barba che troverete solo qui. Completa l'offerta una selezione di cravatte, talmente una più bella dell'altra da non saper quale scegliere. 8

FOGLIE FIORI E FANTASIA

Via Brisa, 15
tel 02 86998433

Ma oggi non è domenica!
E allora? Perché non farsi comunque una coccola? In questo delizioso negozio troverete solo fiori recisi, freschi e assolutamente italiani. Margherita ha importato a Milano la buona abitudine che i fiori non si comprano soltanto nelle occasioni speciali ma tutti i giorni, anche solo per far piacere a noi stesse! E noi certo non ci tiriamo indietro! 9

PELLINI

Via Morigi, 9
tel 02 72010213
lun/ven 9.30 - 19.30
chiuso sabato
www.pellini.it

Bijoux che incantano
Questa è la sede storica che custodisce l'archivio dei bijoux Pellini dagli anni Cinquanta a oggi. Donatella si fa conoscere per la sperimentazione sulla resina che è da sempre la caratteristica dell'azienda Pellini, tecnica moderna ma di tradizione artigianale. I bijoux Pellini si trovano anche in via Manzoni 20 e corso Magenta 11. 10

ARJUMAND'S SHOWROOM

Via Santa Marta, 11
tel 02 8692077
SOLO SU APPUNTAMENTO
www.arjumandsworld.com

Il tessuto che arreda
I tessili cambiano una casa, su questo tutti gli architetti d'interni concordano, e noi anche. Basta cambiare colori e disegni, e anche il più anonimo dei monolocali assume uno charme tutto suo, che lo renderà unico, con una sua personalità. E se la personalità fosse la vostra? Situato in un bellissimo cortile, questo showroom è interamente dedicato a carte da parati e tessuti. Non trovate quello che fa per voi? Basta un piccolo spunto e Idarica creerà un bozzetto decorativo che sarà solo vostro. Vi viene in mente qualcosa di più chic? 11

{MANGIARE/BERE}

LA VECCHIA LATTERIA

Via dell'Unione, 6
tel 02 874401
lun/sab 9.00 - 17.00
www.facebook.com/la.vecchia.latteria

Veg si diventa
Vegetariani con pausa pranzo forzata nei dintorni di piazza Duomo unitevi! E anche i non vegetariani, col pallino delle verdure, troveranno in questo micro-ristorantino green alcune delizie che meritano una fermata. La Vecchia Latteria è rimasta identica nell'arredo old style ma si è rinnovata nel contenuto gastronomico, diventando un bel punto di ritrovo per chi ha deciso di abolire la carne dal proprio menu. 12

OM FOOD BISTROT

Corso Magenta, 12
tel 02 36522069
sempre aperto
dalla colazione all'aperitivo
www.facebook.com/
www.omfood.it

Pausa bio

Ogni tanto, stremate dallo shopping e dal troppo trotterellare tra le vie della città, alla ricerca degli indirizzi più *MilanoSecrets*, abbiamo anche noi bisogno di una pausa. E questo bistrot nascosto ci piace proprio perché è tranquillo e ci garantisce un'oasi protetta, ma senza rinunciare alla spettacolare vista che si gode dai tavolini all'aperto nel cortile ottagonale. Il tocco che non guasta sono i piatti bio, realizzati con prodotti naturali. 13

PASTICCERIA GALDINA

Via Terraggio, 9 (*cortile interno*)
tel 02 89073280
lun/sab 10.00 - 13.00
e 15.00 - 19.30
www.galdina.com

Piramide sì, ma golosa

Siete amanti del cioccolato? Allora non potete non passare da questa pasticceria situata in un delizioso cortiletto, dove troverete la famosa piramide di cioccolato, sua specialità e must della cioccolateria cittadina. L'interno e l'esterno di questo posticino meritano una visita, a prescindere dalle delizie che riuscirete a ingurgitare venendoci. Non venite poi a lamentarvi con noi se sarete «tutta ciccia e brufoli!» 14

RISTORANTE LA BRISA

Via Brisa, 15
tel 02 86450521
lun/ven/dom 12.45 - 14.30
e 19.45 - 22.30
chiuso sabato tutto il giorno
e domenica a pranzo
www.ristorantelabrisa.it

Una rassicurante certezza

Un piccolo giardino nel cuore di Milano dove poter cenare in un contesto raffinato. È bellissimo andarci nelle serate estive, prima del tramonto, e bere un bicchiere di vino sotto la frescura del grande albero. Ma è perfetto anche in inverno, quando propongono i classici della tradizione in un mood un po' «Milano bene», anzi benissimo. Pizzi, sottopiatti, camerieri ben disposti e ben preparati, nessuna sorpresa nel menu ma una rassicurante certezza che conquisterà anche i più scettici. Se avessimo avuto una bisnonna milanese, probabilmente avrebbe avuto una sala da pranzo esattamente così. Tra l'altro, è uno degli indirizzi storici che non si possono non conoscere per essere una perfetta abitante di questa città. 15

TAVERNA MORIGGI

Via Morigi, 8
tel 02 80582007
lun/sab 12.30 - 14.30
e 19.45 - 23.30
www.tavernamoriggi.com

Rimembranze
Storica enoteca milanese dove abbiamo passato milioni di venerdì e sabato sera in gioventù. Insomma, giusto qualche annetto fa (!!!) qui si sono consumati interi fine settimana di chiacchiere, cazzeggio libero e sguardi amoreggianti. Gli scaffali polverosi e le vecchie bottiglie di vino sono caratteristiche di questo posto, che mantiene un'atmosfera un po' da romanzo gotico. Allora ci piaceva molto, adesso apprezziamo il vino, e i ricordi. 16

B CAFÈ

Via San Maurilio, 20
tel 02 89093317
lun/dom 7.30 - 2.00

Un *MilanoSecrets*, grazie
Un caffè bistrot dove poter venire da colazione a cena, in pieno stile contemporaneo metropolitano, come è ormai prassi in molti dei locali che frequentiamo. L'ambiente qui è vintage e apprezziamo molto l'idea di chiamare i panini con i nomi dei clienti. Prima o poi speriamo di avere un *MilanoSecrets* al tavolo. Chissà se li convinceremo! 17

DE SANTIS

Corso Magenta, 9
tel 02 72095124
lun/gio/dom 12.00 - 23.30
ven/sab 12.00 - 00.30
www.paninidesantis.it

Panini a 5 stelle
Non è segreto proprio per niente, ma come si fa a non citarlo parlando dei luoghi imperdibili a Milano? È rimasto uguale a com'era, con quel non so che tra i Sessanta e i Settanta che fa ormai vintage, e non più vecchio. Anche i panini non cambiano, e rimangono tra i più buoni della città. I nostri preferiti sono il Pennellone e il Delicato, e per finire Nutella con sottilissime fette di pera e cannella. Mica male come pausa! 18

PASTICCERIA MARCHESI

Via Santa Maria alla Porta, 11/a
tel 02 862770
mar/sab 7.30 - 20.00
dom 8.30 - 13.00
www.pasticceriamarchesi.it

La storia del gusto
Che sia Secrets, lo dubitiamo. Ma che sia tra i nostri posti favoriti in città è altrettanto vero. Un caffè qui è un evento da gustare con calma, guardandosi intorno per scoprire la storia di queste mura e di questi magici arredi, scambiando due parole con gli storici baristi e ammirando il servizio con tazzine deliziose accom-

pagnate dal centrino… Ma quanto è chic? E prima di pagare, se siete disposte ad accendere un mutuo, fate cadere distrattamente la manina su una delle meravigliose confezioni di caramelline colorate che decorano come fiorellini il tavolo al centro del locale. Come siete milanesi, con quel sacchettino in mano! 19

THE BOIDEM

Via Santa Marta, 3
tel 02 39465268
lun/dom 11.00 - 15.00
e 19.00 - 23.00
chiuso sabato
www.facebook.com/theboidemilan

Tel Aviv, versione milanese
Tantissimi nostri amici sono stati a Tel Aviv, e ce la descrivono come una città cosmopolita e dinamica, giovane e da scoprire. Al momento noi ci fermiamo a questo curato bistrot, e prendiamo ispirazione per il nostro prossimo viaggio. Che sarà a breve, visto quanto ci piace qui! Intanto, capiamoci: *boidem* in yiddish significa ripostiglio, e tutto quello che vedete è in vendita. Stoviglie, tavoli, lampade, tutti rigorosamente vintage, e anche gli abiti di giovani creatori israeliani sono sparsi per il locale e sono lì proprio per voi. In più vi nutrono anche, con proposte vegetariane ben preparate, tutte home made e con le verdure coltivate nell'orto sul retro, che da sole bastano a farvi fare un tuffo in una cucina di gusto mediorientale. Merita una visita! 20

CHIOSCO MENTANA

Piazza Mentana
tel 339 5231206
lun/sab 18.00 - 2.00
www.facebook.com/ChioscoMentana

In ricordo dell'estate
Certo, il chiringuito sulla spiaggia di adolescenziale memoria, quello ai cui sgabelloni vi siete irrimediabilmente innamorate e disilluse quell'estate di circa mille anni fa, è lontano. Ma se vi basta evocarne il ricordo, allora questo è il posto che fa per voi. Un american bar in cui gli stili si mixano e l'etnico si sposa con il contemporaneo, circondato da scenografici bambù, dove sorseggiare drink e ripensare ai bei tempi andati. E sperare di crearne di nuovi! 21

TRATTORIA MILANESE

Via Santa Marta, 11
tel 02 86451991
lun/sab 12.00 - 14.30
e 19.00 - 22.30

Cucina milanese in città
È una delle richieste che riceviamo più spesso: dove posso mangiare milanese tipico, in città?

E ogni volta la riflessione è d'obbligo: in una città sempre al passo con i tempi, sempre alla ricerca di una novità, sempre orientata alle tendenze che vengono dall'estero, non è affatto facile trovare qualcuno che rispetti e celebri le radici gastronomiche. Ebbene, questo locale è proprio il focolare che cercate! Dai nervetti alla cotoletta, qui c'è il sunto ben fatto della gastronomia tipica milanese. 22

{TEMPO LIBERO}

GIORGIA FANTIN BORGHI

Via Medici, 6
tel 02 36566406
www.giorgiafantinborghi.com

Maestra di cerimonie

Le mamme di Anna, Emanuela e Sibilla si sono date un gran da fare per insegnare alle loro figliole le regole del bon ton. E modestamente loro le hanno imparate molto bene! Ma la prima volta che sono entrate nella bomboniera formato showroom di Giorgia un po' di ansia da prestazione le ha assalite. Perché Giorgia Fantin Borghi (il doppio cognome è ovviamente d'obbligo per chi fa il suo lavoro!) si occupa della progettazione di matrimoni molto particolari, di corsi di formazione e workshop tematici e di bon ton, appunto. Se al vostro anulare sinistro brilla un nuovo diamante, passate subito da qui. 23

{DORMIRE}

CAMPERIO HOUSE

Via Camperio, 9
tel 02 30322800
www.camperio.com

A casa, ma in albergo

Questa casa non è un albergo! Ah, no… in questo caso si può proprio dire il contrario, perché questo albergo è una casa, e anche molto confortevole, e vuole davvero offrire l'accoglienza domestica a tutti quelli che qui si trovano a soggiornare. La raffinata struttura è stata ricavata da un complesso storico del 1400 edificato su una chiesa con convento adiacente dell'VIII secolo: è il luogo ideale per unire il fascino della residenza di charme a una location più che centrale. 24

{COL NASO IN SU}

IL GIARDINO SEGRETO

Via Terraggio, 5

I nostri antenati erano molto generosi. Pensate che questo giardino, e la casa annessa, vennero regalati da Galeazzo Visconti e Ludovico il Moro a Lorenzo de' Medici per offrirgli alloggio quando veniva in visita. Ci fossero ancora amici così… Sembra un parco privato, e invece dal 2010 è tornato pubblico, e basta ricordarsi l'indirizzo ed entrarci per scovare un mini parco giochi per fingere di essere un bimbo sforzesco! A

I RESTI ROMANI

Via Brisa (Circo romano)

Sì, certo, non siamo a Roma. Ed è inutile stare a sottolineare le differenze tra la città eterna e noi. Ma anche Milano ha i suoi scavi archeologici, e proprio in via Brisa si possono ammirare i resti di un palazzo imperiale della fine del III secolo d.C., quando Milano diventa una delle capitali dell'Impero romano e Massimiano ci fa costruire diverse cosette. B

VIA BAGNERA

Non solo è la via percorribile in auto più stretta della città (ci passa a malapena un'utilitaria) ma gode di una fama sinistra. Era qui infatti che Antonio Boggia, il mostro di Milano che operò a fine Ottocento, seppellì in una cantina i corpi delle sue quattro vittime. Boggia, che assassinava le sue vittime dopo averne conquistata la fiducia, e soprattutto le deleghe per gestirne il patrimonio, fu uno dei primi serial killer della storia moderna. Dopo essere stato smascherato, fu condannato a morte e impiccato. La sua fu l'ultima esecuzione pubblica di un civile avvenuta a Milano. C

{PROVINCIALI? NON FATEVI SCOPRIRE!}

«Andiamo a fare un giro in centro?» Nessuna milanese che si rispetti andrà mai a passeggiare in corso Vittorio Emanuele, soprattutto nel weekend. Chiaro? Bandite per sempre questa frase dal vostro vocabolario cittadino. Il nuovo struscio chic passa per le 5 Vie.

Abbandonate le vostre certezze sugli abbinamenti. Niente di più riconoscibile di un total look borsa/scarpe/cintura o – men che meno – orecchini/collana/bracciale/anello. Il pendant non è milanese. Se non riuscite a mixare sapientemente i vostri accessori, non metteteli.

Milano è il luogo dei brand? Vero. Ma ostentarli è quello che di peggio potete fare se volete essere scambiata per una milanese. Verrà apprezzato di più un falso visibile di un autentico smaccato.

«Adoro Milano nel weekend, non c'è nessuno!» Appunto. Ci sarà un motivo! Nel fine settimana non si sta a Milano, si fugge in campagna, al mare, in montagna. Ovunque, basta non essere qui, soprattutto tra la primavera e l'estate. Al massimo scappate sul Naviglio Pavese, ma non fatevi trovare nei pressi della Madonnina!

L'happy hour è un falso mito milanese. Le signore di Milano vanno in pasticceria a bere un bicchiere di vino accompagnato da patatine e – al limite – tartine preparate al momento, certo non escono per affollare un buffet di dubbia provenienza. Se un locale è eccessivamente pieno, normalmente lo evitano.

Mettersi in ghingheri e salire su tacchi esagerati, truccarsi e indossare i gioielli della Corona è un ottimo modo per farvi riconoscere. La milanese è semplice e sofisticata senza bisogno di eccessi. Spesso esce dall'ufficio così com'è per andare a cena o al cinema. Se passate da casa a cambiarvi il rischio di smilanesizzarvi è elevato.

E infine… Non abbandonate il vostro provincialismo, anzi, esibitelo! A volte è molto più apprezzato di una non milanesità nascosta prudentemente per sentirsi all'altezza. L'accoglienza ha fatto grande Milano, non cambieremo certo per voi! (Ovviamente fatti salvi gli errori madornali di cui sopra!)

Calma e... shopping
ZONA MAGENTA

Avete disperatamente bisogno di un pomeriggio di shopping compulsivo stile Pretty Woman in Rodeo Drive? Siete in fase maniaco-depressiva con necessità assoluta di farvi delle coccole economicamente rilevanti e non?

Quando il mondo è fuori squadra e la vita non gira come vorremmo, noi non abbiamo dubbi. Uno squillo a Sibilla che abita in zona, e dalla metro di Cadorna ci infiliamo senza timori in via Vincenzo Monti e dintorni!

È lì che si può passeggiare sognando di essere in un boulevard parigino, o immaginarsi alle prese con le bancarelle di Soho... Perché c'è tutto ed è tutto interessantissimo!

In più, lo charme dei palazzi e delle signore della Milano «più che bene» ci fanno subito sentire meglio. È come essere portati dal delirio disorganizzato del call center ai piani alti dell'azienda, dove regna la calma, e c'è una festa in abito lungo in cui parlare d'arte e di cultura.

Siamo pronti per esplorarla, tra imponenti palazzi Liberty e alti castagni che fanno ombra alle vetrine dei negozi storici e alle novità più trendy. Qui anche i mercati sono chic, e pure al bar vi sentirete un po' fané, come se viveste in un sogno, in un universo parallelo, in un pezzo di Milano che è milanesissimo, ma ha lasciato fuori dai suoi confini la frenesia e la fissazione per il lavoro. Un'isola felice e residenziale, dove addentrarsi come esplorando un quadro vivente. Qui ci si evolve, si è al passo con la contemporaneità, ma non si dimenticano mai le nobili origini di una città con un castello al centro.

{SHOPPING}

PUPI SOLARI

Via Mascheroni, 12
tel 02 463325
lun 15.00 - 19.00
mar/sab 10.00 - 19.00
www.pupisolari.com

Intramontabile
Emanuela ha iniziato a lavorare proprio qui, con la mitica Pupi. Da lei ha imparato le regole fondamentali di un'eleganza sobria. Per noi tutte rimane un must, un luogo imprescindibile in ogni tour cittadino che si rispetti. 25

ANIMAL HOUSE

Via V. Monti, 12 (angolo Via Saffi)
tel 02 4694900
lun 15.00 - 19.30
mar/sab 10.00 - 19.30

Per non sentirsi in colpa con lui
Vi sentite in colpa e volete tornare a casa con qualcosa anche per «lui»? Entrate da Animal House: dai 18 anni in su, in questo negozio di abbigliamento per uomo, riuscirete a stupire anche i maschi più dandy. 26

MY STYLE HOME

Via V. Monti, 27
tel 02 4390584
lun 15.00 - 19.30
mar/sab 10.00 - 19.30
www.mystylebags.it

Borsa sì, ma personalizzata!
My Style Home, un posto perfetto per chi ama la personalizzazione: bellissime borse/sacche/beauty e cose per la casa vengono rese uniche con le cifre ricamate. Un'idea regalo che piacerà senz'altro ad amiche e amici trendy. Definiti colori, materiali e decorazioni da far ricamare si prosegue nel tour: tornerete più tardi per recuperare i pacchetti. 27

TO B

Via V. Monti 27/4
tel 02 48024947
lun 15.00 - 19.30
mar/sab 10.00 - 19.30
www.to-b.it

Abitucci? Sì, tanti!
Per un regalo da fare a noi stesse il posto giusto è proprio qui. Ci si trova tutto quel che fa per noi: abbigliamento, stivali e stupende giacche di pelle da portare con nonchalance sopra agli abitini sfiziosi. 28

ANGELA ORSOLANI

Via V. Monti, 32
tel 02 48019554
lun 15.00 - 19.30
mar/sab 10.00 - 19.30

Come una newyorkese

Passeggiare la domenica mattina per Central Park con un dolcissimo caffè nel bicchierone di Starbucks in mano è sempre stato il vostro sogno? No, a Milano non si può fare. Sì, a Milano c'è il Parco Sempione, e anche le vetrine di Tiffany, anche il Pirellone, certo… ma sappiamo che non è esattamente la stessa cosa. Però sentirsi Carrie Bradshaw per un pomeriggio e vestirsi come lei (anche meglio!) per noi povere fashion victim all'ombra della Madonnina non è poi così impossibile. Basta salire sul primo mezzo disponibile e tuffarsi a capofitto tra le incredibili e newyorkesissime proposte di Angela Orsolani, da sempre a caccia del «mai più senza» made in USA. 29

{MANGIARE/BERE}

CHIÙ

Via V. Monti, 32
tel 02 39400694
lun/ven 9.30 - 15.00
e 16.00 - 22.30
sab 10.00 - 22.30
dom 10.30 - 19.30
www.chiu.eu

Salvacena

Aperto a pranzo, cena e per l'aperitivo. Un piccolo bistrot dove poter trovare piatti semplici ma con i migliori ingredienti italiani. Se non avete voglia di andarci, potete chiamare e Chiù consegnerà direttamente a casa vostra o in ufficio. 30

PESCHERIA MATTIUCCI

Via V. Monti, 56
tel 02 48009316
lun 11.00 - 15.00
mar/mer/gio/sab 11.00 - 15.00
e 18.00 - 23.00
ven 9.00 - 15.00 e 18.00 - 23.00
www.pescheriamattiucci.com

L'aria del Vesuvio

Anche voi, come noi, di tanto in tanto non avete proprio voglia di cucinare? (Sì, lo sappiamo, di «tanto in tanto» è un eufemismo!!!) Quando ci capita, al posto della solita pizza da asporto, scegliamo qualcosa di più accattivante e soprattutto qualcosa che, con una piccola e innocente bugia, potremo fingere di aver preparato con le nostre manine! E allora spingiamoci fino alla Pescheria Mattiucci, dove fra tapas napoletane e pesce fresco ci sentiremo ai piedi del Vesuvio in un lampo. Tutto il pescato arriva fresco ogni giorno da Napoli, e su ordinazione si compra come se fosse una pescheria. 31

FATTO-BENE BURGER

Via V. Monti, 56
tel 02 45471824
tutti i giorni 12.00 - 24.00
www.facebook.com/FattoBeneBurger

Hamburger, alimentari e drogheria

Una perfetta hamburgeria milanese style. Qui si va di fretta, si fanno le cose perbene, e non si deve troppo badare a dove mettere il cappotto. Ma le proposte dalla carta sono godibilissime e affondare un morso nel panino, sia esso di carne, pesce o veg, dà una grande soddisfazione. Complimentatevi per l'efficienza dello staff, e sarete ripagati dal classico sorriso soddisfatto del «milanese che lavora»: fiero che abbiate colto la sua perfetta gestione. Evidentemente, siete milanese anche voi! 32

SMOOSHI

Via V. Monti, 27
tel 02 78622016
mar/dom 12.00 - 15.00
e 18.30 - 24.00
www.facebook.com/smooshimilano

Tris!

Danimarca nello stile, Italia nei prodotti, Giappone nella modalità: il tris è vincente e sicuramente originale. Difficile trovare da qualche altra parte un mix così insolito! Non è economico, non è uno di quei posti da cui usciremo satolli, ma di sicuro gusteremo abbinamenti curiosi, in un'atmosfera contemporanea e molto cool. 33

TOMMASI

Piazza Giovine Italia, 2
tel 02 43986227
lun/ven 8.00 - 2.00
sab 10.00 - 2.00
www.tommasimilano.com

Mutatis mutandis

Di sicuro paninoteca, poi anche un po' bar, a tratti ristorante. Noi ci andiamo quando la voglia di un panino ben fatto ci assale e il bisogno di coccolare il palato con uno sfizio goloso si fa impellente. In realtà è uno dei posti che sempre più fanno di Milano una città internazionale, perché da mattina a sera cambia pelle e gusti, adattandosi ai ritmi convulsi della metropoli meneghina. 34

CAVOLI A MERENDA

Corso Magenta, 66 (*cortile interno*)
tel 338 4679513
RISTORANTE
lun/ven 12.30 - 14.30
CAFFETTERIA
lun/ven 15.00 - 19.00
SCUOLA DI CUCINA
lun/ven 19.30 - 22.30
www.cavoliamerenda.eu

Il risto-caffetteria con scuola
Se cercate un ristorante, qui trovate un luogo intimo, con solo venti coperti, dove gustare una cucina espressa e con le corrette cotture per esaltare le proprietà di ogni alimento, dove una nutrizionista segue il bilanciamento dei piatti. Avete tempo solo per un caffè? Qui c'è anche la caffetteria, ideale per una dolce merenda o un aperitivo. E se volete imparare tutte le ricette per poterle replicare a casa, Cavoli a Merenda è anche una scuola di cucina dove mettere le mani in pasta. Il tutto in un ambiente elegante e classico, in fondo a un cortiletto dove Milano dà il meglio di sé. 35

PASTICCERIA LEONARDO

Via Saffi, 7
tel 02 4390302
tutti i giorni 7.30 - 21.00

Dentro e fuori, due generazioni
Fuori (anche nei «giorni della merla!» ovvero gli ultimi tre di gennaio) è preso d'assalto da giovani che progettano il prossimo weekend a Santa e al Forte. Dentro, è perfetto per starsene tranquilli, fare colazione e chiacchierare in pace con una bella tazza di tè fumante di cui Leonardo ha una selezione completa da abbinare a biscottini vari o tramezzini per gli amanti del salato. Una nota personale: al tavolo d'angolo vicino alla vetrina abbiamo scritto la scaletta di questo libro e brindato alla firma del contratto. Chissà che non porti fortuna anche a voi! 36

PASTICCERIA DI LILLO

Via V. Monti, 47
tel 02 4813233
mar/ven 7.30 - 19.30
dom 10 - 19.30
www.facebook.com/PasticceriaDilillo

Pausa caffè
Noi ci fermiamo per un caffè da Di Lillo, bar pasticceria come una volta che ci fa fare un tuffo nel passato tra bignè e cannoncini. Cercate fra gli avventori, c'è senz'altro una signora col cagnolino che incarna alla perfezione il tipico abitante del quartiere. Altolocata e chic, sorridente e habitué, non ordina ma saluta il barista che sa già che cosa prepararle, e soprattutto come servirlo per compiacerla. 37

{BUONI PRODOTTI}

DROGHERIA SOANA

Corso Magenta, 1
tel 02 86452725
lun 15.30 - 19.30
mar/ven 8.30 - 13.00
e 15.30 - 19.30
sab 9.30 - 13.00 e 15.30 - 19.30
www.drogheriasoana.net

L'Eldorado delle drogherie
Un superclassicone milanese, strapieno di cose buonissime e con personale ipercompetente che sa raccontarvi vita morte e miracoli di ogni azienda e di ogni singolo prodotto. Una classica drogheria che, nel tempo, si è adeguata alle richieste sempre più esigenti dei consumatori, mantenendo però la tradizione e ricercando quei produttori e fornitori che garantiscono le materie prime migliori. Tè e spezie sono protagonisti, ma anche un sacco di altre delizie, tra cui marmellate, miele, biscotti, che non si trovano più da nessuna parte e che qui, dal 1947, continuano a far parte di una proposta da premio. 38

{TEMPO LIBERO}

GALLERIA GLAUCO CAVACIUTI ARTE

Via V. Monti, 28
tel 02 45491682
lun 15.00 - 19.30
mar/sab 10.00 - 13.00
e 14.30 - 19.30
www.glaucocavaciuti.com

Arte senza tempo, ma con cognizione di causa!
Con un nome così evocativo, la sua strada era segnata. Glauco, classe '72, ha visto nascere il suo amore per l'arte grazie ai genitori restauratori di dipinti. L'ha coltivata nelle più importanti gallerie di Milano, e ha iniziato ad apprezzare l'arte contemporanea con la moglie Francesca, con la quale ha aperto la prima galleria a fine anni Novanta. La sua nuova galleria è uno spazio completamente ridisegnato per poter accogliere al meglio clienti, amici e appassionati d'arte, artisti e critici, un luogo per poter vendere o esporre ma anche un punto d'incontro per confrontarsi con un vero esperto, con una passione smodata per le tele del Novecento e l'arte contemporanea. 39

SPAZIO ROSSANA ORLANDI

Via Bandello, 14-16
tel 02 4674471
lun 15.30 - 19.00
mar/sab 10.00 - 19.00
www.rossanaorlandi.com

Alla ricerca di… tutto
Prima che i concept store invadessero Milano, prima che fosse di moda riunire in uno stesso spazio più proposte, prima che tutti importassero qualunque cosa dalle mecche dello shopping come New York o Parigi, prima di tutto questo, c'è stata Rossana Orlandi. E c'è ancora, con somma gioia di chi, come noi, la conosce da sempre e da sempre scova da lei cose per la casa che lasciano il segno e fanno la differenza. Fatevi un giretto nelle feste comandate, o durante il Salone del Mobile: i suoi allestimenti fanno scuola. 40

LISSON GALLERY

Via Zenale, 3
tel 02 89050608
lun/ven 9.30 - 13.00
e 15.00 - 18.00
SABATO SU APPUNTAMENTO
www.lissongallery.com

Mostra con vista
Una bella struttura che ospita quattro mostre all'anno, selezionate e allestite da Greg Hilty, direttore curatoriale di Lisson a Londra. Un luogo perfetto per far capire al vostro lui che siete delle habitué, frequentatrici abituali dei vernissage e amanti della cultura. Se poi non ci capite un accidenti va bene lo stesso: il posto è talmente bello in sé che le mostre potrebbero essere solo un dettaglio. 41

{BELLEZZA}

PILATES FOR YOU

Via Boccaccio, 45
tel 342 5815880
lun/sab 8.00 - 20.00
www.pilatesforyou.it

In una parola: Pilates!
Prendi un lui, piacevole d'aspetto, mediterraneo e con i muscoli al posto giusto. Prendi una lei (una… noi!) un po' svogliata, con poca propensione alla fatica fisica e pochissima predisposizione allo sport. Mettili insieme in una sala con attrezzi vari e falli dialogare per 50 minuti circa. Niente sudore, niente lacrime, niente ripetizioni ossessive: solo un po' di fatica, quella giusta e sana, ma anche tanta concentrazione che porta a sgombrare la mente da qualunque altro pensiero. In una parola: Pilates! 42

DI LUCA

Via Boccaccio, 15/a
tel 02 4815568
mar/sab 9.30 - 19.30
www.dilucamilano.it

I miracoli di «Di Luca»
A 16 anni è uno degli argomenti di conversazione più comune: le mai abbastanza tagliate «doppie punte» spadroneggiano su chiome indisciplinate e amiche tricologicamente mal consigliate. Se siete ancora nella fase post-adolescenziale e non avete fatto pace con i vostri capelli, è l'ora per le Sinergie, un servizio che donerà alla vostra testolina un'aura da top model, perfetta per l'incontro natalizio con suocere, cognate e lontane cugine venute dal Nord. Prendetevi qualche ora, andate nel salone di Di Luca, staccate la spina del cervello e lasciatevi sedurre dalle abili mani dei parrucchieri che riusciranno a trasformare la vostra chioma in morbida seta. 43

{MERCATI}

LARGO QUINTO ALPINI

Anche il mercato, a Milano, è milanese! Normale, direte voi. Be'… Venerdì mattina provate a fare un giro nel bellissimo mercato di Quinto Alpini e capirete quello che intendiamo. Qualità eccellente, tagli sartoriali, frutta e verdura che accontenterebbero anche Cracco. Efficienza e cortesia. Il neo? I prezzi, più adatti a Montenapo che alle bancarelle! Ma si sa: a Milano niente è mai troppo. 44

{DORMIRE}

ANTICA LOCANDA LEONARDO

Corso Magenta, 78
tel 02 48014197
www.anticalocandaleonardo.com

Non è Milano
Uno dei complimenti più milanesi alla città è: «Che bello qui! Non sembra minimamente di essere a Milano!» È vero, un po' di verde, anche un semplice cortile danno ai cittadini l'impressione di essere in campagna che evidentemente manca loro molto. E questa locanda, dal nome in poi, è uno dei posti che meglio risponderebbero a quei requisiti di non milanesità apprezzabile. Accogliente, con tocchi francesi e servizio di livello, vi aspetta in corso Magenta. 45

STUDIO MUSEO ACHILLE CASTIGLIONI

Piazza Castello, 27
PRENOTAZIONI 02 8053606
visite guidate solo su prenotazione
mar/ven 10.00 - 11.00 - 12.00 gio 18.30 - 19.30 - 20.30
www.achillecastiglioni.it

Difficile che non abbiate in casa una delle sue creazioni. Impossibile che, vedendole, non esclamiate stupite: «Ma certo che lo conosco!» Achille Castiglioni è uno dei più importanti personaggi che hanno reso Milano la capitale del design e le sue opere sono sparse in tutti i più grandi musei del mondo, MoMA in testa, oltre che nelle case di molti di noi. Ma dove creava? E di quali oggetti amava circondarsi? Se il vostro unico scopo è fare bella figura con il suocero architetto, l'amico designer in cerca di fortuna o il quasi-fidanzato arredatore d'interni, lo dovete portare qui. Irma e Giovanna, moglie e figlia di Castiglioni, vi guideranno insieme a pochi altri fortunati alla scoperta della vita quotidiana dell'architetto. D

CASA BORLETTI (GIO PONTI)

Via San Vittore, 40

Gio (Giovanni) Ponti nacque a Milano nel 1891 e da allora il design diventò competenza sua e della città. Professore universitario, organizzatore delle varie Triennali, sia a Monza che a Milano, vincitore del Gran Prix con le ceramiche Richard Ginori all'Esposizione di Parigi nel 1925, fu anche un grande editore: con la rivista «Domus», insieme a «Casabella», è il punto di riferimento dell'architettura e del design italiani della seconda metà del Novecento. Pluripremiato, tra i sostenitori del premio il «compasso d'oro», tra gli anni Cinquanta e Sessanta regala al mondo autentici capolavori che hanno reso lui e la nostra città celebri nel mondo. Passeggiando in via San Vittore si può ammirare una prova della sua genialità. E

CASA CACCIA DOMINIONI

Piazza Sant'Ambrogio, 16

Forse a casa avete alcune delle sue posate, un vero must del design dell'arredo tavola, ma Luigi Caccia Dominioni, geniale architetto e designer, ha anche dato vita ad alcune delle più belle residenze milanesi. Amico e compagno di studio dei fratelli Castiglioni, non aderì alla Repubblica di Salò e fu costretto a trasferirsi in Svizzera. Tornato a Milano dopo la guerra lavorò soprattutto a edifici di Milano e provincia: casa Caccia Dominioni in piazza S. Ambrogio (1947/50); edificio in piazza Carbonari (1960/61); palazzo di Santa Maria alla Porta (1961); palazzo delle Cartiere Binda (1966); complesso residenziale a San Felice, con Vico Magistretti (1967/75); chiesa di S. Biagio a Monza (1968). F

CASA ATELLANI (PIERO PORTALUPPI)

Corso Magenta, 65

Donata da Ludovico il Moro agli Atellani, è nata per fare da prestigioso contorno alla chiesa di Santa Maria delle Grazie. I padroni di casa la resero celebre per feste sfavillanti alle quali partecipava tutta la corte degli Sforza. Nel 1922 fu ristrutturata dal Portaluppi, che la modificò in maniera sostanziale e riportò alla luce molti affreschi. G

CHIESA DI SAN MAURIZIO AL MONASTERO MAGGIORE

Corso Magenta, 15

La chiesa si trova, all'angolo, e non a caso, con via Luini, in una delle zone più belle e ricche di storia della città. Un tempo sede di uno dei più importanti monasteri femminili dell'Ordine benedettino, è stata mirabilmente affrescata da Bernardino Luini e dalla sua scuola e dal cremonese Antonio Campi, tanto da essere chiamata la «Cappella Sistina» di Milano. Nell'aula delle monache c'è uno splendido organo del 1554 a trasmissione meccanica. Una vera gemma della città, aperta dal martedì al sabato dalle 9.30 alle 17.30, grazie ai volontari del Touring Club Italiano. H

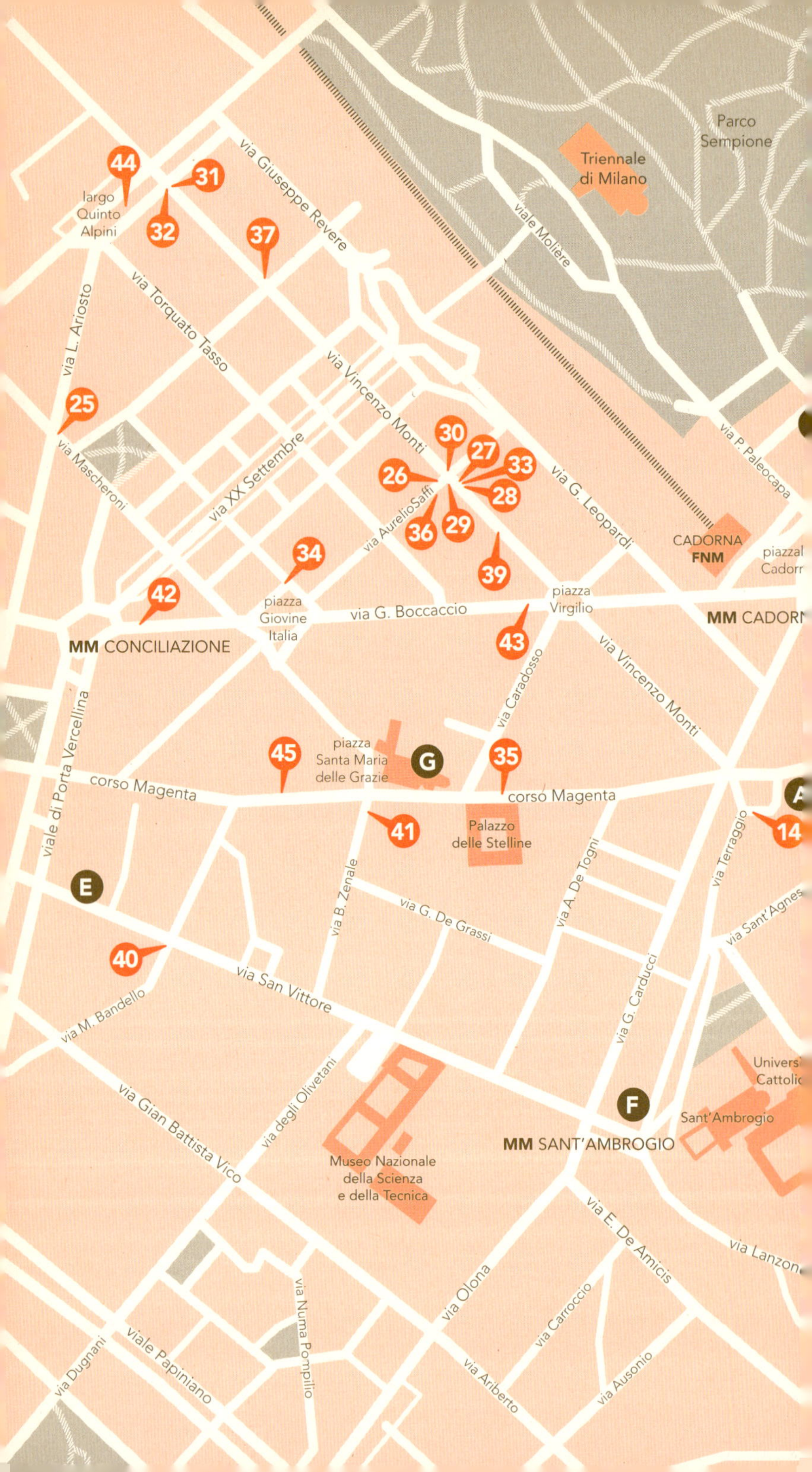
Parco Sempione
Triennale di Milano
via Giuseppe Revere
viale Molière
largo Quinto Alpini
44
31
32
37
via Torquato Tasso
via L. Ariosto
25
via Mascheroni
via XX Settembre
via Vincenzo Monti
30
27
33
26
28
36
29
via Aurelio Saffi
via G. Leopardi
via P. Paleocapa
CADORNA FNM
piazzal Cadorn
34
39
42
piazza Giovine Italia
via G. Boccaccio
piazza Virgilio
43
MM CONCILIAZIONE
MM CADORN
via Caradosso
via Vincenzo Monti
viale di Porta Vercellina
piazza Santa Maria delle Grazie
G
45
35
corso Magenta
corso Magenta
41
Palazzo delle Stelline
via Terraggio
14
A
E
via B. Zenale
via G. De Grassi
via A. De Togni
via Sant'Agnes
40
via San Vittore
via M. Bandello
via G. Carducci
Univers Cattolic
via Gian Battista Vico
via degli Olivetani
F
Sant'Ambrogio
MM SANT'AMBROGIO
Museo Nazionale della Scienza e della Tecnica
via E. De Amicis
via Lanzone
via Olona
via Carroccio
via Numa Pompilio
viale Papiniano
via Dugnani
via Ariberto
via Ausonio

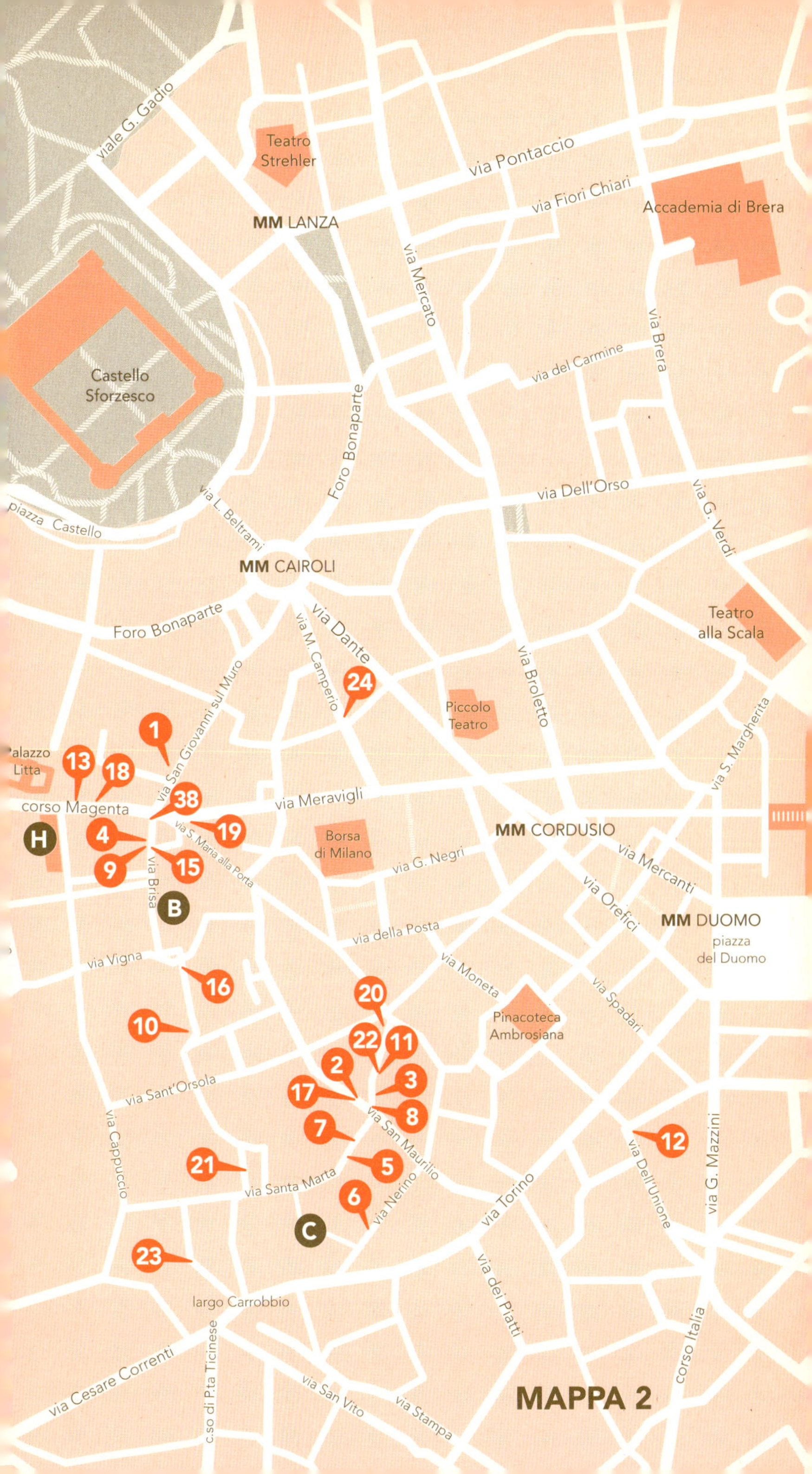
viale G. Gadio
Teatro Strehler
via Pontaccio
via Fiori Chiari
Accademia di Brera
MM LANZA
via Mercato
Castello Sforzesco
via Brera
via del Carmine
Foro Bonaparte
via Dell'Orso
via G. Verdi
piazza Castello
via L. Beltrami
MM CAIROLI
Teatro alla Scala
Foro Bonaparte
via Dante
via M. Camperio
via Broletto
via San Giovanni sul Muro
Piccolo Teatro
Palazzo Litta
via S. Margherita
via Meravigli
corso Magenta
via S. Maria alla Porta
Borsa di Milano
MM CORDUSIO
via G. Negri
via Mercanti
via Brisa
via Orefici
MM DUOMO
piazza del Duomo
via della Posta
via Vigna
via Moneta
via Spadari
Pinacoteca Ambrosiana
via Sant'Orsola
via Cappuccio
via San Maurilio
via Santa Marta
via Nerino
via Torino
via Dell'Unione
via G. Mazzini
largo Carrobbio
via dei Piatti
c.so di P.ta Ticinese
via Cesare Correnti
via San Vito
via Stampa
corso Italia
MAPPA 2

Milano, fiori e famiglie
PORTA ROMANA

Si barcamena tra universitari e famiglie, questa zona vivace e caratteristica, segnata dalla storica Porta, che ci piace per la sua semplice attitudine al mix.

Le viette e i palazzi di ringhiera sono spartiti equamente fra chi è a Milano per studiare alacremente e buttarsi a capofitto nella città degli affari, e i genitori con figli che passeggiano e vivono come in un paesino.

I locali si alternano: dal gastrofighetto al tradizionale, troverete quel che più fa per voi facendo solo pochi passi.

Veniteci in primavera, intorno al 10 marzo, per la tradizionale festa dei fiori che anima con bancarelle multicolori e multiprofumi la già normalmente bellissima via Crema. El Tredesin de Marz è una delle più antiche fiere della tradizione popolare e pare risalga addirittura a duemila anni fa.

Tutto il quartiere si riversa per strada alla ricerca di fiori per rendere la casa ancora più colorata e accogliere come si deve la primavera che sta arrivando. In realtà le radici della festa sembra siano cristiane, nata per commemorare l'annuncio del Cristianesimo alla città da parte di San Barnaba nella chiesa di Santa Maria al Paradiso. Ma ormai è una festività pagana, e accanto ai fiori troverete oggettini, vestiti, artigiani che sapranno rendere il vostro pomeriggio davvero speciale.

{SHOPPING}

SUEDE

Corso di Porta Romana, 23
tel 02 58437751
lun 15.00 - 19.00
mar/sab 10.00 - 14.00
e 15.00 - 19.00
www.suede.it

Il potere delle scarpe
Questa versione di Suede declinata solo nelle scarpe è forse quella che preferiamo. Finalmente uno spazio per *shoes addicted*. Ci trasferiremmo lì volentieri, se ci dessero la possibilità di indossarle tutte, ma non siamo ancora riuscite a convincerli. Ma non ci diamo per vinte. 1

TATÍ KIDS

Via Orti, 35
(angolo Via Curtatone)
tel 02 36758115
lun 14.30 - 19.30
mar/sab 10.00 - 19.30
dom 10.00 - 18.00
www.tatikids.it

Non ho l'età (ma loro sì!)
Tatí Kids si trova tra via Curtatone e via Orti, ma potrebbe essere in Avenue Foch o in King's Road, tanto appare internazionale e senza tempo… Tra divertenti sedie a forma di aeroplano, nave e motocicletta, i piccoli prodi potranno accomodarsi e farsi scolpire dalle abili forbici un nuovo look, perfetto da sfoggiare in società. Le mamme, intanto, potranno rifarsi gli occhi con le splendide proposte di abbigliamento e potranno sospirare, disperandosi di non avere più l'età. Vostra figlia compie gli anni tra poco? Organizzatele un «Beauty Party»! 2

ATELIER BENBAR BIJOUX BENEDETTA BARZANÒ

Via Olmetto, 1
tel 335 8109644
CHIAMARE PRIMA DI PASSARE
www.benbar.it

Ce lo meritiamo!
Corro tutto il giorno, mi sento come fossi dentro un frullatore. Sono assediata da impegni e non perdo occasione di prenderne altri: dire di no è fuori discussione! No, non sto parlando di me! O meglio, anche, ma non solo. Parlo di noi, donne milanesi intorno ai 40, troppo occupate a fare cose per scoprire che stiamo correndo senza godercene nessuna. E allora? Allora pausa, con regalo: ce lo meritiamo! La nostra amica Benedetta ci aspetta con una enorme scelta di gioielli da urlo, realizzati tra l'altro con stelle, lune e animali come scoiattoli e cani. 3

SCAGLIONE CASHMERE

Corso di Porta Romana, 40
tel 02 72003723
lun 15.30 - 19.30
mar/sab 10.00 - 14.00
e 15.30 - 19.30
www.scaglione.it

Avvolgimi di coccole

Che cosa c'è di più coccoloso di un meraviglioso maglione in cashmere? Ecco dove comprarlo, e dove fare un giretto soprattutto durante i saldi, quando è davvero facile fare un affare di cui godere fino all'inverno successivo. Se poi aggiungete i bijoux e gli accessori, il vostro shopping avrà avuto un senso! 4

ANACONDA

Via Bergamini, 7
tel 02 58325684
lun 15.30 - 19.00
mar/sab 10.00 - 19.00
www.anacondamilano.com

Gioielli inconsueti

Questo negozio è tra i nostri preferiti da sempre. Abbiamo guardato a lungo le sue vetrine e qualche volta abbiamo comprato il pezzo imperdibile della stagione. La nostra amica Bea, stylist di gran gusto, lo ritiene senza dubbio alcuno *il* gioielliere. E, in effetti, non possiamo darle torto. Astenersi minimaliste e amanti delle collezioni canoniche: qui la parola d'ordine è inconsueto. 5

{MANGIARE/BERE}

I PESCIOLINI

Corso di Porta Romana, 51
tel 02 54100474
mar/sab 12.00 - 15.00
e 17.00 - 22.00
chiuso domenica e lunedì
www.facebook.com/rzioe

L'aperitivo? Si fa in pescheria

Se siete in città con un forestiero, almeno uno dei vostri aperitivi non può prescindere dalla formula «pescheria con happy hour». Da quando Claudio, storica pescheria in Brera, ha lanciato questa formula, che permette al gestore di smaltire il pesce che non ha venduto e fa impazzire i clienti che riescono a godersi pesce freschissimo in un ambiente non convenzionale, ecco creata la moda, che come avrete capito a Milano significa diffusione e replicabilità del format. Qui trovate una versione del classico aperitivo in pescheria che apprezziamo particolarmente per i tavolini all'aperto e per il vino, ma soprattutto per il pesce. 6

CROCETTA

Corso di Porta Romana, 67
tel 02 5450228
lun/dom 8.00 - 1.00
www.crocetta.com

Panini d'autore

Panino, a Milano, per noi è Crocetta. Ci siamo passate tutte e tre, in tempi e con amici diversi, ma siamo legate a questo locale caotico e bruttarello, ma dal fascino inconfondibile, dai ricordi di gioventù. I panini sono giganteschi, strapieni di golosità varie, sempre molto buoni, forse più adatti a uno stomaco da studente piuttosto che a un anziano giovanotto per un post-teatro. Tornando ragazzi, potremmo dividercelo. 7

AL MERCATO

Via Sant'Eufemia, 16
tel 02 87237167
lun/sab 12.30 - 15.00
e 20.00 - 23.00
dom 12.30 - 16.00
www.al-mercato.it/burger-bar-it

L'hamburger che conquista

È la moda del momento, indiscutibilmente. Se non mangi USA, non sei cool! E tutto sommato avrebbe potuto anche andarci peggio… visto che hamburger e patatine sono golosi e sostanziosi e fanno un po' trasgressione e un po' festa della scuola. Ma quale scegliere, tra i tanti che spuntano come funghi a ogni angolo della città? Noi siamo impazzite per l'hamburger gourmet ripieno di foie gras del bistrot del ristorante Al Mercato: un sostanziosissimo piatto unico che conquista al primo morso, in un'atmosfera *décontractée* di quelle che piacciono a noi. 8

CANTINA PIEMONTESE

Via Laghetto, 2
tel 02 784618
lun/ven 12.00 - 14.45
e 19.30 - 22.45
chiuso sabato a mezzogiorno e domenica
www.cantina-piemontese.it

Ristorante di famiglia

Un ristorante con cucina piemontese ma dall'arredamento tipico milanese: pavimento di cementine colorate e classici tavoli da trattoria. La filosofia di questo posto richiama le grandi tavolate di famiglia di una volta, e quando ci veniamo proviamo a ricreare proprio quell'ambiente, coinvolgendo le varie generazioni per un incontro senza sovrastrutture ma con tanta sostanza. 9

{BUONI PRODOTTI}

GIOVANNI GALLI

Corso di Porta Romana, 2
tel 02 86453112
lun/sab 8.30 - 13.00
e 14.00 - 20.00
dom 9.00 - 13.30
www.giovannigalli.com

Regalateli ai milanesi
Da Galli si viene per i marron glacé. Li pagherete come un maglione di cashmere, ma la soddisfazione di addentarne uno, sodo e carnoso, vi ripagherà. Fate un ulteriore sforzo e agguantate un sacchetto di violette candite e un po' di caramelle alla frutta. Fatto? Ora siete in pace con il mondo! 10

PASTICCERIA POLENGHI

Via Lamarmora, 31
tel 02 55185013
mar/dom 8.00 - 13.30
e 15.00 - 19.30

La tradizione è servita
Un classico superclassico, dove gustare la tradizione dolciaria milanese e compiere tutti i peccati di gola più peccaminosi. Il signor Angelo è tra i più apprezzati creatori di panettoni e cannoncini e ha sempre una torta di mele pronta ad aspettarvi. Narrano le cronache che sia qui, inossidabile, da più di sessant'anni. Qualcosa vorrà dire! 11

PANARELLO

Piazza San Nazaro in Brolo, 15
tel 02 87128224
tutti i giorni 8.00 - 19.00
www.panarello.com

Cannoncini doc
Sono stati per decenni i cannoncini di Milano. Adesso che di Panarello ce ne sono tanti, perché il brand ha parecchie sedi, alcuni sostengono che non siano più come una volta. A noi continuano a piacere, soprattutto questi della sede centrale. I biscotti all'anice sono da primato, e i lagaccio meritano uno strappo alla dieta. 12

{DORMIRE}

CA' MONTEGGIA

Via Sant'Antonio, 9
tel 327 2928781
www.booking.com/
Ca'-Monteggia

Anni Cinquanta a Milano
Un b&b in un palazzo ristrutturato che risale al 1500: ecco un accogliente alloggio a due passi dal Duomo. 13

{COL NASO IN SU}

UNIVERSITÀ DEGLI STUDI DI MILANO

Via Festa del Perdono, 7

Oltre alla torre del Castello Sforzesco, l'architetto fiorentino Filarete ha creato anche la Ca' Granda, prima Ospedale Maggiore e oggi sede dell'università più frequentata della città. Questa costruzione rinascimentale è apprezzata dai visitatori e dagli studenti che la popolano, vivendo quanto più possibile nel chiostro centrale. Venite a dare un'occhiata e fingete di tornare indietro nel tempo, quando anche voi, libri sotto il braccio, avevate come unica preoccupazione la data del prossimo esame. Ah, beata gioventù! A

CASA DI PORTA ROMANA

Corso di Porta Romana, 3

Alzi la mano chi sa quando sono state le Cinque giornate di Milano! E alzi la mano chi si ricorda che cosa successe. Ok, ve lo raccontiamo noi, e per farlo vi portiamo mano nella mano a vedere la palla di cannone sparata durante quei giorni del 1848 e lì rimasta, incastonata sotto il balcone alla destra del portone principale in questa casa di Porta Romana. La storia passa anche da qui. B

{ESSERE MILANESI È UN'ARTE DA APPRENDERE CON STILE}

Understatement, sempre. La vera milanese chic non mostra, non si mostra, non espone: spesso ha indosso il vostro stipendio in un solo look, ma non lo capireste mai, a meno di conoscere come lei stilisti e creatori di nicchia ben miscelati con capi dell'ultima collezione di Cos. «Questo? L'ho scovato a una svendita!» Fare affari in campo fashion è milanesissimo ed è una cosa di cui vantarsi. Soprattutto se la svendita aveva finalità benefiche.

In bici, sempre e comunque. O su un'auto piccola, da parcheggiare facilmente. Le milanesi non prendono multe, non intasano il traffico e arrivano dove desiderano, mettendoci meno di un taxista esperto. Inutile tentare di emularle, questa dote è innata: non si impara, si ammira.

La milanese gira in clan. Le amiche sono di quel giro, e i giri non si incrociano, al limite si lambiscono con consumato distacco. Ma entrare nel clan è possibile, soprattutto per le non milanesi, che danno un non so che di esotico alle conversazioni e offrono un punto di vista nuovo alle milanesi doc. Attenzione a non tradirle!

«Ieri alla Scala…» è l'ottimo inizio di qualunque chiacchierata. Perché la Scala è un must irrinunciabile, imperdibile, inalienabile e fa di ogni donna un'autentica milanese. Non vi piace l'opera, detestate il balletto e non amate la musica? Cambiate città, Milano non fa per voi.

Il cinema è un altro degli argomenti preferiti dalle milanesi, e spesso l'appuntamento fisso settimanale passa dai vari Apollo e Anteo per vedere l'ultima pellicola. Meglio se di film italiani, indipendenti e impegnati. Non vi interessa? Sarete spesso escluse dalle conversazioni, peccato.

Programmare. La milanese che si rispetti deve sapere sempre che cosa farà. A Natale ha già progettato le vacanze estive e ad agosto sa già dove passerà la settimana bianca. Anche perché, spesso, è sempre nello stesso posto!

L'agenda con gli indirizzi più utili è un'altra delle cose che non manca mai alla milanese che sa il fatto suo. Da dove portare a far riparare le scarpe inglesi a dove far sistemare un vecchio abito, dallo chef a domicilio alla green-sitter per le piante, sa sempre dove, come, chi e quanto. Anche questa è una dote innata. Per quanto prenderete appunti negli anni, lei ne saprà sempre una più di voi.

Il parrucchiere è un dettaglio fondamentale, basta che non si veda che ci siete andate. Paradosso tutto cittadino, questa è una regola imprescindibile. Si va per fare trattamenti da milioni di euro, ci si sta una mezza vita, ma appena uscite ci si spettina, le più integraliste corrono a casa a farsi lo shampoo. Incomprensibile.

Borghese ma non troppo
CORSO LODI

Zona universitaria per eccellenza, qui sono transitati tutti i manager d'Italia, che hanno studiato nella celeberrima Bocconi. Tranquilla, riservata, milanesissima, questa parte della città nasconde indirizzi preziosi e un'anima cittadina, vivace e snob, forse un tantino austera.

Per chi non ci abita è sempre «dall'altra parte di Milano», forse perché qui la metropolitana è arrivata più tardi, e per un bel po' è rimasta senza collegamenti diretti con il resto della città. Ora si sta lavorando all'isola ambientale di via Muratori, una delle strade più graziose e suggestive della zona. Ed è stata fatta anche una bella pista ciclabile.

Non avendo il fascino del centro, si è inventata locali carini, ristoranti ma soprattutto vive di energia riflessa dei tanti studenti che la animano.

È riuscita a rimanere la Milano dei piccoli negozi e ha la caparbietà di quei quartieri in cui la volontà di far vivere la zona viene dai cittadini.

{SHOPPING}

TUG STORE

Via Muratori, 6
tel 02 36550244
lun 15.30 - 19.30
mar/sab 11.00 - 14.00
e 15.30 - 19.30
www.tugstore.it

Vintage ma non troppo
La nostra amica Marti, sempre al passo con le nuove tendenze dello stile e con un passato berlinese che la rende la nostra consulente di avanguardia prediletta, non perde un giro in questo negozio che abbina una accurata selezione di pezzi vintage, a prezzi ottimi, a intriganti estrapolazioni di marchi giovani come Pijiama e Bonne Maison. 14

L'ELEFANTE CON LE GHETTE

Via Crema, 14
tel 02 58319315
lun 15.00 - 19.00
mar/sab 10.00 - 13.00
e 14.00 - 19.00
www.lelefanteconleghette.it

Qui tutto può succedere
Il pay off del negozio dichiara: abbigliamento, accessori e libri per bambini da 0 a 10 anni. E noi ci crediamo, e ci portiamo tutti i pargoli del reame perché qui si divertiranno un mondo, mentre noi li rivestiamo da capo a piedi e li rendiamo provetti lettori del futuro con una scelta di libri che ci affascina anche da adulti. Per bimbi un po' vintage, fuori dagli schemi consueti, e mamme che si sanno prendere in giro. 15

{MANGIARE/BERE}

RADICETONDA

Piazza Buozzi, 5
tel 02 36736669
lun/sab 10.00 - 23.00
www.radicetonda.it

Il verde che stupisce
Radicetonda, il veg che stupisce e che ti fa scoprire anche il lato gustoso di verdure e affini. Zuppe e dessert sono i loro punti forti, e tutto il cibo è anche da asporto, cosa non trascurabile per noi che abbiamo sempre il tempo contato ma anche il desiderio di nutrirci con alimenti sani, che seguono la stagionalità e sono adatti a una cena in famiglia o a un invito informale. Il locale, poi, è una vera chicca: bio, green, riciclo sono gli imperativi categorici, legati da colori naturali, e in sottofondo una musica d'ambiente che

vi proietterà subito in un mood più rilassato. Il luogo ideale per riflettere sull'umanità, sulla vita e sul futuro… sgranocchiando qui e là delizie in pieno stile contemporaneo. 16

GIANNASI 1967

Piazza Buozzi-Corso Lodi, 15
tel 02 58321114
aperto tutti i giorni 7.30 - 20.00
chiusura lunedì pomeriggio e domenica
giannasi1967milano.blogspot.com

Non fare il pollo!
No, non vogliamo darvi delle credulone. Vi stiamo solo invitando a non cucinare! Uno scorcio di vecchia Milano guardando Porta Romana, un piccolo slargo dove il Comune ha piazzato scomodissime panche di cemento, il traffico che scorre su corso Lodi. Ignorate tutto questo e dirigitevi con piglio sicuro verso il baracchino del signor Giannasi. Fate come le habitué e accaparratevi il pollo allo spiedo meglio cotto di tutta Milano: 24 ore di aromatizzazione con una miscela segreta di erbe, due ore di cottura nel forno a vista ed eccolo pronto per voi e per i pargoli urlanti. Il pollo non è ancora cotto a puntino? Nell'attesa assaggiate le polpette, le crocchette di patate con la menta, gli arancini e qualsiasi altra leccornia vediate esposta nel bel frigo-vetrina. 17

ISA E VANE LA CUCINA 2013

Via Perugino, 1
tel 02 36515288
lun 8.00 - 17.00
ven/sab 8.00 - 24.00
dom 9.00 - 24.00
www.isaevane.com

La «latteria» d'antan
Il catering con relativo laboratorio probabilmente stavano stretti a queste due entusiaste ragazze che invece di accontentarsi della loro ben avviata impresa hanno deciso di ampliarla, e di dedicarsi a un locale che apre a colazione e chiude a notte tarda, tanto per non perdere la vocazione milanese al «tutto e sempre» che ormai va così di moda. Noi le abbiamo scoperte grazie al superesperto enoico Dan Lerner, che a loro fornisce una serie di vini superlativi, e ci hanno definitivamente conquistate con un pavimento vintage che vale da solo la visita e dà carattere al locale. 18

MARIÙ KEBABBERIA GASTRONOMICA

Viale Sabotino, 9
tel 02 58433013
lun/dom 12.30 - 15.00
e 19.30 - 23.30
www.mariukebab.it

Il kebab si fa gourmet
È da qualche settimana che ho una voglia irrefrenabile di kebab.

Ma non un kebab qualunque… Vorrei qualcosa di più, vorrei poter scegliere il ripieno. E poi vorrei mangiarlo da seduta, e non appollaiata su quegli scomodissimi sgabellotti. Tempo di mettere a fuoco la voglia ed ecco spuntare Mariù: un concentrato di genio italiano applicato alla tipica specialità mediorientale. Il principio è quello del fast food, ma gli ingredienti sono di ottima qualità e soprattutto si possono abbinare come più vi piace. 19

OSSO MACELLERIA E FORNELLI

Corso Lodi, 26
(angolo Via Passo Buole)
tel 02 39521800
lun/ven 12.00 - 15.00
e 19.00 - 23.00
sab 19.00 - 24.00
www.osso-macelleriaefornelli.com

Astenersi vegani

Vegetariani, vade retro. Se il green è la vostra filosofia di vita, non proseguite oltre nella lettura perché qui parliamo di carne. Dalla tartare battuta al coltello alla più classica delle fiorentine, alla tagliata con tante tipologie di sale e condimenti differenti, in questo piccolo e intrigante locale tutto è pronto ad accogliere gli eredi dei Flinstones in vena di una serata dal sapore carnivoro. Divertente il bancone da macelleria, da cui scegliere i pezzi da gustare, piacevoli i tavoloni con sgabelli che percorrono il locale e costringono anche in una città asettica e impersonale come Milano a fare conoscenza (e qualche volta addirittura conversazione!) con i vostri vicini di gomito. 20

U BARBA

Via Decembrio, 33
tel 02 45487032
mar/dom 19.00 - 23.00
A PRANZO sab/dom 12.00 - 15.00
www.ubarba.it

Indietro negli anni

Bisogno viscerale di tornare giovani quando il cielo era un manto di stelle e il mare sciabordava in sottofondo? Avete passato anche voi le estati adolescenziali nella supersfruttata riviera ligure?
Se l'immagine del vostro fidanzatino dell'epoca (che fine avrà fatto?) e il gruppetto di amici al cazzeggio in piazzetta sono un ricordo che vi perseguita, provate a renderlo più vicino assaporando alici ripiene, minestrone, coniglio, una focaccia da urlo e i più classici pansoti al sugo di noci. Una vespa su una mensola, la Tv modello scatolone che trasmette film di Peppone e don Camillo, il campo da bocce e la verandina: non è un viaggio indietro nel tempo… è U Barba, trattoria tipica ligure. 21

NOODLE & HOT DOG BAR

Viale Bligny, 3
tel 02 87064275
lun/sab 12.30 - 15.00
e 19.00 - 24.00
www.al-mercato.it/noodle-bar-it

Facciamolo strano
Per essere sulla bocca di tutti, a Milano bisogna essere originali. E qui ci sono riusciti, puntando sull'essenzialità del decoro e su una proposta gastronomica completamente fuori dagli schemi. Come dice il nome ci trovate gli spaghetti giapponesi conditi in vario modo e una bella selezione di hot dog. Che ci azzeccano? Non ponetevi troppe domande, non è cool! Pare si tratti di «contaminazione dello street food». Fatevela bastare. 22

YUZU

Via Papi, 2
tel 02 87087152
lun/ven 12.00 - 14.30
e 19.30 - 23.00
sab 19.30 - 23.00
chiuso sabato a pranzo

Jap a tutto tondo
Piccolissimo ristorante giapponese dove si fatica a trovar posto. Yoko, chef donna, prepara piatti straordinari che stupiranno anche i milanesi più addicted del Jap food. Fatevi consigliare, forzate la mano con i camerieri e sedetevi al bancone, dove potrete ammirare la chef al lavoro e condividere qualche parola a corollario di una proposta che vi stupirà. Non è economico, ma merita una visita se amate il genere. 24

PASTA MADRE

Via Corio, 8
tel 02 55190020
lun/dom 12.00 - 15.00
e 19.30 - 22.30

Qui si spaccia lievito madre
Qui si usa il lievito naturale, quella chimera che sta prendendo sempre più piede nei discorsi dei fighetti del gusto e da un po' fa parte dell'immaginario collettivo. Bio, eco e sostenibile anche nell'arredamento, per cui hanno utilizzato materiali riciclati, è un punto di riferimento per chi vuole gustare qualcosa di naturale e ben preparato. 23

CASCINA CUCCAGNA

Via Cuccagna, 2/4
(angolo Via Muratori)
tel 02 83421007
gli spazi della cascina sono accessibili
ogni giorno 10.00 - 1.00
www.cuccagna.org

Campagna in città
Una cascina in città, un posto ideale per passare qualche ora all'aperto. Un mercato agricolo, una cucina e bar dove mangiare o fare un aperitivo, un laboratorio di falegnameria e un luogo che ospita tante altre attività. Se

fossimo provinciali, troveremmo la cascina un posto consueto. Ma essendo a Milano, l'aria di campagna ci fa subito sentire meglio, ci dà l'impressione di essere amici dell'ambiente e il micro-giardino offre uno sfogo all'aria aperta che sembra di stare in vacanza. Che ci volete fare? Anche noi abbiamo le nostre pecche! Ma qui si sta davvero bene, e soprattutto i pargoli avranno una libertà che in pochi altri posti è concessa. 25

POGUE MAHONE'S

Via Salmini, 1
tel 02 58309726
lun/dom 18.30 - 1.30

Irish pub
Fidanzato appassionato di 6 Nazioni? Ma no, che cos'avete capito? Non parliamo di un viaggiatore poliglotta, ma di un amante del rugby e della sua più alta espressione mondiale! Bene, se avete inteso di che cosa stiamo parlando, non potete non portarlo qui, nella storica birreria irlandese dove l'appuntamento della domenica pomeriggio è fisso e imperdibile: ci si accomoda in un pub come fossimo a Dublino, si ordina una pinta e ci si gode la partita alla Tv, in compagnia dei più sfegatati tifosi. Già impaurite? Ma no, coraggio! Sono simpatici e ospitali, e la birra, come da copione, è buonissima! 26

{BUONI PRODOTTI}

PANIFICIO DAVIDE LONGONI

Via Tiraboschi, 19
tel 02 91638069
lun/ven 7.30 - 22.00
sab 8.30 - 22.00
dom 8.30 - 13.00
www.panificiodavidelongoni.com

Pane. Unico amore
Per far capire quanto ci tiene e quanto è appassionato, Davide ha scritto anche un libro, *Il senso di Davide per la farina*, che naturalmente è già nelle librerie di tutti i nostri amici nativi gourmet. Come è nel loro GPS mentale l'indirizzo del suo showroom milanese, dove sforna tutta la sua produzione con farine antiche, che coltiva direttamente e seleziona, usando solo lievito madre per far crescere le sue celeberrime pagnotte da premio. In via Tiraboschi potrete comprare per casa o degustare sul posto le delizie del forno, dolci e salate. E se siete fortunate, potrete incontrare lui, e farvi raccontare un'affascinante storia di amore per il pane, e tutto ciò che rappresenta la sua produzione. 27

ERNST KNAM

Via Anfossi, 10
tel 02 55194448
lun 16.00 - 20.00
mar/ven 10.00 - 13.00
e 16.00 - 20.00
sab 10.00 - 13.30 e 15.30 - 20.00
dom 10.00 - 13.00
www.eknam.com

Ci piace tutto!
Dovete invitare i futuri suoceri a cena? Con una quiche lorraine e un dolce di questa pasticceria di sicuro non potrete fare brutta figura! Noi vi consigliamo di dichiararne la provenienza. Da quando il sexy austriaco è un personaggio televisivo, poter gustare una delle sue preparazioni è un must che in molti apprezzeranno. Nota bene: noi lo amavamo perdutamente già prima, e continuiamo ad apprezzarlo adesso che è un divo indiscusso. Per fortuna, da lui in pasticceria nulla è cambiato. 28

{TEMPO LIBERO}

OPEN

Viale Monte Nero, 6
tel 02 83425610
dom/mar 10.00 - 21.00
mer/sab 10.00 - 22.00
www.openmilano.com

More than books
Cibo per la mente, luogo d'incontro e condivisione dove scoprire passioni letterarie, digitali e cartacee, e non solo. Una pagina del nostro magazine, per esempio, l'abbiamo costruita da loro, con l'aiuto di tanti amici, durante un workshop davvero particolare.
Da Open si respira l'aria speciale dei progetti condivisi, delle menti brillanti che si incontrano e danno vita a luoghi che vivono di vita propria. Se siete alla ricerca di uno spazio di co-working, qui troverete un posto unico dove posizionare la vostra attività, sempre in contatto con persone che come voi stanno cercando un modo diverso di lavorare. C'è anche uno spazio food ben congegnato, che offre spuntini, colazioni e merende da golosi, e un aperitivo gestito da quelli di Vinoir. E tutti i giorni offrono corsi per imparare di tutto un po'. Loro la chiamano libreria sperimentale, noi la chiamiamo casa accogliente. 29

{BELLEZZA}

PLUMES LASH & BROW

Via Clusone, 1
tel 02 45388335
mar/gio 10.00 - 19.00
ven/sab 10.00 - 20.00
www.plumes.it

Sulle ciglia di tutte

Occhi da cerbiatto anche appena sveglie e per tutto il giorno, tutti i giorni? Ciglia folte e lunghe e sopracciglia ben definite in grado di trasformare l'espressione del viso? Plumes è il posto che lo rende possibile. Grazie a Claudia Milia, da sempre appassionata di bellezza ed estetica, che durante un viaggio in Asia ha scoperto l'incredibile cura che la cultura di questo Paese dedica a ciglia e sopracciglia. Qui potrete provare allungamento, infoltimento, colore, mascara semipermanente, curvatura, tatuaggio manuale, epilazione con cera, filo, pasta di zucchero e tanto altro, in un paradiso tutto da scoprire. 30

{DORMIRE}

FLAIR BED AND BREAKFAST

Viale Isonzo, 16
tel 339 4385150
www.flair-bbmilan.it

Un bellissimo loft

A due passi dalla metropolitana della Linea 3 e dalle Terme di Milano, questo bed and breakfast – situato in un loft all'interno di un cortile privato, tranquillo e silenzioso – offre due stanze ampie e curate nei dettagli, dove prendersi cura di sé dopo la visita alla città. Ottima la colazione, che lascia a tutti gli ospiti un ottimo ricordo. 31

{COL NASO IN SU}

TERME DI MILANO

Piazzale Medaglie d'Oro, 2 (angolo Via Filippetti)
tel 02 55199367
lun/gio 9.30 - 23.00; ven 9.30 - 00.30;
sab 8.30 - 00.30; dom 8.30 - 23.00
www.termemilano.com

Ammirate la porta che funge da spartitraffico in una delle rotonde più deliranti di Milano e infilatevi senza timori in questo tempio del relax. Certo, non c'è la vista sulle Alpi, ma anche in questa Spa cittadina si può star bene, a patto di non andarci nei fine settimana o nei giorni festivi, quando è invasa da ragazzini urlanti estranei al concetto del silenzio. Mentre vi rilassate, buttate un occhio in giro e scoprirete le mura spagnole fatte erigere a metà del 1500 da Ferrante I Gonzaga, governatore della città sotto il dominio spagnolo, appunto. Il palazzo Liberty si deve invece all'Azienda Trasporti Milanese, che lo costruì come stazione e deposito dei tram a cavallo, e la riconvertì a circolo ricreativo per i suoi dipendenti. C

LA BELLEZZA DEL LIBERTY

In via Giulio Romano 3, si trova casa Comolli (1910). Cotto e cemento si alternano sulla facciata, deliziosi i balconcini dell'ultimo piano. Su tutta la facciata e sulle finestre ci sono ghirlande di fiori e il portale ha dei mascheroni con satiri e l'antica targa con il numero civico.
Al 14 di via Crema, c'è una casa decorata con rapaci che fanno da ghiera alle finestre del primo piano e sorreggono i balconi al secondo, due grandi foglie angolano il portone, una fascia in maiolica orna il primo piano e le balconate sono in ferro battuto.
In via Burlamacchi 1/3 c'è una casa (del 1906 opera di Luigi Marinoni), con un decoro floreale che si concentra all'ultimo piano nella balconata simile a una loggia. A breve distanza, su via Lazzaro Papi, si trova casa Agosteo (1903), con mascheroni mostruosi alle finestre e balconate con motivi floreali in cemento. All'angolo tra le vie Piacenza e Passeroni, c'è casa Sartorio (1909), originale per la sua verticalità e con bovindo all'ultimo piano e balconata floreale. In via Mantova 2, mascheroni femminili incorniciano i negozi sottostanti, che, con sguardo malizioso, osservano i passanti. Al civico 15, una casa bianca e rossa, con stupendi balconi in ferro battuto.

{LE CLASSIFICHE DI MILANOSECRETS}

I PIÙ BEI CAMPANILI

Basilica di Sant'Ambrogio
Chiesa di San Gottardo
Abbazia di Chiaravalle
Chiesa di Sant'Alessandro
Basilica di Sant'Eustorgio

LE 5 COSE CHE SI VEDONO SE SI GUARDA ALL'INSÙ

Via Bellini, dove c'è il palazzo Liberty più bello di Milano
Corso Magenta 12, nel cortile dove c'è OM c'è un ottagono perfetto
Piazza Duomo, che incanta sempre
Palazzo dell'Unicredit
Via Cappuccio, per i suoi stupendi palazzi

FERMATE DELLA METROPOLITANA CON L'USCITA CON LA VISTA PIÙ SPETTACOLARE

Uscita centrale di piazza Duomo
Uscita Montenapoleone sulla piazzetta Pertini
Uscita Palestro lato giardini
Uscita laterale di Garibaldi vista grattacielo di César Pelli
Moscova

LE FONDAZIONI DI DESIGN

Fondazione Franco Albini
www.fondazionefrancoalbini.com
Fondazione Vico Magistretti
www.vicomagistretti.it/it
Fondazione Achille Castiglioni
www.fondazioneachillecastiglioni.it
Fondazione Museo del design-Triennale
www.triennale.org/it/triennale-design-museum

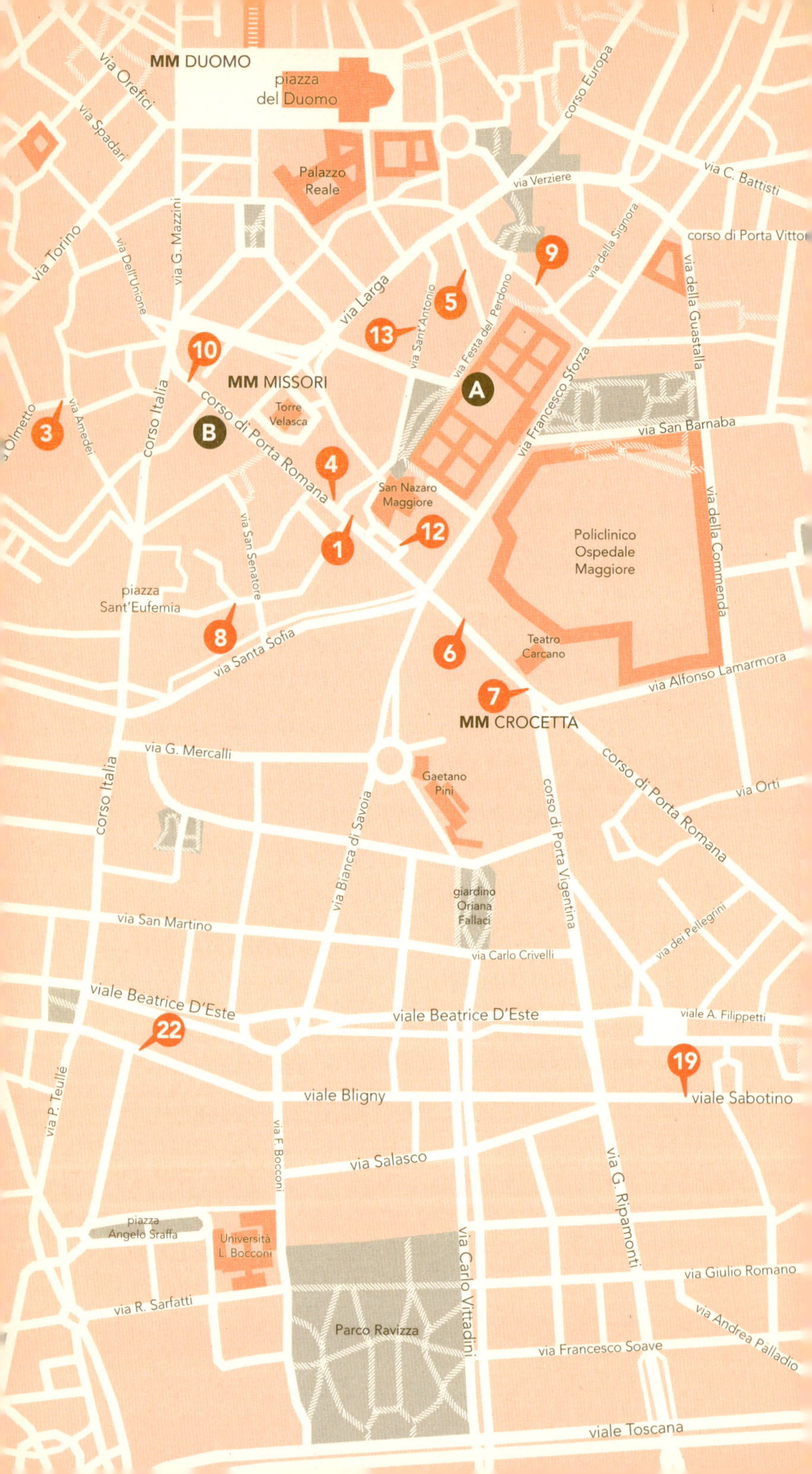
MM DUOMO
piazza del Duomo
via Orefici
via Spadari
Palazzo Reale
corso Europa
via Verziere
via C. Battisti
corso di Porta Vittor
via Torino
via Dell'Unione
via G. Mazzini
via Larga
via Sant'Antonio
via Festa del Perdono
via della Signora
via della Guastalla
via Francesco Sforza
MM MISSORI
Torre Velasca
corso Italia
via Amedei
Olmetto
corso di Porta Romana
San Nazaro Maggiore
via San Barnaba
Policlinico Ospedale Maggiore
via della Commenda
via San Senatore
piazza Sant'Eufemia
via Santa Sofia
Teatro Carcano
via Alfonso Lamarmora
MM CROCETTA
via G. Mercalli
Gaetano Pini
corso di Porta Romana
via Orti
corso Italia
corso di Porta Vigentina
via Bianca di Savoia
giardino Oriana Fallaci
via San Martino
via Carlo Crivelli
via dei Pellegrini
viale Beatrice D'Este
viale Beatrice D'Este
viale A. Filippetti
viale Bligny
viale Sabotino
via P. Teullé
via F. Bocconi
via Salasco
via G. Ripamonti
piazza Angelo Sraffa
Università L. Bocconi
via Carlo Vittadini
via Giulio Romano
via R. Sarfatti
Parco Ravizza
via Andrea Palladio
via Francesco Soave
viale Toscana
1
3
4
5
6
7
8
9
10
12
13
19
22
A
B

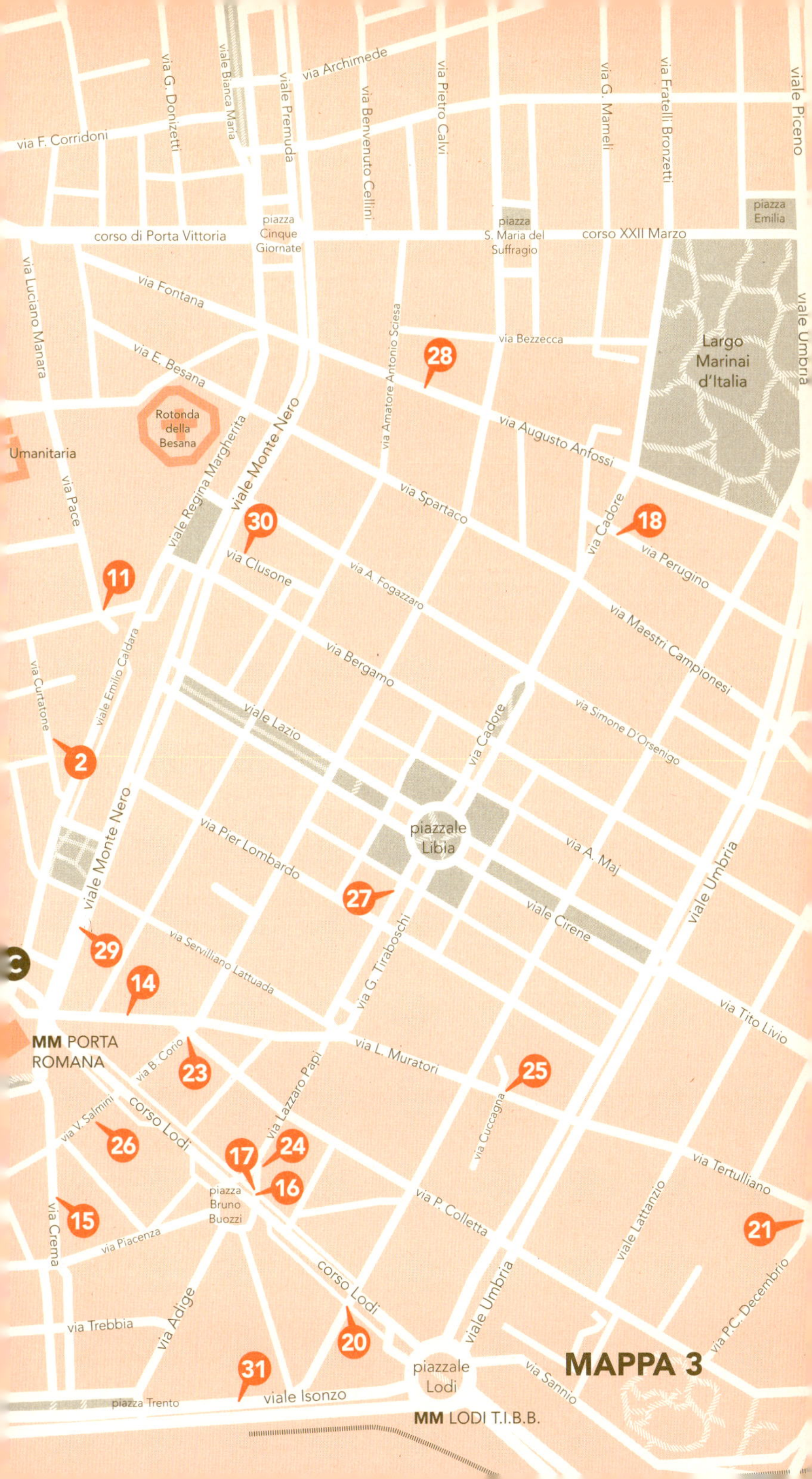

MAPPA 3
via F. Corridoni
via G. Donizetti
viale Bianca Maria
viale Premuda
via Archimede
via Benvenuto Cellini
via Pietro Calvi
via G. Mameli
via Fratelli Bronzetti
viale Piceno
piazza Emilia
corso di Porta Vittoria
piazza Cinque Giornate
piazza S. Maria del Suffragio
corso XXII Marzo
Largo Marinai d'Italia
viale Umbria
via Luciano Manara
via Fontana
via E. Besana
Rotonda della Besana
Umanitaria
via Pace
via Amatore Antonio Sciesa
via Bezzecca
via Augusto Anfossi
viale Regina Margherita
viale Monte Nero
via Spartaco
via Cadore
via Perugino
via Clusone
via A. Fogazzaro
via Maestri Campionesi
via Emilio Caldara
via Curtatone
via Bergamo
viale Lazio
via Simone D'Orsenigo
piazzale Libia
via Pier Lombardo
via A. Maj
viale Cirene
via G. Tiraboschi
via Servilliano Lattuada
via Tito Livio
MM PORTA ROMANA
via B. Corio
via L. Muratori
via Cuccagna
via V. Salmini
corso Lodi
via Lazzaro Papi
piazza Bruno Buozzi
via Crema
via Piacenza
via P. Colletta
via Tertulliano
viale Lattanzio
via P.C. Decembrio
via Trebbia
via Adige
piazza Trento
viale Isonzo
piazzale Lodi
via Sannio
MM LODI T.I.B.B.
2
11
14
15
16
17
18
20
21
23
24
25
26
27
28
29
30
31

Con vista sull'acqua
I NAVIGLI

Tutti i sabato della sua adolescenza, Anna ha desiderato che qualcuno la accompagnasse al mercatino di Sinigaglia, sognando bancarelle e corsi d'acqua, fidanzati e acquisti incauti. Nel frattempo, in altri luoghi, io e Sibilla già sapevamo che quella non era la meta adatta, ma di sicuro lo erano gli altri mercati che da anni rallegrano questa zona *pieds dans l'eau*, dove i milanesi vanno solo di tanto in tanto, ma quando ci vanno sospirano: «Non sembra neanche di essere a Milano».

L'aria è decisamente piacevole, da vacanza anche in un normale giorno lavorativo: sarà il Naviglio, sarà l'autenticità di qualche scorcio, ma qui è davvero bello passeggiare e vivere una città che ha anche un lato da dolce vita, pur restando ancorata al suo cuore lavorativo.

Noi ci veniamo di solito il venerdì sera, per un aperitivo che lasci alle spalle la settimana appena trascorsa e ci faccia entrare a buon diritto nell'atmosfera da weekend. Oppure ci passiamo quando ci sono i vari mercati, la mattina di buon'ora. Come resistere ai vezzosi cappellini o alle camicie da notte ottocentesche ricamate e piene di pizzi?

{SHOPPING}

MV% CERAMICS DESIGN

Alzaia Naviglio Grande, 156
(tra Canottieri Milano e Olona)
tel 349 0679815/02 47710256
aperto tutti i giorni ma prima telefonare
www.mv-ceramicsdesign.it

Hand made di qualità
Mariavera Chiari a Milano è sinonimo di ceramica e il suo atelier nella zona più creativa della città, i Navigli, è il luogo che racchiude la sua arte. La prima cosa che colpisce sono i colori, la seconda le forme. Tutto qui è semplicemente bello, e nulla più. Le linee sono così consuete da sembrare rassicuranti, ma spesso gli oggetti hanno una vita e un'anima tutta loro e diventano dei veri e propri must. Rimane solo l'imbarazzo della scelta. 1

ORTHOLABSPORT

Corso San Gottardo, 3
tel 02 58107732
lun/ven 9.00 - 19.00
www.ortholabs.it

Centro di ortopedia sportiva
Liberate il vostro lato sportivo e starete subito meglio! Così dicono tutti i manuali del benessere, e anche tutti i giornali che cercano di portarci a essere più magre e più belle. Ma non prima di aver fatto un tour nei posti giusti, dove acquistare tutto l'armamentario che servirà per rendervi uniche anche nel momento del massimo sforzo. Va bene spettinate e sudate, ma mal abbigliate, mai! Ed eccolo, il negozio perfetto per i supersportivi. L'abbigliamento tecnico e tutti i prodotti che servono per farvi diventare una runner è qui, a vostra disposizione. E se correre è sempre stato un sogno ma le scarpe non vi aiutano, da oggi non sarà più un problema con i plantari creati su misura appositamente per voi. Ancora dubbiose? Eddai, se siamo riuscite a convincere persino Anna a scendere dai suoi amati tacchi, convinceremo anche voi! 2

ENNJI

Corso C. Colombo, 7
tel 02 58109783
lun 13.30 - 20.00
mar/sab 10.00 - 20.00
www.ennji.com

Shoppinghite acuta
E quando il gioco si fa duro noi entriamo in campo. Un capo unico per ogni modello, difficilmente due uguali, spesso anche taglie uniche. Quando si dice «prendere o lasciare» ci si riferisce a questo negozio.

Le proprietarie si definiscono malate croniche di shopping: dobbiamo aggiungere altro? 3

GARDEN K

Via Vigevano, 35
tel 02 89423940
lun 15.30 - 19.30
mar/dom 10.30 - 19.30
www.facebook.com/gardenkey

Ritentate, più volte
È indispensabile andarci spesso, perché troverete sempre qualcosa di nuovo: i proprietari hanno stabilito di non avere più di due pezzi per ogni capo, e per avere una panoramica su tutta la collezione vi toccherà tornarci più e più volte, così che non vi sfugga nemmeno una delle creazioni davvero insolite (comprese cosette sobrie come un maglione blu a coste con una piuma gialla sulla spalla). 4

100FA

Viale Col di Lana, 8
(4° cortile)
tel 02 84269136
lun/ven 10.00 - 13.00
e 15.00 - 18.00
SABATO E DOMENICA
SU APPUNTAMENTO
www.100fa.it

Viaggio nel tempo
Manu lo nomina come nominerebbe un angelo, se lo conoscesse. La nostra amica Elena ci si trasferirebbe armi e bagagli, così com'è, con le sedie impilate e i cassettoni coperti di ogni cosa possibile e immaginabile. 100Fa è un viaggio senza biglietto nel passato, in un loft di oltre 350mq, ricco di mobili e oggetti vari, provenienti da Francia e Inghilterra. Qui sono specializzati anche in noleggi per allestimenti, se mai vi venisse la voglia improvvisa di organizzare un film rétro! 5

SALVATORE & MARIE

Via Vigevano, 33
tel 02 89422152
lun 15.30 - 19.30
mar/sab 10.00 - 19.30

Concept store mignon
Oggetti e mobili di design ma anche vestiti e accessori, per un luogo che è un concept store senza la puzza sotto il naso, e forse senza nemmeno saperlo! L'hanno aperto due creativi con il gusto del bello e il desiderio di condividerlo. Unico difetto? Non riuscirete a starci meno di mezz'ora, tanto è ricolmo di cosette da vedere e soppesare, prima di cadere vittime dell'acquisto! 6

{MANGIARE/BERE}

FONDERIE MILANESI

Via Giovenale, 7
tel 02 36527913
mar/sab 19.00 - 2.00
dom 12.30 - 15.30 e 19.00 - 1.00
www.fonderiemilanesi.it

Up to date
A Milano, si sa, trovare un posto nuovo o insolito per l'aperitivo è un obiettivo primario. Allora fate un giretto alle Fonderie Milanesi: noi ci siamo state una sera, ci siamo tornate nel weekend e ce ne siamo innamorate definitivamente. Un cortile anonimo, dove un'officina sembra avere la meglio, nasconde uno spazio industriale ben allestito e un pittoresco giardinetto in cui godersi gli ultimi scampoli d'estate. 7

TRATTORIA DELLA GLORIA

Via Pichi, 5
tel 02 45474710
lun/sab 12.00 - 14.30
e 20.00 - 23.00
chiuso sabato a pranzo

Un po' osteria, un po' locanda, molto «trattoria della Gloria»!
Metti quattro amiche amanti della buona cucina che hanno deciso che al compleanno di ognuna, invece di farsi un regalo, escono a cena. Ed ecco che trovano un posto accogliente, non affollato e che soddisfa i gusti di tutte tanto da poter iniziare con un antipasto (anzi... con una serie di antipasti!) condiviso prima del quale viene offerta una pizzetta fritta «sporcata» con passata di pomodoro. Verdure di stagione saltate come le fareste a casa e torte semplici e deliziose che potrebbe preparare la nonna. Le quattro amiche, per non sbagliare, hanno preso un consistente numero di piatti da provare con l'idea di tornare per una cena romantica, ciascuna con il proprio marito! 8

ERBA BRUSCA

Alzaia Naviglio Pavese, 286
tel 02 87380711
mer/dom 12.30 - 14.30
e 20.00 - 23.00
TUTTI I MERCOLEDÌ SERA
MUSICA JAZZ DAL VIVO
www.erbabrusca.it

Orto con cucina
Un orto, il Naviglio, tanto verde, un'ambientazione agro-chic, una buona cucina semplice e di stagione. Ecco in sintesi il concept di Erba Brusca! Correte in quest'angolo di semi-campagna a Milano e fingete di essere fuoriporta, a una gita in cui il brunch è compreso nel divertimento. 9

TRATTORIA MADONNINA

Via Gentilino, 6
tel 02 89409089
lun/mer 12.00 - 14.30
gio/sab 12.00 - 14.30
e 20.00 - 22.30

Milano casereccia
Da amanti di Milano, non potevamo non segnalare una trattoria dedicata alla Madonnina. Tovaglie a quadretti, menu da osteria e clienti fissi. Insomma, uno di quei posti che trovare fuori Milano è la norma, ma in città fa sempre piacere, perché è una dimensione che non coincide con la frenesia tipica di una metropoli. D'estate prenotate nel cortiletto sotto il pergolato, uno dei posti più caratteristici di Milano. 10

REBELOT DEL PONT

Ripa di Porta Ticinese, 55
tel 02 84194720
lun 18.00 - 2.00
mer/sab 18.00 - 2.00
dom 12.00 - 24.00
APERITIVO - CENA - DOPOCENA
chiuso martedì
www.rebelotdelpont.com

Tapas creative
Maida è la signora della ristorazione milanese che con questo nuovo locale ha fatto il bis, dopo la splendida ristrutturazione dello storico Pont de Ferr (una visita quando avete tempo fatela anche lì!) Al Rebelot si viene per le tapas creative e meravigliosamente cucinate, da accompagnare con una bella selezione di vini e i cocktail preparati magistralmente con alcune bottiglie di superalcolici d'antan.
Per Anna è uno dei locali più validi della città, gastronomicamente parlando. E come contraddirla? Scegliete il tavolo vicino alla vetrina, nell'angolo a destra rispetto all'entrata, e non vi perderete nemmeno un attimo della movida che vi scorre davanti. Un pregevole punto di osservazione dove ristorarsi con gusto. 11

CUCINA FUSETTI

Via Fusetti, 1
tel 340 8612676
lun/sab 17.00 - 2.00
cucinafusetti.blogspot.com

Un salto nel passato
Un ambiente d'altri tempi, ricostruito con pezzi ricercati e ricontestualizzati con cura. Le vecchie sedie di scuola, poi, ci fan tornare subito bambine e danno un carattere davvero unico a questo locale. La cucina spazia dalle tradizioni sarde a quelle portoghesi, passando per la contemporaneità di influenze etniche. Bello lo spazio, bella la zona… non ci rimane che tornare per un aperitivo. 12

MAG CAFÈ

Ripa di Porta Ticinese, 43
tel 02 45489460
aperto tutti i giorni 8.00 - 1.00

Brunch e... segreti
Quando capitiamo sui Navigli, normalmente nel fine settimana per i mercati, ci fermiamo qui per il brunch. È divertente l'idea del piccolo menu da spuntare come se fossimo in un grande albergo. E per completare l'opera sono molto buoni anche i cocktail. P.S.: È solo qui che potrete avere la possibilità di essere invitati al Club 1930, ispirato al proibizionismo e come tale nascosto e segreto. Chiedete di andarci, ma non avrete la certezza finché non riuscirete a entrare nelle grazie del barista. Provare per credere! 13

28 POSTI

Via Corsico, 1
tel 02 8392377
BUSINESS LUNCH
mar/ven 12.00 - 14.30
mar/dom 20.00 - 23.00
BRUNCH dom 11.30 - 16.00
www.28posti.org

Piccolo e solidale
I coperti, come dice il nome, sono solo 28. Il locale è «Made in Bollate»: perché i lavori sono stati eseguiti dai detenuti del carcere di Bollate. Il ristorante continua a occuparsi con impegno della formazione a favore dei detenuti, che fanno anche parte dello staff. E oltre al lato socialmente utile, si mangia bene! Quindi, un'ottima soluzione se passate da qui. A patto di trovare posto! 15

UGO

Via Corsico, 12
tel 339 1234203/02 39811557
lun/dom 18.00 - 2.00
chiuso martedì

Come bartender comanda!
Un cocktail quasi sull'acqua? Inforcate il motorino, raggiungete via Corsico e gustate il miglior Moscow Mule di Milano. Questo posticino è davvero intrigante, e piace sempre un sacco, dagli hipster ai modaioli, dai creativi alle amiche, e vi troverete una bella congerie di Milano by night. 14

TAGLIO

Via Vigevano, 10
tel 02 36534294
lun 8.00 - 23.45
mar/dom 9.00 - 23.45
www.taglio.me

Caffè, cucina, bar, emporio
Diamoci un taglio (sì, lo so, è scontato. Ma non resisto ai giochi di parole!) La location è informale, i piatti sinceri, il vino scelto e proposto con cura e il servizio cortese. In più, qui trovate prodotti di gastronomia da asporto, e qualche chicca ben selezionata per le serate casalinghe. Direi che non

manca nulla perché diventi, a breve, meta prediletta, dalla merenda al dopocena. Insomma, in una delle vie più invase da novità enogastronomiche, questa insegna va tenuta presente quando si desidera star bene. 16

{BUONI PRODOTTI}

VINOIR

Ripa di Porta Ticinese, 93/b
tel 02 39811202
lun/sab 10.30 - 14.00
e 17.00 - 21.30
chiuso domenica e lunedì mattina
(salvo iniziative speciali)
www.vinoir.com

Vini, libri, storie
Un'enoteca che è una vera e propria chicca, dove potrete trovare non solo alcuni tra i più insoliti e interessanti vini italiani, ma anche le schede tecniche per poter diventare in un baleno delle esperte, in grado di spiegare a un uomo le caratteristiche dell'affinamento in botte e le definizioni di tannino, tonneau, barrique. 17

{TEMPO LIBERO}

L'HUB – TEXTILE WORK SHOP

Ripa di Porta Ticinese, 69
tel 02 45548183
mer/gio 14.00 - 19.00
(SOLO CORSI 19.00 - 21.00)
ven/sab 11.00 - 19.00
chiuso lunedì e martedì
sempre aperti l'ultima domenica del mese
le altre su richiesta
www.l-hub.it

Laboratorio, progetto, luogo d'altri tempi…
L'HUB è un laboratorio, l'HUB è un progetto, l'HUB è un luogo d'altri tempi riportati alla contemporaneità. Intorno a un tavolo, in un ambiente di caldo design creativo (insomma… un gran bel posto dove stare!), incontrerete ragazze giovani ma davvero competenti che sono in grado di farvi appassionare all'arte di attaccare un bottone, o di fare un orlo ai pantaloni. Risparmio a parte, volete mettere l'enorme soddisfazione che proverete la prossima volta che vi servirà e sarete in grado di farlo da sole? E se ago e filo non fanno proprio per voi, qui trovate anche tutto l'occorrente per stampare tessuti a mano. Personalizzare una maglietta, una sciarpa, un vestito non è mai stato più piacevole. 18

{BELLEZZA}

BAHAMA MAMA

Viale Col di Lana, 1
tel 02 89404538
mar/sab 10.00 - 20.00
(mer e ven fino alle 23.00)
www.facebook.com/
BahamaMamaMilan

Unghie & vintage

Che ne dite di comprarvi un pezzo vintage che renderà unico il vostro guardaroba dei prossimi mesi, mentre vi si asciuga lo smalto perfettamente steso e scelto nei colori più cool? Ecco qui il posto che fa per voi, dove Gaia riunisce in un solo spazio due grandi passioni femminili. Adorabile! 19

{MERCATI}

MERCATO DEI NAVIGLI (PORTA GENOVA)

La nostra amica Samanta, habitué di questi eventi, arriva alle 8.45 per accaparrarsi uno dei posti auto più vicini e soprattutto per fare il giro delle bancarelle straripanti di «ogni ben di Dio basta che sia vintage» per prima e senza ressa. Noi la seguiamo, di tanto in tanto, alla scoperta di uno dei mercatini più interessanti (anche se ormai inflazionato e non più economico!) della nostra città. Si svolge tradizionalmente l'ultima domenica di ogni mese dalle ore 9.00 alle ore 18.00. Più di 380 gli espositori, per 60.000 visitatori che sgomitano per afferrare il pezzo più bello, tra bric-à-brac, modernariato, artigianato, giochi, antiquariato ed eccellenze enogastronomiche italiane. Attenzione! Questo non è la Fiera di Sinigaglia (che ha luogo nello stesso parcheggio ma al sabato pomeriggio) o il pretenzioso Mercatone dell'antiquariato (organizzato l'ultima domenica del mese nelle vie attorno al Naviglio Grande): questo è un vero mercato delle pulci. 20

{DORMIRE}

THE YARD

Piazza XXIV Maggio, 8
tel 02 89415901
www.theyardmilano.com

Concept house
Bello e confortevole, questo hotel è adatto per lunghi e brevi soggiorni, e vi accoglie in un ambiente *dégagé* che sicuramente vi conquisterà. L'anima vera si intravede già dalla lobby, che dichiara fin da subito il suo mood accogliente e informale che troverete anche nelle belle camere. Un punto strategico di Milano, dove vivere alla milanese! Appassionati di sport, questo posto fa per voi: dal golf alla caccia, dall'equitazione al rugby, ogni stanza sviluppa infatti diverse suggestioni provenienti dall'ambito sportivo. 21

MAISON BORELLA

Alzaia Naviglio Grande, 8
tel 02 58109114
www.hotelmaisonborella.com/it

Un raffinato boutique hotel
Lungo il Naviglio, vi consigliamo di dormire in questo hotel, ricavato da una vecchia casa di ringhiera. Ristrutturazione attenta e arredamento di grande charme ne fanno un posto perfetto per un soggiorno romantico o una scappata con le amiche del cuore. L'hotel offre la possibilità di mangiare nel ristorante gestito dalle sapienti mani di Davide Brovelli e dalla moglie Cristina, un'istituzione della ristorazione lombarda. Il loro «Sole» a Ranco, in provincia di Varese, è una delle pietre miliari di chi ama i luoghi curati, dove concedersi un pasto da sogno. Ora il Sole splende anche all'interno della Maison Borella, e si chiama Bugandè, in onore delle lavandaie che in altri tempi lavavano i loro panni nelle acque del Naviglio. 22

{COL NASO IN SU}

CORTILE DI VIALE COL DI LANA
Viale Col di Lana, 8

Milano è la città dei cortili, e questo è uno di quelli da vedere, con la sua trascuratezza un po' bohémienne che lo rende ancora più bello. **A**

VICOLO DEI LAVANDAI
Vicolo dei Lavandai

Sapevate che nell'Ottocento a occuparsi del servizio di lavaggio erano gli uomini? E a loro è dedicato questo vicolo, che ci riporta alla Milano contadina. Il ruscelletto, la prima centrifuga del 1900, il «brellin» di legno dove ci si inginocchiava per lavare i panni: un bel ritratto della Milano che fu! **B**

CHIESA DI SAN CRISTOFORO
Via San Cristoforo, 3
www.chiesasancristoforo.it/

Una chiesa che mantiene le caratteristiche di una cappella di paese, pur a due passi dal centro città. Ricca di affreschi e di statue lignee, la principale delle quali rappresenta proprio San Cristoforo con Gesù bambino sulle spalle, è formata da due differenti costruzioni affiancate. Il ponte che la collega all'altra sponda del Naviglio è perfetto per foto suggestive! **C**

CANOTTIERI MILANO
Alzaia Naviglio Grande, 160
www.canottierimilano.it

La celebre polisportiva è ben salda da oltre cent'anni sulla riva del Naviglio, a disposizione di professionisti e semplici sportivi. Organizza molte attività sociali come bridge, burraco, bocce, ma anche corsi di avviamento allo sport, oltre a far gareggiare gli atleti locali nelle squadre agonistiche di nuoto, pallanuoto, tuffi, canottaggio, basket, atletica e tennis. **D**

{SERVIZI PER MILANESI}

A Milano non abbiamo mai tempo, l'avete notato? La frase preferita dalle milanesi che si rispettino è costantemente: «Non ho tempo per far nulla!» Sarà per questo che siamo la città con la più alta percentuale di servizi in Italia? Se nelle altre basta una pizzeria a domicilio, qui ci siamo inventati la domiciliazione di qualunque delizia gastronomica, che arriva fumante (vabbè, caldina...) a casa vostra dopo un semplice trillo o una più digitale richiesta tramite l'inseparabile smartphone. Servizio è la parola d'ordine, ma naturalmente non ci limitiamo al cibo. Ecco una selezione dei servizi che a Milano ci piacciono di più.

MILANONASCOSTA

www.cittanascostamilano.it

Hai sempre sognato di visitare dei luoghi inaccessibili al resto del mondo? Ecco chi ti ci condurrà, mano nella mano, con tanto di accompagnamento e spiegazione dettagliata. Visite di gruppo o tour personalizzati, qui trovi quel che di più nascosto la città sa offrire.

LES PARISIENNES

www.pretaparler.it/les-parisiennes

I corsi di lingua ti hanno stufato? Anche a noi non sono mai piaciuti! Per questo siamo impazzite di gioia quando abbiamo scoperto questo gruppo di geni che riesce a farti imparare inglese e francese mentre stai facendo un'altra cosa: corsi di cucina, spettacoli teatrali, visite guidate... provare per credere!

NOI TUTTO

www.noitutto.com

Francesca Spagnoli non si spaventa davanti a niente. E dopo aver organizzato un trasporto di fagiani vivi a Venezia può risolvere qualsiasi vostro problema. Dalle pratiche burocratiche alla ricerca del tanguero per una lezione privata, chiedete e vi sarà offerto il servizio su misura per voi.

STRETCH A NECK

www.stretchaneck.com/home

Duncan è un signore very british che vi conquisterà al primo sguardo con i suoi occhioni e la sua possenza: nelle sue mani – è proprio il caso di dirlo! – vi rilasserete come mai prima, e il tutto o comodamente seduti alla scrivania o ovunque voi vogliate. Grazie alla sua geniale idea di «massaggeria-à-porter». Prenotatelo e sarete le più invidiate in ufficio, in casa, ma anche alla festa più cool.

Milano da turista
LE COLONNE E PORTA TICINESE

Volete conoscere Milano da un punto di vista diverso? Fate due passi qui, e non ve ne pentirete. Da studentesse pensavamo fosse un luogo frequentato soltanto da svitati, poi ci siamo ricredute (e forse il quartiere è migliorato!) e adesso ci andiamo per fare le turiste nella nostra città, quando vogliamo respirare un'aria nuova, e ammirare le Colonne, che qui sono il centro nevralgico del divertimento serale, soprattutto estivo.

La zona – pittoresca come Portobello e particolare come Camden – brulica di gente giovane, skaters, graffitari, punk e gotici, che gironzolano sui sanpietrini.

È piacevole passeggiare per il parco

delle Basiliche, al sole o riparandosi sotto gli alberi, scovare negozietti e anche guardare la movida da uno dei tavolini dei numerosissimi bar che punteggiano la zona.

Noi abbiamo i nostri punti di riferimento fissi, ma voi lasciatevi guidare dall'istinto e siamo sicure che troverete qualcosa di altrettanto segreto, senza timore di fare shopping.

Non dimenticatevi di raccontarci dove siete state!

{SHOPPING}

TESSUTI MIMMA GINI

Via Mora, 11
tel 02 89400722
lun 15.30 - 19.30
mar/sab 10.30 - 19.30
www.tessutimimmagini.com

Le svariate declinazioni del colore
Ve l'abbiamo già detto che non c'è nulla di meglio di un tessuto per cambiare le sorti di un salotto noioso o di una camera da letto scontata? E allora venite nello spazio di Mimma Gini e lasciatevi sedurre dalle sue stoffe naturali a tinta unita, rigate e cangianti, prodotte artigianalmente. Avete qualche pezzo di cui non vi volete sbarazzare? Nel laboratorio interno lo riportano a nuova vita, con il patchwork e il riciclo, per creare complementi d'arredo e imbottiti personalizzati. Una somma di piccoli brand artigianali, che offrono un insieme curato e originale. 23

ATELIER VM

Via Correnti, 26
tel 02 43118105
lun 15.00 - 19.00
mar/sab 10.00 - 14.00
e 15.00 - 19.00
www.ateliervm.com

Un gioiello. Sempre
Tre ragazze milanesi si sono fatte prendere la mano e hanno dato vita a questo spazio che è filosofia, prima che gioiello. Ma i gioielli sono una sicurezza, belli e semplici, come solo le cose belle possono essere. Dietro ogni creazione c'è un titolo, un pensiero intimo.
Le linee sono sobrie e delicate, ironiche e visionarie, esili e vistose, la struttura è sempre di leggerezza e poesia, chi le indossa ne trattiene la grazia. Non fatevelo regalare, andate e sceglìete. Solo voi troverete quello giusto per stare con voi. Sempre. 24

SUEDE

Via Correnti, 21
tel 02 58118308
lun 15.30 - 19.30
mar/sab 10.00 - 19.30
www.suede.it

Semplicemente chic
Anna è super addicted di questo indirizzo, e non si perde un giro per scovare la gonnina più adorabile o l'abituccio perfetto per quel dopocena. Insolito quanto basta per piacerci, offre abiti e

accessori stile romantico e anche un po' bon ton. Specialissimi i gioiellini e gli accessori, soprattutto le scarpe che hanno sempre quel tocco in più nelle forme e nei colori. Per noi, perfetto per le giornate tristi in cui serve un regalo per tirarsi su! Le loro vendite speciali sono da urlo, cercate di farvi invitare! 25

OLMO

Piazza della Vetra, 21
tel 02 33400992
lun 15.00 - 19.30
mar/sab 10.00 - 19.30
www.olmo.it

Hai voluto la bicicletta?
Ok, non sapete chi sia Olmo. Neanche noi lo sapevamo. Ma poi un amico, maschio e ciclista appassionato, ci ha raccontato di questo campione, che ha fatto la storia del ciclismo negli anni Trenta e Quaranta, trasformando poi la sua passione in un'attività di successo. Dopo aver corso tanto, adesso fa correre noi. Sulle due ruote che propone in tutte le possibili varianti, dalla bici da corsa alla mountain bike, sempre curatissime nei materiali e nella tecnologia, dal grande comfort e raffinato design. Se non sapete quale scegliere, o se volete fare un regalo davvero azzeccato, provate il configuratore sul sito: pura personalizzazione! 26

MARIZA TASSY

Via Molino delle Armi, 45
tel 02 89415364
lun 15.00 - 19.00
mar/sab 10.30 - 19.00
www.marizatassy.it

L'armadio dei desideri
Già lo spazio di per sé meriterebbe una visita, con i decori di Idarica Gazzoni a rendere quasi magico questo negozio con le travi a vista e le pareti verde acqua da tuffarcisi. Ma qui non si viene per ammirare la location, ma per scovare uno dei capi che sarà il nostro must nella prossima stagione, perché è uno dei posti più cool per una milanese che si rispetti. E volete non completare il tutto con selezionatissimi bijoux e accessori da urlo? Andate dirette verso il bancone, che brilla di luce propria e vi regalerà bellissimi pezzi unici. 27

PILGIÒ

Via Caminadella, 6
tel 02 804812
lun/sab 10.00 - 19.30
www.pilgio.com

Quasi una galleria d'arte
Per le più esigenti, per le amiche che «non è mai abbastanza particolare», per quel regalo che deve avere quel tocco in più, ecco la soluzione perfetta. I gioielli di Pilgiò sono creati utilizzando una lavorazione che li rende materici e intensi, davvero diversi da quelli a cui siamo abituate.

Opere d'arte da mostrare, e da farsi raccontare da questo gioielliere calabrese che dal 1960 vive a Milano e produce qui i suoi pezzi. 28

HENRY BEGUELIN

Via Caminadella, 7
tel 02 55011606
lun 15.00 - 19.00
mar/sab 10.00 - 14.00
e 15.00 - 19.00
www.henrybeguelin.it

Virtuosismi di pelle
Nonostante il nome un po' francesizzante, il marchio – totalmente hand made – è stato creato da un gruppo di amici all'isola d'Elba. E già per questo ci piace assai, come tutte le esperienze di condivisione. Pelletteria cucita a mano, borse e stivali morbidi e pratici, e qualche abito a far da contrappeso a un negozio dove le immagini equestri la fanno da padrone. 29

LAURA URBINATI

Piazza S. Eustorgio, 6
tel 02 8360411
lun 15.30 - 19.30
mar/sab 9.30 - 13.30
e 15.30 - 19.30
www.lauraurbinati.com

Quando i sogni diventano realtà
Da studentesse passavamo ore incollate alle vetrine di questo negozio, sognando di poterci comprare qualcosa in questa piccola ma magnifica bomboniera. Uno dei suoi pezzi era sempre nella nostra lista dei desideri di Natale. Poi siamo cresciute, e qualche sfizio ce lo siamo tolto, ma rimane nella nostra Top Ten dei luoghi perfetti, dove trovare a colpo sicuro qualcosa che sia proprio fatto per noi. 30

{MANGIARE/BERE}

A CASA EATERY

Via Conca del Naviglio, 37
tel 02 36743350
tutti i giorni
12.30 - 14.00 e 19.00 - 22.30
www.acasaeatery.com

Come sentirsi a casa
È un po' come stare a casa, ma serviti e senza dover cucinare! E in più l'ambiente è di quelli che ci fanno impazzire, accuratamente mixato scovando nel vintage dei mercatini. Il menu ci ricorda il Sud, e anche questa la consideriamo una nota più che positiva. Insomma, a conti fatti è uno dei nostri posti preferiti quando dobbiamo trovare un locale che accolga con cortesia tutta la compagnia, e accontenti più o meno tutti, anche quelli che «Ma dove mi hai portato?» 31

DROGHERIA MILANESE

Via Conca del Naviglio, 7
tel 02 58114843
aperto tutti i giorni
12.00 - 15.00 e 18.00 - 24.00
www.drogheriamilanese.it

Dopo cinema

Per noi che siamo delle cinefile incallite è il posto ideale. Vicino al cinema Eliseo, uno dei nostri preferiti, con la cucina che chiude tardi e una proposta ben assortita di tapas italiane, da sbocconcellare commentando l'ultima pellicola appena vista. E decidere quale sarà il prossimo film da andare a vedere! 32

CAMINADELLA DOLCI

Via Caminadella, 23 (*cortile interno*)
tel 02 72021136
lun/sab 9.00 - 19.00
www.caminadelladolci.it

La dispensa della nonna

La pasticceria vecchia maniera, da scegliere quando si ha voglia di riassaporare il gusto delle torte della nonna. Sempre che riusciate a portare tutto a casa, perché la tentazione di fermarvi è grande, in questo bel cortile della vecchia Milano a due passi da piazza Sant'Ambrogio, in un locale pieno di charme e ricco di storie, in cui sfogliare libri di cucina e sbocconcellare qualche delizia che esce dalla bella credenza. Una fetta di ciambella? 33

TUTTI FRITTI

Corso di Porta Ticinese, 18
tel 02 89052541
lun/dom 12.30 - 2.00

Fritto, sempre fritto, frittevolissimamente fritto

Se non apprezzate il genere, questo non è proprio il posto che fa per voi. Ma se, come noi, siete delle autentiche appassionate, ecco allora trovato il luogo dove ingurgitare tutto quello che amate di più, e al bando i sensi di colpa. Le birre artigianali che costellano un po' tutti i locali di recente apertura sono a disposizione delle vostre gole arse anche qui, e fanno perfettamente il paio con i piatti senza regole ma con tanto gusto che vi renderanno felici fin dal primo assaggio. E, attenzione attenzione, la cucina chiude tardissimo, quindi se fate nottata e avete un certo languorino, potrete placare l'appetito! 34

PASTICCERIA CUCCHI

Corso Genova, 1
tel 02 89409793
mar/dom 7.00 - 22.00
www.pasticceriacucchi.it

Qui il tempo si è fermato

Da sempre il momento che preferiamo della giornata è la colazione. Ci piace farla a casa con tutte le nostre abitudini durante la settimana, ma nel weekend adoriamo uscire con un bel pacco di giornali e dedicarci del tempo, per leggere, guardare il mondo che scorre davanti a noi e chiacchierare. Questo è uno dei posti che scegliamo quando vogliamo farci una coccola. Sibilla adora il panino al tonno, non va mai via senza averne mangiato almeno uno. Volete imitarla? 35

TASCA

Corso di Porta Ticinese, 14
tel 02 8376915
lun/ven 12.30 - 1.00
sab 18.00 - 1.00
www.iltasca.it

Fiesta!
E chi di noi non ama spizzicare qui e là? Noi ne abbiamo fatto un imperativo, e quasi tutti i nostri party sono «liberi» e fuori dagli schemi, senza soluzione di continuità tra le portate, che sono davvero una noia mortale! E sapete da dove deriva questa modalità di consumare il cibo in maniera informale e senza regole? Dalla cucina spagnola, regina delle tapas, piccoli assaggi variegati e gustosi. Se non avete voglia di cucinare, questo localino è perfetto. Tra i nostri piatti preferiti, *pan con tomate* e *chipirones rellenos*. Un'altra birra? 36

{DORMIRE}

OSTELLO BELLO

Via Medici, 4
tel 02 36582720
www.ostellobello.com

E se la vostra camera fosse un... ostello?
Sì, fa molto Erasmus, sembra di tornare ai tempi squattrinati dell'università. Ma volete mettere l'emozione? E se l'ostello è anche «bello», a due passi dal Duomo e dalle Colonne, c'è da farci un pensierino. Innovativo, comodo, economico: pronte a lasciarvi tentare? 37

MY BED MILANO

Corso di Porta Ticinese, 24
tel 02 83242224
www.mybedmilano.com

Posizione privilegiata
Semplice, pulito, lineare: questo hotel già dal logo dimostra quel che vuole essere. Una soluzione pratica, centrale ma non pretenziosa, perfetta per chi vuole una struttura dall'animo concreto ed è attento all'essenziale, con gusto. Belle camere, ben arredate con un design minimalista, qui hanno fatto del «senza fronzoli» una filosofia. Che noi apprezziamo molto. 38

PALAZZO STAMPA DI SONCINO

Via Soncino, 2

Dedicato a Massimiliano Stampa, marchese di Soncino, questo imponente edificio con torre cinquecentesca è stato nel tempo abbandonato e poco visitato, ma ha al suo interno un cortile stupendo, che merita una visita. E

PARCO DELLE BASILICHE

Piazza della Vetra

Sant'Eustorgio e San Lorenzo sono unite da questo parco sempre molto frequentato dai milanesi, che impazziscono per ogni minuscolo spazio verde li preservi dal grigio della città. Creato nel dopoguerra, comprende anche i reperti archeologici dell'anfiteatro romano (I secolo d.C.). F

VIVAIO RIVA

Via Arena, 7
tel 02 58101141
lun/sab 8.30 - 12.30 e 14.30 - 18.30

Un vivaio in centro città è un privilegio che solo Milano si può permettere. Ed è grazie alle sorelle Riva che questo miracolo rimane intatto dagli anni Sessanta, quando in quest'angolo a pochi passi dalle Colonne di San Lorenzo è sorto un luogo coloratissimo e profumato: tremila metri quadrati di terreno, e un edificio di circa ottanta, dove ammirare e scegliere azalee, gelsomini, primule, violette, eriche, ciclamini, limoni e tutto quel che può rendere il vostro terrazzino o la vostra casa una delizia. G

BASILICA DI SANT'EUSTORGIO

Piazza Sant'Eustorgio, 1
www.sant'eustorgio.it

È una delle chiese più antiche, belle e interessanti di Milano. Si trova a pochi passi da un'altra e più nota basilica paleocristiana, quella di S. Lorenzo, e dalle sue famose colonne romane, poste proprio sulla via ticinensis, ovvero corso di Porta Ticinese. Fondata nel IV secolo e completata nel XVI, la chiesa presenta un classico impianto romanico a tre navate; l'esterno è in tipico mattone rosso lombardo. All'interno si custodiscono molti affreschi trecenteschi, una magnifica ancona in marmo bianco, posta sopra l'altare, e altri affreschi nelle cappelle laterali, aggiunte nel corso dei secoli. La più famosa di queste, la cappella Portinari, si trova dietro l'abside ed è uno dei migliori esempi dello stile rinascimentale lombardo-toscano. La cappella diventa meta di pellegrinaggio l'ultima domenica di aprile. I fedeli si mettono in fila per chiedere a San Pietro Rosini di preservarli dal mal di testa. Rosini, predicatore dell'Ordine dei domenicani, venne ucciso a colpi di roncola sul capo: per ottenere la grazia occorre sfregare un copricapo (cappello o foulard) sul vetro dell'urna dove è conservata la testa del santo. Ma ciò che rende unica e affascinante questa bella basilica è la sua origine. Fu eretta per ospitare le reliquie dei Re Magi, trasportate a Milano, allora capitale dell'Impero Romano d'Occidente, dalla lontana Costantinopoli. Con il saccheggio del Barbarossa le preziose reliquie furono trafugate e portate a Colonia. Solo nel 1906 alcune spoglie furono restituite e vengono ora conservate in una piccola teca posta vicina al Sarcofago dei Tre Re. Il campanile della basilica, in luogo della classica croce sommitale, presenta una stella a otto punte, a simboleggiare la cometa che guidò i Re Magi a Betlemme. I Re Magi a Milano! Vale la pena farsi un giro, tra un negozietto strambo e l'altro di cui questa zona è ricchissima. H

via Ercole Ferrario
via Lipari
piazzale Aquileia
via Gian Battista Vico
Museo Naz. della Scienza e Tecnica
via degli Olivetani
via Giuseppe Dezza
via Caprera
via Numa Pompilio
via Olona
via Ariberto
viale Coni Zugna
viale Papiniano
piazza Sant'Agostino
MM SANT'AGOSTINO
via Vincenzo Foppa
via California
via Montevideo
giardini Don Luigi Giussani
via C. da Ses
via Modestino
viale Papiniano
viale Coni Zugna
piazza Giovanni Antonio Bazzi
via Valparaiso
via A. Salaino
a Cola di Rienzo
via P. Orseolo
via Andrea Solari
piazza del Rosario
via Bobbio
via Barbavara
via Cristoforo Colombo
3
via Savona
via Cerano
via Ambrogio da Fossano Bergognone
via Alessandria
via Voghera
MM PORTA GENOVA F.S.
via Vigevano
via Savona
via Novi
via Tortona
4
6
20
via Sartirana
via Tortona
via Casale
via Paolo Giorza
C
via Valenza
Naviglio Grande
11
via Pasquale Paoli
ripa di Porta Ticinese
18
via A. C. Fumagalli
piazza Arcole
alzaia Naviglio Grande
D
17
1
via E. Villoresi
via E. Lombardini
parco Robert Baden Powell
via Filippo Argelati

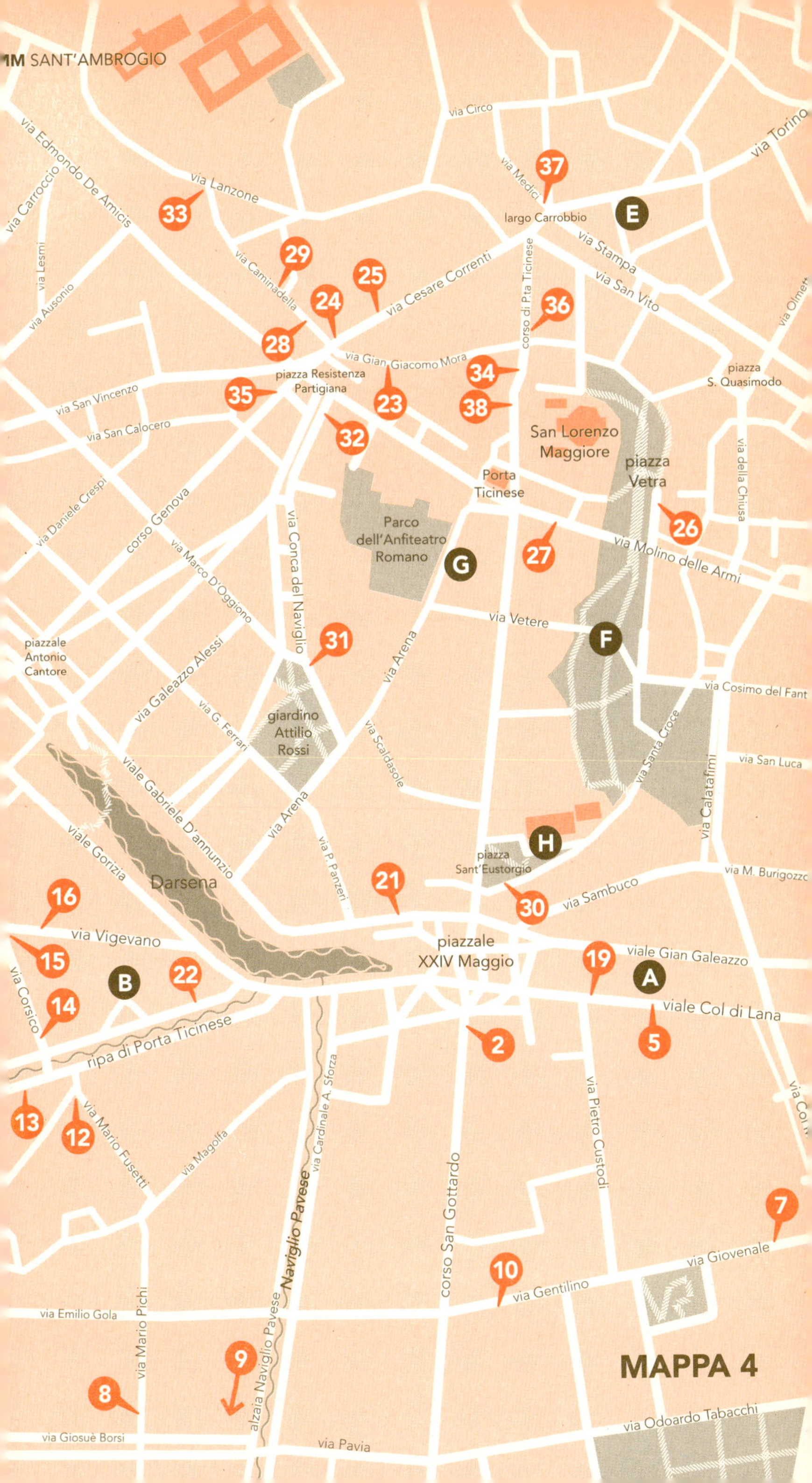
M SANT'AMBROGIO
via Circo
via Torino
via Medici
largo Carrobbio
via Stampa
via San Vito
via Lanzone
via Edmondo De Amicis
via Carroccio
via Lesmi
via Ausonio
via Caminadella
via Cesare Correnti
corso di P.ta Ticinese
via Olmetto
via Gian Giacomo Mora
piazza Resistenza Partigiana
piazza S. Quasimodo
via San Vincenzo
via San Calocero
San Lorenzo Maggiore
piazza Vetra
via della Chiusa
Porta Ticinese
via Daniele Crespi
corso Genova
via Conca del Naviglio
Parco dell'Anfiteatro Romano
via Marco D'Oggiono
via Molino delle Armi
via Vetere
piazzale Antonio Cantore
via Galeazzo Alessi
via Arena
via Cosimo del Fante
via G. Ferrari
giardino Attilio Rossi
via Scaldasole
via Santa Croce
via San Luca
via Calatafimi
viale Gabriele D'annunzio
via P. Panzeri
piazza Sant'Eustorgio
via M. Burigozzo
viale Gorizia
Darsena
via Sambuco
via Vigevano
piazzale XXIV Maggio
viale Gian Galeazzo
viale Col di Lana
via Corsico
ripa di Porta Ticinese
via Cardinale A. Sforza
via Pietro Custodi
via Mario Fusetti
via Magolfa
Naviglio Pavese
corso San Gottardo
via Giovenale
via Gentilino
via Emilio Gola
via Mario Pichi
alzaia Naviglio Pavese
MAPPA 4
via Odoardo Tabacchi
via Giosuè Borsi
via Pavia
A
B
E
F
G
H
2
5
7
8
9
10
12
13
14
15
16
19
21
22
23
24
25
26
27
28
29
30
31
32
33
34
35
36
37
38

Morire di shopping
GARIBALDI

Ebbene sì, se avete voglia di shopping, corso Garibaldi è il posto giusto: consigliato di giorno, divertente di sera, per un tour fra i grattacieli della «nuova Milano» che hanno modificato lo skyline della città.

Un'unica via, con poche deviazioni a destra e a sinistra, per sfinirvi di vetrine, prove in angusti camerini, indecisioni davanti a insoliti bijoux e colpi di testa per arredare il soggiorno. Il tutto condito, praticamente una vetrina sì e una no, da bar, locali, ristoranti e concept store come se non ci fosse un domani.

Percorrerlo tutto è un'impresa titanica anche per le vere shopping addicted, e un bagno di sangue per la carta di credito, che non uscirà indenne da questa avventura.

Ma di sicuro ne uscirete indenni voi, che amate il lato fashion di Milano e avete voglia di esplorarla, senza perdere tempo inutilmente fra uno spostamento e l'altro.

Diviso idealmente a blocchi, è elegante nella zona vicina alla stazione, più modaiolo e giovane al centro, più artigianale in fondo, ma sempre e comunque piacevolissimo da percorrere a piedi, con le braccia cariche di pacchetti.

Non sentite già un'insopprimibile desiderio di una spedizione? Ci si vede là.

{SHOPPING}

LA MAISON MOMONÌ

Corso Como, 3
tel 02 63793466
lun/sab 10.30 - 19.30
dom 10.30 - 14.30 e 15.30 - 19.30
lamaisonmomoni.it

Shopping in salotto
Un bel salotto di una casa elegante ospita questo concept store dove perdersi tra abiti, pantaloni, camicie e tutto quanto fa moda senza mai annoiarsi. Milano è solo uno dei tanti punti vendita di questo marchio che diventerà presto uno tra i vostri favoriti. Ce n'è uno anche a Parigi. Vi piace già un sacco, vero? 1

BOULE DE NEIGE

Corso Como, 8
tel 02 62910777
lun 15.00 - 20.00
mar/sab 10.00 - 13.30
e 14.30 - 20.00
www.bouledeneige.it

Stile senza vittime
Abbiamo sempre detto che «marchio non fa stile», e ne siamo convintissime. Ma non per questo non andiamo di tanto in tanto a scovare tra i migliori stilisti al mondo qualche pezzo che possa comunque diventare «nostro» e si sposi alla perfezione con il look sottotono ma raffinato che ricerchiamo. Ecco allora il posto giusto per farlo, dove ci assicurano «grande vestibilità e nessun effetto "fashion victim"». 2

ROSSIGNOLI

Corso Garibaldi, 71
tel 02 804960
ORARI NEGOZIO
lun/sab 9.00 - 12.30
e 14.30 - 19.30
chiuso domenica e lunedì mattina
ORARI OFFICINA
lun/sab 9.00 - 12.30
e 14.30 - 19.00
chiusa domenica e tutto lunedì
www.rossignoli.it

La storia, in bici
Un pezzo di storia di questa città, che sta scoprendo un nuovo splendore grazie alla moda sempre più diffusa di girare in bici schivando taxi e zigzagando tra le rotaie del tram. Rossignoli ha creato le bici dei nostri bisnonni, perché è qui dal 1900, e da allora ha vissuto sulle sue ruote, senza farsi travolgere da nessuna crisi, né quella economica del '29, né quella culturale degli yuppies. Adesso che andare in bicicletta è una scelta, green, sostenibile ed elegante, non potrete più farne a meno nemmeno voi! 3

RAIMONDO GARAU

Via Varese, 20
(*ingresso da* Viale Crispi, 5/b)
tel 02 6599913
mar/sab 10.00 - 13.00
e 14.30 - 19.30
www.raimondogarau.com

Come un architetto

Quando cercate quel pezzo particolare per rinnovare la vostra casa vorreste conoscere un architetto di grido, per chiedergli dove si approvvigiona per arricchire le sue case bellissime. Ma adesso l'architetto non serve più, perché potete andare a colpo sicuro da Raimondo Garau, e scovare nel suo spazio tutto ciò che potrà rendere unica e inimitabile la vostra magione. Il suo gusto internazionale e raffinato ci ha decisamente conquistate, e siamo sicure piacerà anche a voi. 4

FARFALLE

Via Varese, 12
tel 02 87389994
lun 15.30 - 19.30
mar/sab 11.00 - 19.30

Leggerezza e moda

Già il nome ci suggerisce una leggerezza senza pari, che ci fa subito star meglio. E allora via libera a questo spazio dove il colore, i tessuti pregiati e le linee morbide la fanno da padroni, e noi siamo libere di svolazzare qui e là alla ricerca del capo perfetto. 5

10 CORSO COMO

Corso Como, 10
tel 02 29002674
lun/mar/ven/sab/dom
10.30 - 19.30
mer/gio 10.30 - 21.00
www.10corsocomo.com

Immancabile

Shop, caffè, galleria e libreria… lo sappiamo che lo conoscete già tutte, definirlo segreto proprio non si può, ma comunque un salto in questo posto eclettico e all'avanguardia vale sempre la pena farlo. 6

LABO.ART

Via Maroncelli, 14
tel 02 36523461
lun 15.00 - 19.30
mar/sab 11.00 - 19.30
www.laboart.com

Milano-Berlino andata e ritorno

Non trovate anche voi che Berlino sia la nuova Parigi? Ecco qui qualcuno che l'ha capito prima di noi e ha creato uno spazio «con la mente a Milano e il cuore a Berlino». La sede creativa è nella capitale tedesca, mentre qui Ludovica Diligu ha lasciato il suo negozio con galleria, dove spulciare tra la linea in jersey di cotone Labo.art, sofisticata e particolare come poche altre. Qui però non trovate solo abiti, ma anche eventi e mostre di artisti contemporanei, e gli spettacolari gioielli di Natsuko Toyofuku. 7

REART

Corso Garibaldi, 49
tel 02 861596
lun 15.00 - 19.00
mar/sab 10.00 - 19.00
www.reartdance.com

Come Alessandra Ferri
Se siete ballerine, o volete dare un tocco dance al vostro look, imperdibile una visita a Reart: dal tutù alle scarpe da tango, il regno delle appassionate di Roberto Bolle è qui! Più rock di Porselli, meno pop di Dimensione danza, è il posto perfetto per scovare un pezzo da novanta, senza svenarsi. 8

CO CO

Via Volta, 5
tel 02 29006562
lun 15.30 - 19.30
mar/sab 10.30 - 19.30

Artigianalità è lusso
Co Co è un delizioso modo per tirarsi su il morale quando vi viene voglia di oggetti artigianali e qualità sartoriale. Già di per sé lo spazio è affascinante da visitare, al resto pensano gli abiti e gli accessori disegnati da Nicoletta Ceccolini. Oltre a abiti, pantaloni e capispalla, troverete anche una linea di scarpe lavorate con stoffa, pelle e camoscio. 9

UNDERSTATE

Viale Crispi, 5
tel 02 62690435
mar/sab 10.00 - 13.00
e 14.30 - 19.30
www.understate.it

Sottotono, con gusto
Già il nome ci piace parecchio: essere sottotono, non esibire ma nascondere in maniera sobria e discreta la propria condizione è un mantra col quale conviviamo da sempre. Ma questo non vuol dire non scegliere cose belle per rendere perfetta e a nostra misura la casa. Ecco allora una selezione particolarmente eccitante di mobili e complementi, di quelli che da soli bastano per dare una svolta a uno spazio un po' stantio. 10

ARZIGOGOLO

Via Maroncelli, 11
tel 334 6964202
mar/ven 10.30 - 19.00
sab 10.30 - 13.30 e 15.00 - 19.00
www.arzigogololaboratorio.it

Non definitelo «negozio»!
In questo laboratorio artistico in un angolo poco battuto della città, ecco spuntare bijoux e accessori artigianali con un'anima rétro. Isabella e le sue fidate assistenti creano a mano ogni pezzo, che acquisisce una vita e una dimensione propria, particolarissima, e farà risplendere anche voi di luce riflessa. 11

CORAL

Viale Pasubio, 8
tel 02 62087796
lun/sab 9.30 - 19.30
www.fiorieinterpretazioni.com

Una peonia è per sempre
La peonia, insieme alla calla e al tulipano, rappresenta per noi il fiore per eccellenza. Coral è una peonia con molti petali che cambia colore aprendosi, e quindi non può che essere un posto che adoriamo. I fiori sono selezionati da Paola, Tiziana e Carlotta, che hanno un modo tutto speciale di riunirli, e di metterli insieme a verdura e frutta contadina come melagrane, mele cotogne, pere e limoni. Su tutto domina un'atmosfera semplice, con l'elemento vegetale e il profumo, che dominano indiscussi. 12

120% LINO

Corso Garibaldi
(angolo Via Marsala, 13)
tel 02 76023394
lun 15.30 - 19.00
mar/sab 10.00 - 19.00
www.120percento.com

Un'antica stamperia
Siccome solo il 100 per cento non bastava, qui hanno aggiunto un ulteriore 20, e offrono una panoramica ampia e ben assortita nel mondo del lino. Se chiudete gli occhi e immaginate di sentire il profumo del mare potreste ritrovarvi in un attimo ai Caraibi, da cui questo spazio prende spunto per il look coloniale. Prima di loro qui c'era una stamperia, e il look un po' délabré dei mobili di legno restaurati rende il tutto ancora più bello. 13

LIBRERIA UTOPIA

Via Marsala, 2
tel 02 29003324
lun/sab 9.30 - 19.30
dom 10.30 - 18.30
libreriautopiamilano.
wordpress.com

«La» libreria
Dobbiamo proprio presentarvela? È il punto di riferimento storico per la *gauche* cittadina, e per tutti gli intellettuali che qui transitano alla ricerca dell'ultimo saggio francese sulla filosofia della decrescita. Un tuffo nel mondo delle parole e dei libri di carta, forse un po' anacronistico in questi tempi votati alla tecnologia, ma pur sempre ricco di fascino. 14

HIGHTECH

Piazza XXV Aprile, 12
tel 02 6241101
lun 13.30 - 19.30
mar/dom 10.00 - 19.30
www.cargomilano.it

Concept, ma davvero
Uno dei primi concept store a Milano, che sicuramente già conoscete ma che non può non

essere nella nostra personalissima selezione dei posti top in città. Officina del nuovo e dell'insolito: gli spazi della fabbrica e del magazzino conservano l'atmosfera industriale dell'origine, che fa da cornice alla vasta offerta di arredamento, oggettistica, profumeria, accessori moda e casalinghi. A noi piace trovare piccoli regali insoliti per le amiche, o quell'aggeggio che proprio mancava nella nostra cucina superattrezzata. 15

{MANGIARE/BERE}

PARMA & CO

Via Tessa, 2
(angolo Corso Garibaldi)
tel 02 89096720
SALUMERIA
lun/sab 10.00 - 15.00
e 17.00 - 22.00
dom 11.30 - 16.00
CUCINA
lun/sab 12.00 - 15.00
e 19.00 - 22.30
dom 12.00 - 16.00
www.parmaeco.it

Salumeria con cucina
Buttatevi a capofitto sui ricchi taglieri accompagnati dallo gnocco fritto: ne sarete entusiasmate! E poi lasciatevi tentare dai succulenti primi piatti, paste fresche ben condite che faranno gioire il palato. Non ce la fate più, ma vorreste prolungare la contentezza? Andate subito al banco a scegliere quel che vi è piaciuto di più, da portare a casa per proseguire l'esperienza! 16

TRAMÉ

Piazza San Simpliciano, 7
tel 02 84105336
lun/mar 10.00 - 22.00
mer/sab 10.00 - 24.00
dom 10.00 - 22.00
www.tramé.it

In origine fu lo spritz
Chi non era mai stato a Venezia non ne conosceva l'esistenza, poi a un certo punto – qualche anno fa – è sbarcato questo intruglio arancione (tra l'altro, quello autentico è rosso, visto che è preparato con il Campari e non con l'Aperol!) e nessuno ne ha più voluto sapere di mojito e cuba libre. A questa vera e propria addiction post-Milano da bere adesso si somma l'accompagnamento perfetto al canonico spritz: il tramezzino. Scordatevi quei tristi triangoli stantii del banco frigo, qui i tramezzini sono gonfi e cicciotti (esattamente come faranno diventare voi, ma amen!) e ripieni di ogni meraviglia alimentare. Nella patria indiscussa dell'happy hour, qui l'ora è felice davvero, perché è gustosissima! 17

AL MATAREL

Via Solera Mantegazza, 2
tel 02 654204
lun 12.30 - 14.30 e 19.30 - 22.30
gio/dom 12.30 - 14.30
e 19.30 - 22.30
chiuso martedì e mercoledì a pranzo

La cucina di una volta
Quando ci chiedono un consiglio per mangiare piatti tipici milanesi noi pensiamo subito Al Matarel, che, nonostante il tempo che passa e le mode del momento, resta uno dei migliori ristoranti della città. Paste fresche, zuppe e la costoletta alla milanese sono una scelta sicuramente non trendy ma di sostanza, quando avete voglia di concretezza e rassicurazione. Per noi, un vero must, soprattutto per gli stranieri che qui troveranno l'autenticità della cucina di una volta, e non la fotocopia da turisti. 18

VERGER

Via Varese (angolo Via Volta)
tel 02 86998276
lun 12.00 - 16.00
mar/sab 12.00 - 16.00
e 18.30 - 24.30
verger.it

L'Italia delle regioni
Due nonne, una romana e una milanese, sono le artefici della cucina di famiglia di questo spazio super cool nato dalle menti dei due fratelli Verger, Cristiano ed Enrico. Duecento metri quadrati dedicati al buon gusto, in cui le contaminazioni tra regioni d'Italia danno spazio a tutte le tradizioni e sfogo a tutte le passioni gastronomiche. Ma accanto alla sua funzione prevalente, Verger è anche un luogo da affittare per eventi: da quella festa, che avete sempre desiderato e non siete mai riuscite a organizzare, a quel temporary store che avete in mente da tanto e che non avete mai avuto il coraggio di aprire. 19

LA GRIGLIA DI VARRONE

Via Tocqueville, 7
tel 02 36798388
chiuso domenica
milano.grigliavarrone.com

Tu, io e una serata carnivora
Il pane di Grazioli realizzato con lievito madre e farine del molino Marino. Le uova e i salumi di Parisi. Le carni di nero dei Nebrodi di Agostini. I crudi di Joselito, la Rubia Gallega e il Black Angus. Il culatello e gli emiliani dell'Antica Corte Pallavicina. La pasta Verrigni e Martelli, il riso Acquerello. Gran parte della cantina selezionata da Dan Lerner. Se questi nomi non vi dicono nulla, non siete dei foodies gourmet, quindi non potete capire. Ma se volete fare bella figura in società, imparateli a memoria e soprattutto andate ad assaggiare tutto il menu

della Griglia di Varrone, un locale che sarà presto meta di pellegrinaggio di esperti di gastronomia e non solo. 20

L'INCORONATA

Corso Garibaldi, 127
tel 02 89769711
lun/sab 19.00 - 23.30
www.incoronataweb.com

Tradizione e creatività
Come dicono le proprietarie: uno spazio dove sentirsi a casa, o in vacanza, dove si respira uno spirito di gentilezza e simpatia. La cucina è di impronta mediterranea. Inoltre il locale viene messo a disposizione a chiunque voglia esporre i suoi lavori purché c'entrino con lo spazio e con lo spirito. 21

LE ROSSE

Corso Garibaldi, 79
tel 02 92870416
lun/sab 12.30 - 15.00
e 18.30 - 24.00
www.lerosse.it

Rosse fiammanti
Se non conoscete le mitiche affettatrici Berkel dovete assolutamente colmare la lacuna in questo angolo privilegiato, dove le «rosse» sono le protagoniste indiscusse, in un design minimale studiato per metterle in bella evidenza. Al centro della proposta del locale, neanche a dirlo, i salumi: provate a sognarne uno e di solito sarete accontentate. Tutto è ben accostato a fragranti tigelle, e a una carta dei vini da assaporare con calma, ammirando lo struscio di corso Garibaldi all'ora dell'aperitivo. 22

IL PESCETTO

Via Volta, 9
tel 02 36754184
mar/dom 12.30 - 14.30
e 19.30 - 23.00
www.facebook.com/ilpescetto

Pesce, pesce fresco!
Dopo le pescherie che fanno anche l'aperitivo, la frontiera del locale di pesce sposta l'asticella e diventa bancone con scelta e cucina. Spieghiamo meglio: la formula prevede che voi scegliate il pesce dal ricco assortimento a vista, decidiate la cottura che preferite, e poi aspettiate il risultato al tavolo. Alla fine sparecchiate e avrete gustato un piatto di pesce freschissimo, in un ambiente molto spartano ma di gusto, con una filosofia semplice ma vincente. Insomma, da provare con le amiche! 23

{BUONI PRODOTTI}

TORTATELIER

Via Maroncelli, 9
tel 02 62087669
lun/mar 11.00 - 19.00
mer/sab 9.00 - 19.00
www.tortatelier.it

Torte prêt-à-porter
Gli stilisti delle torte? Esistono, e li abbiamo scovati per voi. Partendo da materie prime superselezionate, di assoluta eccellenza, ecco il luogo che saprà fare del vostro sogno dolce una torta perfetta. Anche solo venire a sceglierle è un bel modo di passare il tempo, in un atelier che ogni sei mesi cambia volto e lascia spazio ad arredatori d'interni, artisti o designer. 24

ZÀINI

Via de Cristoforis, 5
tel 02 694914449
lun 7.30 - 20.00
mar/ven 7.30 - 22.00
sab 9.00 - 22.00
dom 9.00 - 19.00
www.zainispa.it/IT/default.asp

W il cioccolato
La Zàini di Milano, una fabbrica di cioccolato e caramelle, è stata fondata nel 1913 proprio nella minuscola via de Cristoforis, una traversina di corso Como adesso a due passi dal nuovo centro nevralgico e architettonico della città. Un bel colpo di teatro passare dai grattacieli postmoderni a questa bomboniera d'antan, degna del più goloso dei golosi. Tra ritratti degli antenati, foto e vecchie locandine pubblicitarie, ogni tipo di cioccolato e caramella magistralmente incartati vi aspettano, immersi in una nuvola profumata di cacao. 25

{DORMIRE}

3ROOMS

Corso Como, 10
tel 02 626163
www.3rooms-10corsocomo.com

Room couture
La presentazione recita: «a true home away from home», e come non essere d'accordo? Nel multiqualsiasicosa spazio di 10 Corso Como, queste tre bellissime stanze vi ospiteranno in un delizioso cortiletto, con affaccio sul bar e circondati da piante verdi. Dentro, i pezzi di design di artisti internazionali a tenervi compagnia. Cosa volete di più dalla vita? 26

{COL NASO IN SU}

TEATRO GIORGIO STREHLER

Largo Greppi, 1
Piccolo Teatro Studio
Via Rivoli, 6
www.piccoloteatro.org/locations/strehler

Tutti gli attori italiani che si rispettino sono passati da qui, o dalla severissima scuola o dal palco che ha offerto le sue assi ai più importanti e affermati artisti. Se amate il teatro, qui ne troverete l'essenza. A

BASILICA DI SAN SIMPLICIANO

Piazza San Simpliciano, 7
www.sansimpliciano.it

In mezzo a tanto shopping un luogo sacro ci vuole, e questa basilica è una delle più antiche di Milano, eretta nel IV secolo grazie a Sant'Ambrogio quando Milano era capitale dell'Impero Romano d'Occidente. Fu terminata dal successore di Ambrogio, San Simpliciano, che vi depose i corpi dei martiri Sisinnio, Martirio e Alessandro e alla sua morte vi fu collocato il suo sepolcro. Austera e minimalista, è la chiesa perfetta per il milanese elegante. Volete fare le saputelle? Sappiate che nel 1176 divenne famosa per la vittoria nella battaglia di Legnano, perché racconta la leggenda che i tre martiri, in forma di colombe, si fossero posati sul Carroccio annunciando la vittoria contro Federico Barbarossa. Uno dei luoghi impenetrabili della città, con un meraviglioso chiostro, praticamente impossibile da visitare. B

PIAZZA GAE AULENTI

Un'astronave piombata in mezzo alla città. Per mesi i milanesi si sono sgomitati e detto il peggio possibile di questo complesso su cui svetta la «matita» di César Pelli e ha sede l'Unicredit. Poi i cantieri sono stati smantellati, sono stati piantati alberi e creati spazi verdi, i negozi hanno cominciato ad aprire e le fontane a zampillare. E come per magia i milanesi hanno visto i turisti inebetiti davanti a tale magnificenza e hanno deciso che quel nuovo pezzo di città era la perfetta contropartita alla storia meneghina. Noi, dal canto nostro, siamo molto fiere di poter dire che ci è piaciuto fin da subito. Anna ha persino una collezione di foto del grattacielo preso da tutti i punti possibili! C

{I CANI DEI MILANESI}

Pensate che a Milano i cani siano come i cani delle altre città? Vi sbagliate! Anche i cani, a Milano, sono milanesissimi, e risentono dell'influsso dei loro milanesissimi padroni.

Volete essere come loro? Allora adeguate anche le vostre abitudini canine!

Innanzitutto sappiate che a Milano vale solo il cane di razza con pedigree. L'unica alternativa? Il cucciolo preso al canile, ma a quel punto meglio se ne prendete due o tre, fa subito radical-chic in vena di charity!

Appena acquistate un cane, avete due diritti inalienabili: dargli un nome di persona (a Milano nessun cane che si rispetti si chiama come un cane!) e salutare come fossero i vostri migliori amici tutti gli altri proprietari di cani che incrocerete da qui all'eternità.

Adesso che possedete un cane, informatevi! Perché non si può essere proprietari di cani senza avere una lista infinita di dog-sitter, educatori e psicologi. Senza, non siete per nulla *à la page*.

Il guinzaglio fa lo standing. Le più chic ne hanno a decine, e lo intonano alla borsa, o al cappotto.

Ma... il top è lasciare che lui corra libero, e tenervi il guinzaglio addosso, pronto per riaccogliere la vostra bestiola quando deciderete che è troppo rischioso lasciarlo trotterellare per strada.

Rispetto al look, Sibilla sostiene che il must have di stagione sono la giacca in lana cotta e il loden: e se lo dice lei...

Tutti i parchi hanno i recinti per cani, aree di gran moda e di grande utilità, soprattutto se desiderate fare nuove conoscenze: non dimenticatevi di aggiungervi al gruppo Facebook dell'area cani se volete far parte del giro che conta. Noi adoriamo «i ragazzi dello zoo di Massena».

Milano contemporanea
ISOLA

L'Isola è multiforme, multisfaccettata, multilivello, multifunzionale.

È una delle zone di Milano che troviamo più affascinante, perché riesce a racchiudere in sé il bello del quartiere popolare, le case di ringhiera, quella «vecchia Milano» da film e cartolina che ci piace rispolverare e il boom del nuovo skyline, con il grattacielo di César Pelli che svetta tra i graffiti e i muri scrostati. Sarà anche un'astronave catapultata dal cielo, come dicono alcuni, ma è senz'altro un pezzo che rende la città decisamente diversa da com'era.

Il dissidio dell'Isola vive anche nelle vie che la compongono, in cui si susseguono laboratori artistici di grandissimo livello ed elettrauto in tuta blu, la più alta concentrazione di ferramenta mai vista e una quantità indistinta di localini, localoni, ristoranti etnici e non, come se qui l'imperativo categorico fosse solo star bene, divertirsi, vivere la città e il suo cuore.

Niente di modaiolo, banditi gli happy hour da movida: solo concretezza e gente autentica, che ha trovato il modo di creare con le sue mani una realtà che vale la pena conoscere.

Artigiani, designer, creativi hanno trovato all'Isola la loro oasi naturale, e coltivano la loro arte circondati da una contemporaneità antica, non un ossimoro ma una clamorosa opportunità che in nessun'altra parte della città è così forte.

L'isolamento vissuto da questo quartiere a causa della sua vicinanza con la Stazione Garibaldi, che la isolava dal centro – da qui il nome «Isola» – l'ha forse preservato dalle influenze milanesi?

{SHOPPING}

MONICA CASTIGLIONI

Via Pastrengo, 4
tel 02 87237979
gio/ven/sab 11.00 - 20.00
monicacastiglioni.com

Un gioiello non basta
Se sentite l'irresistibile voglia di premiarvi, qui non c'è che l'imbarazzo della scelta. I pezzi di Monica sono di sostanza, importanti, pieni di significati. Scopriteli nel suo atelier minimale, e fatevi trasportare nel suo mondo fatto di materia e pietra. 27

ORCO CICLI

Via Pastrengo, 7
tel 02 45498444/339 6151284
www.orcocicli.com

Orco, che bici!
È il lui che avete sempre desiderato: rasenta la perfezione, se non fosse che è un uomo e quindi la perfezione non la raggiungerà mai. Però questo è quello giusto, ve lo sentite. Diciamo che è quello meno imperfetto che avete trovato finora... Insomma, ha i suoi difetti ma riuscite a sopportarli. Non vorrete quindi sbagliare proprio per questo il regalo per il suo imminente compleanno? In questo meraviglioso laboratorio/negozio/circolo per iniziati c'è tutto ciò che fa... bici! Dalle proposte più innovative e di design, ai modelli d'antan completamente rivisitati per il ciclista moderno, dagli accessori più trendy ai vecchi manubri per le bici «che non ne fanno più». 28

ATELIER BELLINZONA

Via Farini, 29
tel 339 6996730
mer/gio 11.00 - 19.00
ALTRI GIORNI SU APPUNTAMENTO

Garage (ma chic!)
Ho conosciuto Alberto nel suo garage. So che questa non è un granché, come premessa. Ma io non sto parlando di una triste autorimessa, o di un disadorno cubicolo di cemento. Parlo di un luogo segreto e incantevole, nascosto in uno dei tantissimi cortili che Milano cela agli occhi di chi non si sofferma troppo a guardare nelle viette laterali. Alberto è un interior designer di professione e un rigattiere per passione: sempre alla ricerca di mobili e oggetti dei periodi e delle origini più disparati, compra e sistema tutto quello che trova e che gli piace, e lo espone nel garage di cui sopra. 29

RAPA DESIGN E SARA ROTTA LORIA

Via Pastrengo, 5/a
tel 02 23167868
lun 15.30 - 19.30
mar/ven 10.30 - 14.30
e 15.30 - 19.30
sab 11.00 - 19.00
www.sararottaloria.com
www.rapadesign.com

Bimbi&mamme ben vestiti
Tutte home made, in questo atelier ci sono chicche sia per le bambine grandi (noi!) che per i nostri piccoli: per loro, i vestitini sono favole in miniatura, che serviranno da spunto per far diventare i pargoli fiori, animali e personaggi da fiaba. Per noi, pantaloni oversize dai colori strepitosi e per la borsa da fianco che è di una comodità disarmante. 30

COSTANZA ALGRANTI

Via Pepe, 20-28
tel 02 89053149
SU APPUNTAMENTO
www.costanzaalgranti.it

Riutilizzo artistico
I materiali che Costanza sceglie raccontano storie, e lei le sa trasformare in racconti poetici in forma di mobili. Un laboratorio in cui scoprire il pezzo perfetto per arredare una casa che ha bisogno di personalità ed emozione, anche attraverso le curve di un pezzo di metallo, o le venature di una tavola di legno. 31

CATERINA VON WEISS

Via Pepe, 36
tel 349 6188274
mar/ven 11.00 - 18.00
SU APPUNTAMENTO
www.caterinavonweiss.com

La ceramista
Lo splendore formato tazza. O ciotola, o piatto, o brocca. È questa l'essenza di questo micro-laboratorio con vista su Porta Garibaldi, dove sono racchiuse le creazioni uniche di Caterina, origini austriache e cuore mediterraneo, alla perenne ricerca del bello in sé. 32

OFFFI

Via Carmagnola, 8
tel 02 83412117
mar/sab 10.00 - 15.00
e 16.00 - 21.00
dom 10.00 - 14.00
offfi.com

La serra della bellezza
Dopo dieci anni di carriera nel marketing di un colosso farmaceutico internazionale, Mario decide di reinventarsi e di seguire la sua passione per piante e fiori. Nasce così Offfi: uno spazio dove Mario ricerca, compone, inventa e soprattutto si diverte. Varcata la soglia, ci si immerge in un'atmosfera surreale, d'altri tempi. Un giardino verdissimo al chiuso, in cui si capisce come amando le piante si sta automaticamente bene. 33

AMANITA

Via Confalonieri, 21
tel 335 292197
lun/sab 10.00 - 19.00
www.amanitamilano.it

Il pericolo di bimbi felici

Il nome paventa situazioni di pericolo, con il funghetto tanto bello quanto letale disegnato da tutti i bimbi, con la capocchia rossa a pois bianchi, e – speriamo! – non mangiato da nessuno. In realtà qui si incontrano progetti di diversi stilisti e designer che trovano riparo sotto le falde del fungo e mettono a disposizione dei clienti cosette per pargoli disposti a vestire fuori dagli schemi. E mentre i bimbi si abbigliano, le mamme scovano gioielli. Vi viene in mente qualcosa di più divertente? 34

NATSUKO TOYOFUKU

Via della Pergola, 8
tel 02 87396854
gio/sab 10.00 - 19.00
ALTRI GIORNI SU APPUNTAMENTO
www.natsukotoyofuku.com

Giappone + Europa

Rigore asiatico e gusto europeo si incontrano nelle creazioni in bronzo e argento di Natsuko Toyofuku, designer e artigiana giapponese, che ci ha conquistate per la sua sobrietà. Un ossimoro? Ammirare per credere. 35

{MANGIARE/BERE}

TRE CHICCHERE

Via Boltraffio, 12
tel 02 69007248
lun 8.00 - 15.00
mar/dom 8.00 - 19.00
trechicchere.com

Proposte golose

Un caffè, ma anche una pasticceria, dove assaporare golosità e staccare la spina dalle quotidiane e frenetiche corse da un impegno all'altro. Un posto dove dimenticarsi l'orologio, il telefono, e anche… i famigliari!!! 36

RATANÀ

Via de Castillia, 28
tel 02 87128855
mer/dom 12.30 - 14.30
e 19.30 - 23.30
chiuso lunedì e martedì
www.ratana.it

Cotoletta? Sì, qui!

Il rigore del design meneghino abbinato a una cucina solida: il ristorante che mancava all'Isola è arrivato grazie alla caparbietà di Cesare Battisti, che ha saputo offrire a quest'angolo dimenticato un luogo dove gustare prelibatezze locali in chiave contemporanea. 37

FRIDA

Via Pollaiuolo, 3
tel 02 680260
lun/ven 10.00 - 15.00
e 18.00 - 2.00
sab 16.00 - 2.00
dom 12.00 - 1.00
www.fridaisola.it

Un cocktail mitteleuropeo
Frida è Frida, che cosa ve lo diciamo a fare? Si viene per bere un aperitivo nel posto più underground della città, centri sociali a parte. In un mix ben studiato ma apparentemente casuale di murales e dinamismo vegetale, cocktail, stuzzichini e tanta bella gioventù che progetta cose, vede gente, crea progetti. Noi ci accomodiamo fuori, si respira un'aria meravigliosamente mitteleuropea, qui. 38

SOFIABISTRO

Via Borsieri, 30
tel 02 36552021
mar/dom 12.00 - 15.00
e 17.30 - 2.00
www.sofiabistro.it

Un boccone prima della musica
Proprio davanti al Blue Note, questo bistrot fa esclamare: «Che cosa c'è di meglio prima di un concerto!» Ristorante di cucina orientale che prova ad avvicinarsi ad alcuni sapori di quella italiana. Strepitosi i ravioli al vapore e quelli scottati. Da provare la rivisitazione del tiramisù. 39

BIO.IT

Via Confalonieri, 8
(*ingresso da* Parco de Castillia)
tel 02 36798430
lun/dom 7.00 - 22.00
www.bio.it

Biologicamente goloso
Il Bosco verticale è una delle opere più apprezzate o deprecate della nuova Milano, a seconda dei punti di vista. Se volete dare un giudizio meditato, venite ad ammirarlo da qui, e cogliete l'occasione per uno spuntino rigorosamente bio e green. 40

PARTICELLE COMPLEMENTARI

Via Pollaiuolo, 3
tel 02 89829098
mar/mer 10.00 - 15.00
e 16.00 - 19.30
gio/ven 10.00 - 15.00
e 16.00 - 22.00
sab 16.00 - 22.00
dom 12.30 - 16.30
www.fridaisola.it

Fashion eco e sostenibile
Non c'è milanese che non sia passato almeno una volta al Frida per l'aperitivo. E passando dal pergolato esterno, non può non cadere l'occhio nel negozietto abbarbicato al mezzanino, una miscellanea di pezzi vintage, creazioni riciclate e abbigliamento etico, elaborato grazie al riutilizzo di pezzi usati. 41

DENNIS KD HOUSE

Via Thaon di Revel, 3
tel 392 0972268/345 8455627
mar/sab 11.00 - 19.00
dom 11.00 - 1.00
www.facebook.com/
denniskdhouse

Hamburger da favola
Mai più senza un bel daily in pieno stile Fifties! E allora mai più senza Dennis House, un locale per motociclisti affamati e per le di loro signorine, dove gustare sostanziosi piatti americani come se non ci fosse un domani! 42

VINTAGE BAKERY

Viale Stelvio, 39
(*ingresso da* Via Thaon di Revel
di fronte al civico 21)
tel 02 99203619
mar/dom 9.00 - 23.00
www.vintagebakery.it

Dolcemente
Di fronte alle Fonderie napoleoniche c'è questo piccolo angolo goloso dove approffittare di un po' di relax al sapore di zucchero. Buoni la cioccolata calda e i brownies, non per forza insieme e non obbligatoriamente in quest'ordine. 43

{BUONI PRODOTTI}

MIOBIO

Via Thaon di Revel, 9
tel 02 6884166
lun 16.00 - 20.00
mar/sab 8.30 - 13.30
e 16.00 - 20.00
www.mio-bio.it

Luogo d'incontro fra città e campagna
Un posticino bijou dove acquistare prodotti bio e scovare ingredienti insoliti per un menu a prova di amici veg. Frutta e verdura da premio, tutto l'integrale integrabile e qualche chicca da custodire gelosamente. 44

TUTTE LE SPEZIE DEL MONDO

Via de Castillia, 24
(*cortile interno*)
www.tuttelespeziedelmondo.it

Un negozio tutto pepe!
Francesca ha catturato la nostra attenzione non solo per la ricchezza e qualità di generi di spezie che ha selezionato, ma soprattutto per la sua grande passione e conoscenza, che condivide a piene mani con tutti gli avventori. Se il mondo profumato delle spezie vi affascina, questo è il posto che fa per voi! 45

{TEMPO LIBERO}

BLUE NOTE

Via Borsieri, 37
tel 02 69016888
www.bluenotemilano.com

Il Blue Note è il Blue Note
C'è altro da aggiungere? Risponde al nostro provinciale bisogno di sentirci un po' newyorkesi, con il jazz club dove ascoltare musica, sorseggiare un drink e chiacchierare fino a notte. Proprio come in un film, ma all'ombra della Madonnina. In una città che di notte di solito dorme, qui troverete un modo chic di tirar tardi. 46

FONDERIA MERCURY

Via Thaon di Revel, 21
tel 02 36571080
www.fonderiamercury.it

Il sogno e la realtà
Rivoluzionario romantico, Sergio non ha mai smesso di sognare Orson Welles, e a lui ha dedicato il suo progetto più pazzo, e più concreto: uno spazio dedicato a sé e alle sue passioni, dove scrive, organizza reading e i suoi celebri audiodrammi, propone mostre e dibattiti e custodisce il prezioso catalogo di progetti radiofonici per il web. Un luogo per veri intenditori, e per i nostalgici del Bar Sport con la Gialappa's, quando i tre non erano ancora stati sedotti da Berlusconi e Sergio era il direttore dei programmi della mitica Radio popolare. È anche un posto aperto a chi cerca uno spazio per lavorare, mettere in scena uno spettacolo o creare un evento. 47

LABORATORIO CAGLIANI

Via Civerchio, 5
tel 02 6080645
SU APPUNTAMENTO
www.caglianirestauri.it

Restauro con mostra
Avete un mobile intarsiato lasciato della vecchia zia? Portatelo qui e ve lo restaureranno. E già che ci siete, date un'occhiata in giro: organizzano spesso mostre di arte contemporanea e vi ospitano volentieri se cercate uno spazio per la vostra prossima festa. Mai location fu più insolita! 48

CICLOFFICINA STECCA

Via de Castillia, 26
mer 17.00 - 20.00
sab 11.00 - 20.00
www.piubici.org/attivita/ciclofficina-stecca

Per patiti della bici
I ciclisti sono esseri un po' speciali. E quelli che trovate qui lo sono ancora di più, perché oltre a essere patiti di bici da usare, lo sono anche della sua componente meccanica, e diffondono la cultura delle biciclette. Se volete scoprire tutto su questo mondo affascinante, è un luogo da non perdere. 49

{BELLEZZA}

BULLFROG

Via Thaon di Revel, 3
tel 02 36531983
www.bullfrogbarbershop.it

Per un nuovo look barba/capelli
Stanco del suo lavoro nel marketing dell'elettronica, Romano Brida, giovane tendente hipster, un giorno cambia vita e si inventa un luogo che è diventato in poco tempo un punto di riferimento indiscusso in città per tutti i maschietti in cerca di un nuovo look barba/capelli. Mandateci il vostro lui, che si appassionerà alla storia di Romano ma anche ai tanti prodotti nordici pazzeschi che riempiono la barberia. 50

{MERCATI}

VIA GARIGLIANO

VIENE ORGANIZZATO OGNI
mar e sab (7.30 - 14.00
sab fino alle 18.00)
www.facebook.com/MercatoSettimanaleQuartiereIsola

Venite da queste parti e non resterete delusi. Un vastissimo e variegato melting pot di alimentari, abiti etnici, biancheria e aggeggi per la casa che si trovano ormai solo qui. Un bel posto dove passeggiare per cogliere il sapore rionale ma anche internazionale di un quartiere che non smette mai di stupire. 51

{DORMIRE}

LAFAVIA FOUR ROOMS

Via Farini, 4
tel 347 7842212
lafavia4rooms.com

Letto&Colazione offresi
Fabio e Marco volevano un luogo piacevole dove accogliere gli amici. Noi al loro posto avremmo banalmente riassettato il soggiorno, loro – con un impeto di imprenditorialità un po' più spiccato – hanno aperto un b&b! Uno spazio decisamente innovativo, a prezzi ragionevoli, ricavato dalla ristrutturazione di un palazzo di fine Ottocento. Un posto accogliente, dal design senza tempo, curato in ogni dettaglio: dalle lampade anni Settanta alle tappezzerie di ispirazione orientale, dalle poltrone anni Cinquanta di Paolo Buffa ai tappeti lavorati a mano dalle donne di Darjeeling. Non è da meno l'accoglienza: tisane e colazioni biologiche, lenzuola su misura, una selezione di libri d'arte, di filosofia orientale, di fotografia e una bella panoramica su ciò che di meglio Milano ha da offrire. 52

ISOLA APARTMENTS

Via Pastrengo, 14
tel 02 6888058
www.isolapartments.com

Classic, deluxe o family
Qualunque sia il vostro livello di viaggio, qui troverete l'accoglienza che fa per voi. Vi sembrerà di essere a casa, con le comode cucine e i dettagli che rendono questa soluzione a prezzi accessibili la migliore in zona. 53

{COL NASO IN SU}

BOSCO VERTICALE

Via de Castillia e Via Confalonieri

Bosco verticale è il nome delle due torri residenziali (una di 112 metri e 27 piani e l'altra di 80 metri e 19 piani) progettate da Stefano Boeri, Gianandrea Barreca e Giovanni La Varra e caratterizzate da 800 specie arboree impiantate sulle terrazze che aiuteranno ad assorbire polveri, smog e a produrre ossigeno. Il palazzo «verde» ha vinto il prestigioso International Highrise Award 2014 risultando il grattacielo più bello del mondo. D

CHIESA DI SANTA MARIA ALLA FONTANA

Piazza S. Maria alla Fontana, 11

Come indica la lapide ancora visibile, la data della posa della prima pietra è il 29 settembre 1507. Il governatore francese Charles d'Amboise avvia la costruzione della chiesa presso la fonte sorgiva dalle proprietà ritenute miracolose, riconoscente per la guarigione ottenuta.
Gli affreschi più antichi (XVI secolo) sono quelli della volta dell'ex sacrestia. Presentano motivi simbolici – tra gli altri, ibis, caducei, sole raggiato – che rimandano al tema della guarigione. Sulle pareti si possono ammirare affreschi della scuola di Bernardino Luini. Al centro della volta a ombrello c'è il «Dio Padre benedicente», in legno e stucco dorato, interamente attorniato da affreschi con immagini degli Apostoli.
Nel santuario è stata ripristinata la fontana originaria: una pietra verticale con undici fori da cui esce l'acqua. In passato dietro alla chiesa si trovava una grande vasca dove gli ammalati potevano godere dell'acqua limpida della fonte e della salubrità del luogo. E

via E. Tazzoli
via Don L. Sturzo
stazione
Garibaldi F.S.
via Carlo Farini
via M. Quadrio
52
7
MM GARIBALDI FS
C
11
via P. Maroncelli
24
via A. di Tocqueville
20
via Tito Speri
via Don Luigi Sturzo
25
via Nino Bonnet
2
via Ceresio
via Gaspare Rosales
6
via C. De Cristoforis
via Pasubio
12
corso Como
26
via Montello
1
15
piazza
XXV Aprile
via Francesco Crispi
viale Monte Grappa
4
10
21
bastioni di Porta Nuova
via Volta
corso G. Garibaldi
5
via Milazzo
via Varese
13
bastioni di Porta Volta
23
via Marsala
via Solferino
9
19
via Castelfidardo
14
via San Marco
MM MOSCOVA
via di Porta Tenaglia
via della Moscova
via Statuto
via Solferino
via Legnano
corso G. Garibaldi
via San Fermo
22
18
via L. Solera Mantegazza
via Palermo
largo
Claudio Treves
via E. Balzan
3
via San Marco
via Goito
via Anfiteatro
8
via Solferino
17
B
via Cernaia
piazza
San Simpliciano
via dei Cavalieri del Santo Sepolcro
via D. Tessa
via San Simpliciano
piazza
San Marco
16
A
via Rivoli
via Pontaccio
via Brera
via Fiori Oscuri

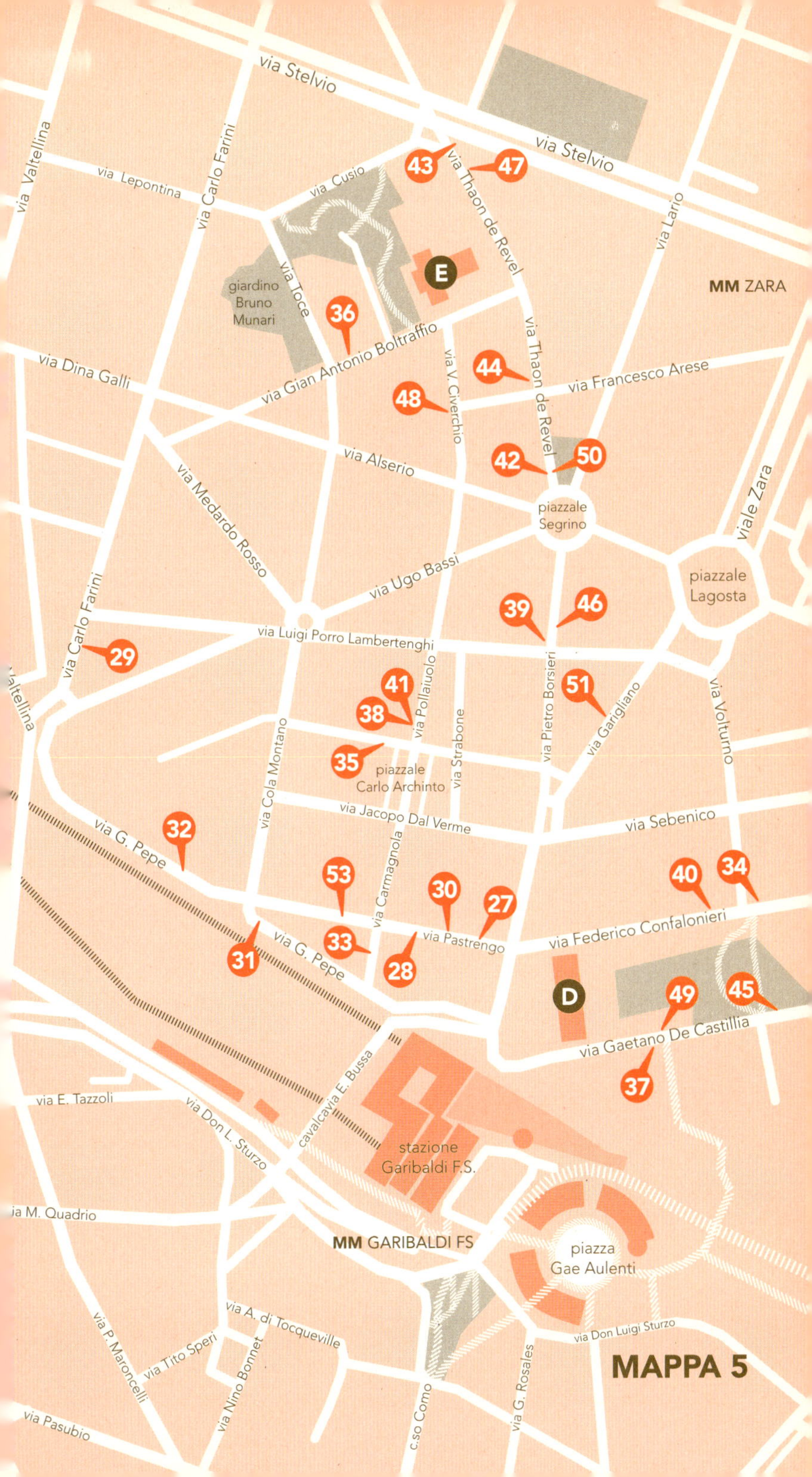
via Stelvio
via Valtellina
via Lepontina
via Carlo Farini
via Cusio
43
via Thaon de Revel
47
via Stelvio
via Lario
giardino Bruno Munari
via Toce
E
MM ZARA
36
via Gian Antonio Boltraffio
via Dina Galli
via V. Civerchio
44
via Thaon de Revel
via Francesco Arese
48
via Alserio
42
50
piazzale Segrino
viale Zara
via Medardo Rosso
via Ugo Bassi
piazzale Lagosta
39
46
via Carlo Farini
29
via Luigi Porro Lambertenghi
41
via Pollaiuolo
38
51
via Pietro Borsieri
via Garigliano
via Volturno
valtellina
via Strabone
35
piazzale Carlo Archinto
via Cola Montano
via Jacopo Dal Verme
via Sebenico
32
via G. Pepe
53
via Carmagnola
30
27
40
34
via Federico Confalonieri
31
33
via Pastrengo
via G. Pepe
28
D
49
45
via Gaetano De Castillia
37
cavalcavia E. Bussa
via E. Tazzoli
via Don L. Sturzo
stazione Garibaldi F.S.
ia M. Quadrio
MM GARIBALDI FS
piazza Gae Aulenti
via A. di Tocqueville
via Don Luigi Sturzo
via P. Maroncelli
via Tito Speri
via Nino Bonnet
c.so Como
via G. Rosales
via Pasubio
MAPPA 5

Milano radical-chic
RISORGIMENTO

Quando Anna è arrivata a Milano dalla provincia, il massimo della vita per lei era passeggiare in corso Vittorio Emanuele: le vetrine illuminate, l'aria da grande città, il Duomo, tutto contribuiva a farne un oggetto dei desideri agli occhi ingenui di una ragazza ancora poco avvezza alle lusinghe della metropoli.

Erano gli anni in cui pensava che comprare Louis Vuitton fosse chic, e che un logo potesse fare davvero la differenza sui suoi abiti.

Poi ha incontrato me e Sibilla, e ha cambiato radicalmente idea.

Parlando con noi, Anna ha iniziato a scoprire il lato nascosto di questa città, cercando nelle espressioni dei nostri volti le caratteristiche dei luoghi magici di cui chiacchieravamo.

È durante questi lunghi pomeriggi che Anna ha iniziato a capire la differenza tra «alla moda» e «pieno di stile».

Niente marchi di tendenza, noi cerchiamo stile non moda.

Colori, forme, materiali: la stessa gonna da Zara o nel negozietto che solo noi conosciamo ha tutto un altro fascino, e ci rende uniche. Ma tutto senza affettazione, e soprattutto senza mai prenderci troppo sul serio, però facendo sul serio.

Ecco, se radical-chic dev'essere, per noi è questa cosa qui.

E la zona più radical-chic, dove si concentrano molti dei nostri indirizzi al top, è tra Porta Vittoria e piazza Risorgimento.

Questa è, in assoluto, la nostra zona preferita, che unisce lo chic all'artigiano, il bello all'insolito, il buono allo stile. Insomma, più *MilanoSecrets* di così!

{SHOPPING}

NICOLETTA BERSANI

Corso Concordia, 16
(*ingresso da* Piazza Risorgimento, 4)
tel 02 76024625
mar/mer/ven/sab 10.00 - 13.30
e 15.00 - 19.00 gio 10.00 - 19.00
it-it.facebook.com/
nicoletta.bersanigioielli

Acquisti antistress

Irritate dalla collega preferita dal capo? Snervate dal figlio adolescente in piena crisi d'identità? Sfinite dalle incombenze domestiche? Avete assolutamente bisogno di farvi un regalo. È un imperativo categorico, ve l'ha ordinato il medico, lo dovete fare per sopravvivere! Vi bastano queste scuse per un giretto verso piazza Tricolore? Una piccola vetrina, un armadione di legno vecchio sulle cui ante compaiono orecchini, collane, bracciali e accessori tutti da provare fino al raggiungimento dell'estasi da shopping: l'individuazione del regalo perfetto per voi stesse medesime! 1

MEZZANOTTE STORE

Viale Premuda, 13
tel 02 36586288
lun 15.30 - 19.00
mar/sab 10.00 - 19.00
www.facebook.com/
MezzanotteStore

Ci si vede da Mezzanotte

Le mamme moderne e le zie che amano i nipoti e hanno a cuore il loro look non possono non conoscere Mezzanotte, un baby concept store dove i bimbi giocano, leggono, fanno la pappa e le mamme comprano, guardano, scelgono, si confrontano e i marchi internazionali più insoliti diventano protagonisti di un abbigliamento informale ma di gran gusto. 2

TEO BOUTIQUE

Corso Concordia, 9
tel 02 76003418
lun/sab 10.00 - 13.00
e 15.30 - 19.30
teoboutique.blogspot.com

I love shopping per il bebè

Se le grosse catene dove trovi abitini, completi e confezioni di body low cost vi hanno un po' stufata – perché va bene essere mamme oculate che non vogliono dilapidare il patrimonio in abbigliamento, ma il vostro bimbo è così bello che ogni tanto qualche sfizio vorreste toglierv elo – allora quello che cercate si chiama Teo Boutique. 3

DEPOSITO 54

Via Sottocorno, 54
tel 02 49757984
mar/sab 10.30 - 19.00
mer 11.30 - 19.00
www.deposito54.it

Il deposito delle idee
Qui ci si passa quando si è un po' giù, e ci si compra un regalino tiramisù scegliendo tra mondi di collanine/orecchini/bracciali e anellucci, ma anche sciarpine, abitucci e cosette varie, di quelle per noi indispensabili a rendere migliore una giornata. 4

SHABBY CHIC

Via Cellini, 21
tel 02 76018149
lun/sab 13.30 - 19.30
www.shabby.it

L'atelier del tempo perduto
Un negozietto vintage di abiti e cappellini, che se fossimo negli anni Cinquanta ci compreremmo tutti. Ma dato che siamo nel 2015, ne scegliamo qualcuno da mischiare con sapienza al nostro guardaroba consueto e con quello addosso è un attimo diventare Sabrina! Mancherebbe solo Tiffany e la conseguente colazione, ma cercheremo di accontentarci. 5

ALTALEN

Via Cellini, 21
tel 02 87034435
lun 15.30 - 19.30
mar/sab 10.30 - 13.30
e 15.30 - 19.30
www.altalen.com

Piccole sculture da mettersi in testa
Siete appassionate di cappelli? Ne volete uno solo vostro, che vi renda la più ammirata e invidiata della festa? Non fatevi sfuggire questo posticino, dove Elena e Antonina producono con le loro mani ogni singolo pezzo. Se siete fortunate ne troverete senz'altro uno che fa per voi! Se no, ne troverete qualche decina, e il dilemma sarà sceglierli! 6

BACÒ

Piazza Risorgimento, 4
tel 02 20403524
lun 15.30 - 19.30
mar/sab 10.30 - 13.00
e 15.30 - 19.30
bacoshop.it

Fuori dagli schemi
Un posto unico per semplicità, originalità e dettaglio. A noi piace per i colori mai scontati e perché le signore di Bacò, un po' come noi, sanno prendersi in giro e hanno un sito splendido, popolato di modelle normali, che indossano con disinvoltura capi che starebbero bene nel guardaroba di ognuna di noi. E che infatti noi compriamo! 7

ABS FAB

Corso Concordia, 12
(*cortile interno*)
tel 02 76011748
lun/ven 10.00 - 18.00
www.absfab.it

Absolut fabulous
In un cortile interno di questa favolosa via, c'è Abs Fab, a fabulous world di abiti, jeans, pull. Qualcosa di bello da acquistare lo troverete sicuramente. Non accettiamo reclami per avervelo fatto conoscere, producendo in voi l'irrefrenabile voglia di shopping! 8

MALAFARINA

Via Cellini, 21
tel 02 36584864
mar/sab 10.30 - 13.30
e 15.30 - 19.00
www.libreriagastronomica.it

Libreria di cultura gastronomica
Qui trovate le chicche letteral-gastronomiche più cool. Ok, interessano solo ad Anna, ma magari anche a qualcuna di voi in modalità ossessivo-compulsiva masterchef-fiana. E poi, nell'anno dell'Expo dedicato al cibo, non vorrete certo essere ignoranti in materia? 10

MERCATINO PENELOPE

Via Melloni, 6
tel 02 39680588
lun/sab 10.00 - 19.30
dom 15.00 - 19.30
www.mercatinopenelope.it

Usato insolito
Stanche dei soliti mercatini dell'usato??! Ecco il negozio giusto per voi: oggetti e abiti vintage, mobili di modernariato dagli anni Cinquanta agli anni Settanta, dove divertirsi a spulciare tra cose appartenute al passato e ricche di storie da raccontare. Perfetto per regali per amiche che sanno prendersi in giro, e apprezzare cose che hanno una personalità. 9

MIKI THUMB

Via Fiamma, 40
tel 02 73952183
lun 15.30 - 19.30
mar/sab 10.30 - 14.30
e 15.30 - 19.30
www.mikithumb.com

Le sue creazioni stanno una meraviglia!
Colori, fantasie, accessori, e tanto gusto. E se la giornata non è stata delle migliori perché una collega vi ha irritato, o siete snervate dall'ennesima bravata di vostro figlio adolescente, il bisogno di farsi un regalo incombe. Qui ne troverete decine, tutti perfetti, tutti passe-partout, tutti «non posso vivere senza». Attenzione: dà assuefazione e svuota il conto in banca. E ci piace proprio per questo! 11

{MANGIARE/BERE}

RISTORANTE GIACOMO

Via Sottocorno
(angolo Via Cellini, 6)
tel 02 76023313/02 76024305
tutti i giorni
12.30 - 14.30 e 19.30 - 23.30
www.giacomoristorante.com

GIACOMO BISTROT

Via Sottocorno, 6
tel 02 76022653
tutti i giorni 12.00 - 24.00
www.giacomobistrot.com

PASTICCERIA GIACOMO

Via Sottocorno, 5
tel 02 76319147
mar/sab 8.00 - 13.00
e 15.00 - 20.00
dom/lun 8.00 - 13.00
www.giacomopasticceria.com

GIACOMO TABACCHERIA

www.giacomotabaccheria.com

Poker!
In via Sottocorno, ci si imbatte nel magico mondo di Giacomo: qui c'è il suo celebre ristorante, il bistrot tanto di moda per un aperitivo tra i vip, la Tabaccheria in cui scoprire delizie da gustare sul posto o portare a casa, siano conserve o vini, e la sublime pasticceria, dove acquistare un dolcetto da sbocconcellare come fossimo a Montmartre a fine Ottocento! Tutto è così perfetto da risultare quasi finto, ma ogni tanto un luogo rassicurante e chic ci vuole, no? 12

LILE IN CUCINA

Via Guicciardini, 5
tel 02 49632629
mar/sab 12.00 - 15.00
e 19.00 - 24.00
www.lileincucina.it

C'è Lile, in cucina
L'atmosfera intima e piacevole del salotto di casa. Il design lineare e tranquillo dell'arredamento nordico. Le luci soffuse di mille candele. I piatti gustosi e raffinati che potrebbe prepararvi la zia ottima cuoca. L'ambiente rilassato e il servizio puntuale degno di un ristorante di tono, ma senza la pressione e la puzza sotto il naso di un ristorante di tono. È Lile in cucina, il locale preferito da Emanuela e ormai entrato nella Top Ten di tutto lo staff di *MilanoSecrets*. Per una serata romantica o per una cena tra care amiche in vena di chiacchiere, è il posto che fa per voi. 13

MAROTIN

Via Archimede, 59
tel 02 73957790
lun/ven 7.30 - 19.30
sab 8.30 - 18.00

Stile parigino
La zona è defilata, ma di grande fascino. I dintorni sono ricchi di spunti per uno shopping seriale. E quindi una pausa raffinata in un luogo così è opportuna. Marotin è una perla incastonata nella sonnacchiosa via Archimede. Ed è qui che ci si può nascondere, cariche di pacchetti, per gustare un caffè ben accompagnato da tortine, biscotti o piccole delizie salate, a chiacchierare con l'amica del cuore sedute a uno dei minuscoli tavoli in vetrina o nel più raccolto soppalco. 14

PASTICCERIA SISSI

Piazza Risorgimento, 6
tel 02 76014664
lun 6.30 - 12.00
mer/dom 6.30 - 20.00
chiuso lunedì pomeriggio e martedì

Piccolo tempio del gusto
Il medico prescrive una fetta di torta al cioccolato e un tè al gelsomino. Si sconsiglia l'assunzione contemporanea di una tazza di cioccolata con panna e cannella, a meno di stati depressivi dovuti a pene d'amore, nel qual caso la tazza di cioccolata è d'obbligo… insomma, per stare subito meglio, questo è il posto perfetto. 15

ROSS & BIANCH

Via Sottocorno, 11
tel 02 76008728
lun/sab 19.00 - 1.30

Cin cin!
Volete stupire il vostro lui con un buon bicchiere di vino? Non vi resta che portarlo in questa enoteca dove potete anche gustare piatti originali. A dimostrazione che a Milano non si vive di soli happy hour! 16

{BUONI PRODOTTI}

ANTICA MAMELI

Via Mameli, 40
tel 02 7388424
lun/ven 7.00 - 19.30
sab 7.00 - 15.00

Un angolo di paradiso
Questa salumeria-gastronomia ha anche una piccola cucina con la possibilità di assaggiare le specialità a peso e non a porzione. Sibilla preferisce i piatti classici lombardi, Manu le lasagne e Anna, che è un'appassionata di mostarde (e qui c'è una vera scelta), adora quella di marroni. Al solo pensiero dei loro vasoni ricolmi ci viene l'acquolina! 17

{TEMPO LIBERO}

KIKOLLE LAB

Via Bronzetti, 18
(*ingresso da* Via Archimede)
tel 02 36696950
lun/sab 9.30 - 18.30
dom 10.30 - 12.00
www.kikollelab.com

Ed è subito festa!
Urla che svegliano la vicina, bibite rovesciate, manine sporche di cioccolato sul divano bianco, una partita di pallavolo in salotto che finisce con il vaso di Venini in frantumi… Uno tsunami? No, la sintesi della festa di compleanno di vostro figlio! Giocare d'anticipo è d'obbligo. Lo spazio di Kikolle è pensato per loro, e salvaguarderà la vostra casa senza rinunciare a una bellissima festa. 18

{DORMIRE}

LA CASA DI ALICE

Via Fiamma, 40
tel 02 70123253
www.residencelacasadialice.it

Un po' come a casa
Milano, si sa, non è poi così accogliente. L'hotel è una scelta forzata, e spesso non offre quel calore che fa star bene anche in una città che non è la nostra. E allora? Allora la scelta migliore è un posto che è un po' come a casa, senza i lati negativi di una gestione domestica… ovvero il residence! Alice ha molto buon gusto e ha creato una struttura fresca, luminosa, piacevolissima, scegliendo una zona comoda per il centro ma discreta e silenziosa per i suoi ospiti. 20

{MERCATI}

VIA CALVI

Se è giovedì mattina, qui c'è il nostro mercato preferito. Un assortimento di vestiti alla moda e vintage, scarpe e accessori, e banchi di ottime specialità alimentari. 19

TOWN HOUSE 31

Via Goldoni, 31
tel 02 70156
www.townhouse.it

Un'isola felice
In un grazioso edificio del XIX secolo, in una caratteristica via milanese, all'interno ha un bel patio con palme e ombrelloni bianchi. 21

{COL NASO IN SU}

VIA LINCOLN

Noi la adoriamo, via Lincoln. È qui che ci sarà prima o poi la sede di *MilanoSecrets*: una casa tutta bianca dove lavorare in città sentendosi in campagna negli anni Cinquanta. Francese, innanzitutto: basta guardare le case e i balconi. È un po' snob, ma quel giusto. Un po' trendy, ma non troppo. Un po' selvaggia, ma senza mostrarlo troppo. Il punto più non-milanese della città che a noi ricorda subito una stradina di quelle che non ci sono più, qui in città. **A**

FONDAZIONE VICO MAGISTRETTI

Via Conservatorio, 20 (*ingresso da* Via V. Bellini, 1)
mar 10.00 - 18.00
gio 14.00 - 20.00
SU PRENOTAZIONE MINIMO 5 PERSONE
sab 14.00 - 18.00
www.vicomagistretti.it/it

Ormai l'avrete capito, una delle cose che ci unisce è la passione per il design. Lo ammiriamo, lo studiamo, lo acquistiamo e lo viviamo, visto che abitiamo nella città che l'ha inventato. E quindi non possiamo non consigliarvi una visita allo studio di uno dei padri del design milanese, anche solo per una semplice ragione: è bello e pieno di storia. Serve altro per convincervi? **B**

{MAMME A MILANO}

Non è una leggenda metropolitana: la giornata di una mamma – che si trovi in una grande ma anche in una piccola città – è piena di ostacoli e insidie! Quando in un posto – che sia trattoria, centro sportivo, negozio – vediamo una pila di seggioloni non ci par vero; ma anche quando vediamo sorrisi gentili, braccia che tengono la porta aperta mentre spingi un passeggino con una mano e con l'altra tieni il secondo figlio. Ci vuole poco per far felice una mamma provvista di prole sotto il metro di altezza... Ci sono posti in cui portarla? Secondo noi, zie e multimamme, indiscutibilmente qui!

www.trennolandia.com

I bimbi impazziscono per i gonfiabili e qui ce ne sono un sacco, ma c'è anche un'area per i più piccolini e poi c'è il trenino!.

www.latteriagricola.it

Mentre il papà e i bimbi visitano la fattoria e si fermano nell'area giochi, la mamma va a fare shopping nella bottega di prodotti agricoli. Conviene andar di sabato perché la domenica è chiusa!

www.campacavallo.com

Alla parola «cavalli» i bimbi s'illuminano. Cavalgiocare Family è un laboratorio per bambini e genitori. Negli spazi della Cascina Campi, gli insegnanti di equitazione di CampaCavallo vi sveleranno i segreti sui cavalli: potrete vedere dove dormono, cosa mangiano, dove giocano. E spazzolarli, massaggiarli, abbracciarli... fino a sdraiarvi sulla loro morbida groppa.

www.acquariocivicomilano.eu

Anche i pesci esercitano il loro fascino sui bambini. Noi li portiamo nei giardini di via Palestro nell'attesa che crescano (dai 3 anni e mezzo è l'età giusta) per andare all'Acquario di Genova.

www.milanocastello.it

Sforzinda è uno «spazio di incontro e di gioco», un «centro culturale» creato in un ambiente suggestivo all'interno del Castello Sforzesco. Per bimbi sopra ai 5 anni.

www.bhu-m.it

Qui si organizzano corsi di musica, inglese, cucina ma l'iniziativa più originale è il Friday kid's night: i genitori fanno un aperitivo e il figlioletto passa qualche ora in compagnia di altri bambini, giocando, ballando, cantando e cenando... per un costo davvero abbordabile.

Milano nascosta
CINQUE GIORNATE

Ai giorni nostri è una zona piena di uffici e con il tribunale come punto focale, ma un tempo era il quartiere dove viveva e faceva shopping l'alta borghesia milanese, e dei fasti di allora mantiene intatto il fascino.

Noi eravamo particolarmente affezionate al vecchio e caro cinema President, la sala più comoda della città, con un ingresso degno della sua fama e che ci riportava all'epoca in cui «andare al cinema» era un evento e come tale andava celebrato.

Ma poiché non c'è più, e già che cerchiamo un cinema, perché non esplorare i paraggi alla ricerca di altre chicche che rendono questa zona speciale?

Cercando, troviamo… un altro cinema, ma questa volta aperto, e all'aperto: il celeberrimo Arianteo, all'interno della Rotonda della Besana.

Poi scopriamo uno dei luoghi più particolari di Milano: i chiostri dell'Umanitaria, che ospitano spesso mercatini, mostre e incontri, specialmente nel weekend.

E nei dintorni? C'è solo l'imbarazzo della scelta.

{SHOPPING}

LA PORTA BLU

Via Cavallotti, 16
tel 02 76000407
lun 15.00 - 19.30
mar/sab 10.00 - 13.00
e 15.00 - 19.30

Per capelli non ribelli
Abbiamo passato ore alla ricerca del cerchietto perfetto quando i cerchietti andavano di moda, per chi invece andava matta per i mollettoni qui ne trovava di quasi decorosi (anche se una delle prime regole dello stile milanese li bandisce incondizionatamente). Ancora adesso ci andiamo per cercare fermagli per le nostre figlie o per scovare il pezzo introvabile per una chioma ben agghindata. 22

4UATTRO

Via Visconti di Modrone, 4
tel 02 39680011
lun 15.30 - 19.15
mar/sab 10.00 - 13.30
e 15.30 - 19.15
www.4uattro.com

Eleganza prima di tutto
La vostra migliore amica vi ha appena confidato che si sta per sposare? Qui troverete sicuramente quel che fa per voi per il grande giorno. Linee elegantissime, tessuti preziosi, ma colori insoliti e proposte particolarissime, in un negozio dove andare per le occasioni speciali, o anche quando vi va di rifarvi gli occhi. 23

AGAPANTHUS GIOIELLI

Via Cerva, 8
tel 02 76002247
mar/sab 10.30 - 18.30
www.agapanthusgioielli.it

Pietre viaggianti
Sono in tre, tutte donne, proprio come noi. Già questo ci piace un sacco! E poi ci piacciono le loro creazioni, che nascono dalla passione per i viaggi inusuali e per le pietre preziose. 24

L'ARABESQUE

Largo Augusto, 10
tel 02 76014825
lun 15.00 - 19.00
mar/sab 10.30 - 19.00
www.larabesque.net

Come Audrey
Se *Colazione da Tiffany* è il vostro film cult passate da qui e immergetevi nell'atmosfera. Ogni dettaglio vi farà sentire Audrey Hepburn. E qui dei dettagli hanno fatto un imperativo categorico, tant'è che ne troverete in tutte

le proposte, e sempre perfetti per adattarsi alla vostra vena raffinata. Hanno anche una sezione dedicata all'uomo, dove piazzare il lui di turno mentre provate il provabile e spostate tutti gli appendini per vedere meglio gli abiti. 25

{MANGIARE/BERE}

TAVEGGIA MILANO 1909

Via Visconti di Modrone, 2
tel 02 76280856
lun/sab 7.00 - 21.00
dom 8.00 - 20.00
www.taveggia.it

Quell'atmosfera déco
Datato 1909, questo caffè in stile viennese è uno dei capisaldi della ristorazione cittadina, immutato nel fascino dagli anni Trenta, quando si trasferì nella sede attuale e iniziò a essere un punto di riferimento per gli intellettuali e per la buona borghesia cittadina, che ancora oggi lo frequenta per le colazioni, l'aperitivo, che rimane una tradizione di tramezzini e cocktail classici, e per un caffè al volo, come solo un milanese sa prendere, accompagnato magari da uno di quei budini di riso che hanno ingolosito generazioni di clienti. 26

ROTONDA BISTRO

Via Besana, 12
tel 02 55011404
lun 8.00 - 15.30
mar/ven 8.00 - 23.30
sab/dom 9.00 - 23.30
www.rotondabistro.it

Famiglie? A tavola!
Il bistrot è annesso alla Rotonda della Besana, proprio vicino al MUBA, il Museo dei Bambini. Fate prima a mangiare i loro piatti rispetto a leggerli sul menu, tanta è la cura che mettono nello spiegarli con dovizia di particolari e l'attenzione ai prodotti che utilizzano. Veniteci con tutta la famiglia, qui troverete quel che fa per tutti: menu per i bimbi, e anche la variante picnic, da portare nel parco e gustare fingendo di essere in campagna. 27

L'ARABESQUE CAFÉ E LIBRERIA

Largo Augusto, 10
tel 02 76341477

Tra i libri, e il caffè
Finalmente un posto nuovo anche in questa zona, ricca di locali di tradizione e un po' meno di locali diversi dal solito. Un po' ristorante, un po' caffè, un po' libreria e un po' posto di ritrovo: è il classico luogo accogliente che ci piace, in un ambiente molto curato in ogni dettaglio. 28

BIANCHI CAFÉ & CYCLES

Via Cavallotti, 8
tel 02 25061039
lun/dom 6.30 - 24.00
www.bianchicafecycles.it

Biciclette golose
Appassionati di bici, benvenuti. C'è addirittura l'area bike fitting computerizzata! E per il resto dei 500 metri quadri, andate alla scoperta di tutto quel che rende magico il mondo della bicicletta, e anche una bella cucina dove meditare sull'acquisto o dove attendere che vi riparino la vostra, nell'officina meccanica annessa. 29

SOUP&GO

Via Litta, 6
tel 02 45471767
lun/mer 12.00 - 15.00
gio/sab 12.00 - 15.00
e 19.00 - 22.00
dom 12.00 - 15.00
www.soupandgo.it

Monotematicamente Milano
Tre zuppe nuove ogni giorno. Tutto servito con, a scelta: crostini, farro, riso o cereali. Tutto self-service, ma presentato in bei contenitori da confettura, che fanno subito «alternativo milanese». Nel regno indiscusso del locale monoprodotto, ecco un bel format che fa subito idea geniale, e attira frotte di cittadini in cerca dell'ultima tendenza, possibilmente naturale. 30

BOTTIGLIERIA DA PINO

Via Cerva, 14
tel 02 76000532
lun/sab 12.00 - 15.00
chiuso sempre a cena

Di stampo antico
Una semplice trattoria, *thats it*. E ad avercene, di posti così, ristoranti dal taglio antico dove si va per mangiar bene piatti sostanziosi, senza timore di trovare creatività inutile o look modaioli. Menu a prezzo fisso, aperto solo a pranzo, un posto che vi piacerà di sicuro quando avete voglia di concretezza. 31

{BUONI PRODOTTI}

GELATERIA UMBERTO

Piazza Cinque Giornate, 4
tel 02 5458113
aperture: buona fortuna!

Per gustarlo, serve fortuna
Questa per noi è *la* gelateria di Milano, senza nulla togliere alle altre. La crema un po' limonosa è da svenimento, ma anche gli altri (pochissimi) gusti proposti. Anna è dubbiosa ma per me ed Emanuela non si discute, e veniamo sempre in questo localino un po' anni

Sessanta incastrato fra palazzoni e stradoni, dove del gelato si può davvero gustare l'essenza. Orari non dati, impossibile sapere quando è aperto. Pare che il bello della storia sia anche questo! 32

AL PIZZETTA

Viale Monte Nero, 73
tel 02 36508599
lun 12.00 - 15.30
mar/ven 12.00 - 15.30
e 18.00 - 23.00
sab/dom 18.00 - 23.00

Pizza con le mani
A Napoli la chiamano «a libretto», qui dicono sia pescarese: comunque la vogliate definire, troverete la pizza piegata a metà, da gustare come street food dentro un pratico cartoccio. Giovane la proprietà, ben disposta a chiacchierare della sua avventura, vari gli avventori, tutti appassionati di quello che, a buon diritto, è considerato un fiore all'occhiello della nostra tradizione gastronomica (dove per «nostra» non intendiamo milanese, ma italiana!) 33

{DORMIRE}

STAR HOTEL ROSA GRAND

Piazza Fontana, 3
tel 02 88311
www.starhotels.com/it/i-nostri-hotel/rosa-grand-milano

Una sintesi di comfort e stile italiano
Ottima la posizione, a pochi passi dal Duomo. I nostri amici stranieri spesso alloggiano qui. Il bar offre un bell'aperitivo, e la posizione super centrale lo rende uno dei must per chi viene dall'estero e vuole una soluzione «istituzionale» con tutti i comfort. 34

{COL NASO IN SU}

PALAZZO SORMANI

Corso di Porta Vittoria, 6
lun/sab 9.00 - 19.30

La biblioteca per eccellenza, quella nella quale tutti gli scrittori sperano finiscano i loro libri, perché essere in Sormani equivale a essere «arrivati» nel mondo della cultura. Il palazzo è da visitare a prescindere, perché è bello e vale la pena farci un giretto. C

CHIOSTRI DELL'UMANITARIA

Via Daverio, 7
tel 02 5796831
www.umanitaria.it

In un ex convento francescano del 1400, la Società Umanitaria svolge le sue attività in quattro chiostri rinascimentali e un ex refettorio: il Salone degli Affreschi. Corsi, progetti, formazione, assistenza ai meno fortunati, ma anche eventi e mercati: qualcosa di bello da fare qui c'è di sicuro. D

ROTONDA DELLA BESANA

Via Besana, 12
tel 02 43980402

Da quando ospita il MUBA, il museo dedicato ai bambini, la Rotonda è diventata patrimonio delle famiglie. Piacevole il parco, bella la struttura circolare, barocca. E naturalmente visitate il museo, se siete con i piccoli di casa: ne saranno entusiasti, perché avranno modo di provare, sperimentare, toccare senza che abbiano l'impressione di essere in un museo. E

PALAZZO DI GIUSTIZIA

Corso di Porta Vittoria
tel 02 5436
www.tribunale.milano.it

Chi non ricorda le cronache dei tanti giornalisti che negli anni di Mani Pulite affollavano la scalinata bianca e le fermate del tram proprio davanti a quest'edificio dall'architettura fascista che ospita il tribunale cittadino? F

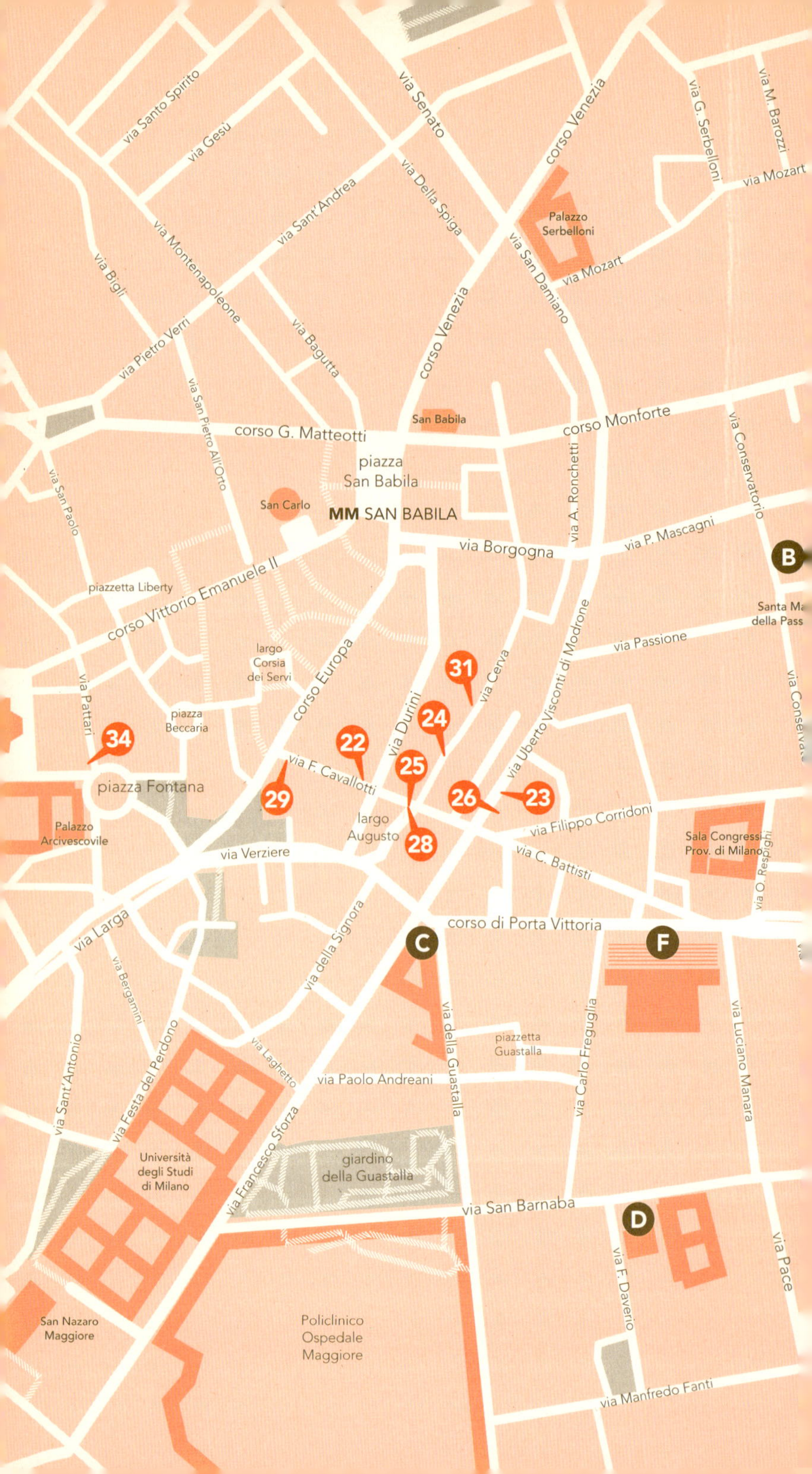
via Santo Spirito
via Gesù
via Senato
corso Venezia
via G. Serbelloni
via M. Barozzi
via Mozart
via Della Spiga
via Sant'Andrea
via Montenapoleone
via Bigli
Palazzo Serbelloni
via San Damiano
via Mozart
via Bagutta
via Pietro Verri
via San Pietro All'Orto
corso Venezia
San Babila
corso G. Matteotti
corso Monforte
via Conservatorio
piazza San Babila
via San Paolo
San Carlo
MM SAN BABILA
via A. Ronchetti
via Borgogna
via P. Mascagni
B
piazzetta Liberty
corso Vittorio Emanuele II
Santa Ma della Pass
via Passione
largo Corsia dei Servi
31
via Cerva
via Uberto Visconti di Modrone
corso Europa
via Pattari
piazza Beccaria
via Durini
24
34
22
via F. Cavallotti
25
piazza Fontana
29
26
23
largo Augusto
via Filippo Corridoni
Palazzo Arcivescovile
28
Sala Congressi Prov. di Milano
via Verziere
via C. Battisti
via O. Respighi
via Larga
corso di Porta Vittoria
C
F
via della Signora
via Bergamini
via della Guastalla
piazzetta Guastalla
via Laghetto
via Paolo Andreani
via Carlo Freguglia
via Luciano Manara
via Sant'Antonio
via Festa del Perdono
via Francesco Sforza
Università degli Studi di Milano
giardino della Guastalla
via San Barnaba
D
via Pace
via F. Daverio
San Nazaro Maggiore
Policlinico Ospedale Maggiore
via Manfredo Fanti

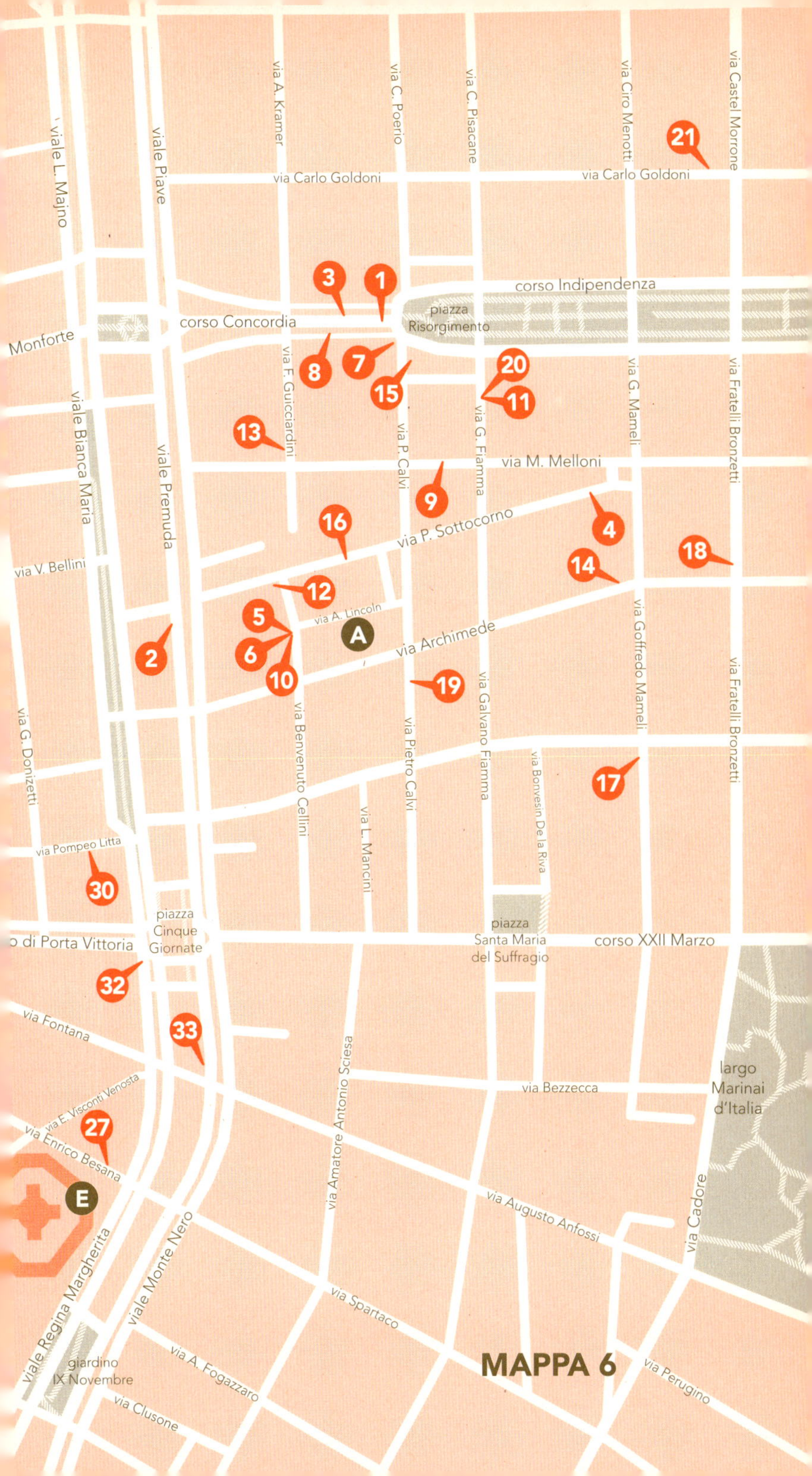

via A. Kramer
via C. Poerio
via C. Pisacane
via Ciro Menotti
via Castel Morrone
viale L. Majno
viale Piave
via Carlo Goldoni
via Carlo Goldoni
corso Indipendenza
piazza Risorgimento
corso Concordia
Monforte
viale Bianca Maria
via F. Guicciardini
via G. Fiamma
via G. Mameli
via Fratelli Bronzetti
viale Premuda
via P. Calvi
via M. Melloni
via P. Sottocorno
via V. Bellini
via A. Lincoln
via Archimede
via Goffredo Mameli
via G. Donizetti
via Benvenuto Cellini
via Pietro Calvi
via Galvano Fiamma
via Fratelli Bronzetti
via Bonvesin De la Riva
via L. Mancini
via Pompeo Litta
piazza Cinque Giornate
di Porta Vittoria
piazza Santa Maria del Suffragio
corso XXII Marzo
via Fontana
via Amatore Antonio Sciesa
largo Marinai d'Italia
via Bezzecca
via E. Visconti Venosta
via Enrico Besana
via Augusto Anfossi
via Cadore
viale Monte Nero
viale Regina Margherita
via Spartaco
giardino IX Novembre
via A. Fogazzaro
via Clusone
via Perugino
MAPPA 6

Milano da scoprire
PORTA VENEZIA

Multietnica, vivace, informale. Questa è in assoluto la zona di Milano più ricca di contraddizioni, più easy e più intrigante, dove trovare manicure superchic al sapore di violetta e alimentari indiani di dubbia provenienza. Affascinante come tutte le zone di frontiera, è tra la Stazione Centrale e corso Buenos Aires, e proprio come la sua posizione sulla mappa è terra di miscugli, di ossimori, di scoperte.

Non perdetevela, la mattina di un giorno in settimana, e fatevi guidare dall'istinto tra le stradine che sembrano tutte uguali, caratterizzate da un mix vincente e piacevolissimo di vecchio e nuovo, italiano e internazionale come in pochi altri luoghi della città.

Noi ci veniamo per fare colazione da Pavé, perché sembra un salotto con cucina e pasticceria annesse, e potremmo rimanere fino a sera, per una cena dal sapore verde, visto che qui si concentrano tutti i ristoranti più green di Milano, compreso lo storico e mai superato Joia.

E poi ci piace guardarci attorno, e scoprire quanto si respiri davvero il profumo del melting pot culturale che ha fatto grande Milano: non fatevi intimorire, provate e cercate, osservate e partecipate alla globalizzazione formato quartiere.

{SHOPPING}

BICI&RADICI

Via D'Apulia, 2
(angolo Piazza Morbegno)
tel 02 83418589
mar/gio/ven/sab 9.00 - 20.00
mer 9.00 - 21.00
dom 9.00 - 13.00
www.bicieradici.com

La bottega del verde e dei pedali

Qui si entra a piedi e si esce in bici, col cestino pieno di piantine pronte per decorare casa, balcone o giardino. Confortevoli biciclette da passeggio per gite in città o fuoriporta, leggerissime pieghevoli per spostamenti intra ed extraurbani da pendolare, scintillanti biciclette vintage di alta qualità recuperate e completamente rigenerate, accessori per una mobilità ciclistica comoda e sicura. E dopo aver scelto la bici, via libera alle radici: piante ma anche fiori e decorazioni, idee divertenti come mini-orti domestici oltre a un accurato servizio di consulenza verde a domicilio. 1

LA BORSA DEL FUMETTO

Via Lecco, 16
tel 02 29513883
lun/sab 9.30 - 20.00
www.borsadelfumetto.com

La mecca dei fumetti

Chi non ha un amico appassionato di fumetti alzi la mano. E come fare per regalargli qualcosa senza essere banali? Venendo qui, e scovando le prime edizioni di qualunque cosa, o l'imperdibile e introvabile numero due dello sconosciuto autore di manga, o… Insomma, qualsiasi cosa cerchiate, che sia di carta, disegnato e con le nuvolette che racchiudono le parole, questo è il posto che fa per voi! Chissà mai che riusciate ad amarli… 2

LISA CORTI

Via Lecco, 2
tel 02 29405589
lun 15.00 - 19.00
mar/sab 10.00 - 19.00
www.lisacorti.com

All'insegna del colore

Siete in fase nero/grigia? Ci vuole del colore, che dia immediatamente allegria a un mood depresso.
E allora ecco qui la soluzione: un open space che vi farà tornare il buonumore, un vero e proprio paradiso per gli amanti del colore. Dalle coperte ai cuscini, dalle tovaglie agli abiti per voi, fino alle deliziose agendine perfette come

cadeau, qui si può trovare di tutto, tutto coloratissimo e con motivi floreali che piacciono sempre e sono dei veri e propri classici della Milano bene. Per milanesi radical-chic, che comprano oggetti che le facciano riconoscere. 3

MESAMIS

Corso Venezia, 18
tel 02 36521991
mar/sab 10.00 - 14.00
e 15.00 - 19.00
www.mesamis.it

Su misura è meglio!
Paola vi accoglie con un sorriso contagioso, in un bel salottino che potrebbe essere scambiato per il fumoir di un club inglese, o per la cabina armadio di un benestante signore di qualche tempo fa. E da lì in poi siete nelle sue sapienti mani, che vi consiglieranno, vi prenderanno misure e vi spiegheranno come realizzare, apposta per voi, un capo esclusivo che diventerà uno dei vostri must. D'accordo, è un servizio per uomo, ma da Mes Amis sapranno conquistare anche le signore in cerca di qualcosa di unico, o semplicemente in vena di fare un bel regalo. 4

{MANGIARE/BERE}

MACELLERIA EQUINA PELLEGRINI

Via Spallanzani, 6
tel 02 29400251
lun 7.30 - 13.00
mar/sab 7.30 - 13.00
e 15.00 - 19.30
www.macelleriapellegrini.it

Mangiare in macelleria
Dove vado a mangiare della carne veramente buona a Milano? Quante migliaia di volte ci siamo sentite porre questa domanda? Finalmente abbiamo trovato la risposta: in macelleria! Ma non in una qualsiasi, in una che le sere di martedì e mercoledì ha inventato un ristorante tra i banchi dove stazionano prosciutti e carré: non è un'idea geniale? Dal produttore al consumatore, alla Macelleria Pellegrini potrete gustare comodamente seduti sugli sgabelloni nel retrobottega tutto quello che di meglio vi offre il banco. Un'unica accortezza: si mangia da pazzi, per cui consigliamo di stare a dieta i giorni precedenti e c'è una lunga lista di attesa per cui prenotate per tempo. 5

BJÖRK SIDE STORE

Via Castaldi, 20
tel 02 49457424
lun 18.00 - 24.00
mar/sab 12.00 - 24.00
www.bjork.it

Swedish only
Si comincia con lo shopping in quello che è diventato in breve un punto di riferimento iconico per tutti gli appassionati di cucina e design scandinavo, per poi gustare i tramezzini al salmone e le robuste zuppe ristoratrici. Björk, il nuovo concept sbarcato a Milano dopo la prima apertura nel capoluogo aostano, ha portato in città un tesoro di piccoli prodotti d'utilizzo quotidiano che raccontano un lifestyle nordico ipercontemporaneo. Se siete fan di legni chiari, piatti e vassoi dalle linee pulite, prodotti eco/bio/green è il posto che fa per voi. Per noi, sicuramente! 6

MANTRA RAW VEGAN

Via Castaldi, 21
tel 02 89058575
lun 8.30 - 19.00
mar/sab 8.30 - 24.00
dom 10.00 - 16.00
www.mantrarawvegan.com/#wysija

Più raw per tutti!
Fidatevi di noi: il raw è la nuova frontiera dell'alimentazione fighetta milanese! E questo sarà il suo tempio, visto che qui hanno il più innovativo estrattore di succhi che si possa desiderare e hanno capito che il «crudo» è davvero più sano e più buono, soprattutto quando parliamo di verdure, frutta e affini. Scoprite questa cucina semplice solo all'apparenza, in una delle zone di riferimento di tutto quel che è nuovo. Sarete sicuramente trendy, e probabilmente vi farete del bene! 7

PESCE UBRIACO

Via Melzo, 28
tel 02 87071417
mar/sab 12.00 - 2.00

Aperitivo ittico
L'abbinamento pesce crudo/bollicine è di per sé un superclassicone cittadino (in effetti un'altra radicata leggenda metropolitana prevede che il milanese doc si nutra rigorosamente di pesce crudo alla maniera giapponese... quando non è a fare l'aperitivo, of course). Al Pesce ubriaco, ecco ritrovata l'accoppiata aperitivo/pesce crudo – per far contenti gli amici ma anche voi – in un ambiente divertente, in cui si mangia dell'ottimo pesce fresco bevendo una flûte, che come aperitivo, in fondo, è decisamente meglio dei troppi mojito fatti male che si trovano ormai un po' dappertutto. 8

PAUSE

Via Ozanam, 7
tel 02 39528151
lun/mer 8.00 - 22.00
gio/ven 8.00 - 24.00
sab 9.00 - 24.00
dom 9.00 - 22.00
www.pausemilano.com

Prendiamo una... Pause
I modi e i tempi dello shopping sono sempre troppo pochi, si sa. Pause è la soluzione che stavamo cercando: chi non ha tempo per una pausa – appunto – caffè? Perché questo localino a due passi da Porta Venezia è un bar ma è anche un delizioso negozio di abbigliamento. Per permetterci di pensare con calma all'acquisto sorseggiando qualcosa, prima di marciare decise verso lo «striscio» della carta di credito. Si vive una volta sola! 9

PAVÉ

Via F. Casati, 27
tel 02 94392259
lun/ven 8.00 - 20.00
sab/dom 8.30 - 19.00
www.pavemilano.com

L'idea è semplice...
L'idea è semplice, ma geniale: una pasticceria che vuole essere come il salotto di casa. Ci si viene per colazione, per un brunch, per un pranzo informale, per l'aperitivo. Ma per noi è il top a merenda, con centrifugati fatti al momento e minitorte goduriosissime. Ambiente glamour ma «ri», servizio cordiale e, ultimo ma non ultimo, cibo buono e ben preparato, con una netta prevalenza di dolci che lo fa diventare di diritto il posto che non c'era, a Milano. 10

THE SMALL

Via Paganini, 3
tel 02 20240943
mar/dom 11.00 - 15.00
e 18.00 - 1.00
www.thesmall.it

S M L XL
The Small era davvero molto small non c'è che dire: il nome, all'apertura, era superazzeccato! Poi si sono allargati, ma l'anima non è cambiata, è solamente aumentato il numero dei tavoli! L'accoglienza infatti è large, e l'arredo del locale persino extralarge: non c'è un angolino vuoto in un guazzabuglio perfettamente ordinato e decisamente gradevole di teiere, animali di ceramica, libri, specchi, alzatine, piante e chi più ne ha più ne metta. Non fatevi assolutamente intimorire dalla torta con pomodori e cioccolato: è la chiusura perfetta di una serata che ricorderete, soprattutto se il proprietario avrà deciso che siete tra i suoi clienti favoriti. (Ma lo sono tutti, non sentitevi escluse!) 11

DROGHERIA PLINIO

Via Plinio, 6
tel 393 8796508
lun/sab 12.00 - 24.00
dom 12.00 - 16.00
www.drogheriaplinio.it

A tutte le ore

Ormai l'avrete capito, ci piacciono i posti che sono un po' questo e un po' quello, con un pizzico di indistinto che rende questi luoghi unici nella loro molteplicità. Ne abbiamo trovato un altro. Questo è un po' drogheria, e un po' bistrot, un po' caffè e un po' luogo d'incontro, ma di sera è anche ristorante e, perché no?, diventa enoteca con selezione di vini e birre e un bel banco di formaggi per un aperitivo vecchia maniera. Tutti i prodotti sono italiani, molti sono bio e ciò che vedete a scaffale rientra nei due menu del giorno, uno leggero per pranzo e uno più sostanzioso per cena. 12

DULCIS IN FUNDO

Via Zuretti, 55
tel 02 66712503
mar/ven 12.00 - 16.00
gio 20.00 - 24.00
BRUNCH sab 12.00 - 15.00
www.dulcisinfundo.it

Un locale che locale non è

È una pasticceria, ma non basta. Ebbene sì, anche in questo caso vi racconteranno un posto che è un bel mix di tante realtà. Ma i dulcissimi, allegri gestori del Dulcis in fundo, sono antesignani del genere e da più di un decennio propongono a un pubblico assai variegato le loro delizie. E voi, che cos'aspettate ad andarli a trovare? Dal dolce d'asporto ai festeggiamenti per il compleanno, passando per tutte le varianti possibili. Dulcissimamente. 13

NUN

Via Spallanzani, 36
tel 02 91637315
mar/dom 12.00 - 23.00
www.nunmilano.com

Oltre il solito kebab

Appassionati di kebab ma incerti su dove trovarne uno che non rimanga sullo stomaco fino a data da destinarsi? Qualcuno in città se ne è accorto, che questa del kebab era una mania mai abbastanza soddisfatta, e ne stanno nascendo versioni gourmet che promettono qualità e selezione degli ingredienti, per un panino a prova di gusto, e di digestione. Se siete stufi del solito kebab con cipolle, pomodori e salsa piccante qui da Nun l'hanno integrato in un'offerta organica di prodotti mediorientali come hummus, baba ganush, bademjan, e ve lo servono in un ambiente moderno, pulito e funzionale. Volete abbinarci i falafel? Deliziose polpettine di ceci che… una tira l'altra? Eccoli qui, anche in versione piccante! Altro che street food! 14

IL PANZEROTTO

Via Spontini, 4
tel 02 29527785
lun/ven 12.00 - 15.00
e 17.30 - 23.00
sab 12.00 - 24.00
dom 17.30 - 23.30
www.ilpanzerotto.org

Ustione con godimento
L'approccio non è stato dei migliori: dopo aver ricevuto il mio cartoccio ho sbrodolato mezzo negozio, mi sono ustionata il pollice destro e la mano sinistra e ho rischiato di macchiarmi irrimediabilmente la borsa. Ma la morbida croccantezza dell'impasto e il gusto saporito del ripieno mi hanno decisamente conquistata. Ah, non sperate di mangiare altro: solo panzerotti, ma farciti secondo tutte le più gustose fantasie. 15

JOIA KITCHEN

Via Castaldi, 18
tel 02 29522124
lun/ven 19.30 - 23.00
www.joia.it

I veg-cubetti
Chissà quante di voi sono vegetariane? O quante meditano di diventarlo? Che il vostro stile alimentare sia verde oppure no, un giretto qui è un'esperienza che vi piacerà. È ormai consuetudine che i ristoranti di alta cucina (più all'estero che in Italia, ma la moda si sta sviluppando sempre più anche da noi) aprano un piccolo corner «low cost», a volte un altro locale con proposte più easy ed economiche, a volte – come in questo caso – alcuni tavoli nel ristorante principale, con un menu più ristretto a budget ridotto. P.S.: Se avete voglia di sperimentare, provate anche il ristorante, perché Pietro è un genio indiscusso dalle cui mani escono autentici capolavori. 16

ALBUFERA TAPAS Y PAELLAS

Via Lecco, 15
tel 02 36686993
mar/sab 19.30 - 24.00
dom 11.30 - 15.00 e 19.30 - 24.00
www.albufera.it

Sognando Valencia
Valencia è una città piacevolissima, piena di storia e di esperienze gastronomiche da provare. Una è la paella, che nasce qui, in un ristorantino sulla spiaggia, un po' fuori città, dove davvero si respira l'autentica gastronomia spagnola, e si scopre che nelle gigantesche paellere non si mischia tutto come da noi, ma si cucina il riso aggiungendo a seconda dei desideri solo pollo, solo coniglio, solo pesce. A Milano non ci sono molti posti dove gustarla, ma questo che abbiamo scovato è davvero niente male, semplice e ben curato. Noi ci andiamo per la paella, che è eccezionale, ma ci trovate anche altre specialità della penisola iberica. 17

CAFÉ MIDI

Via San Gregorio. 11
tel 366 1360531
lun/ven 7.00 - 21.00
sab 10.00 - 16.00

Un angolino di Francia a Milano

Che cosa vi manca di più della Francia, quando siete a Milano? A noi, quasi tutto. Siamo davvero appassionate di quello che viene dal Paese dei nostri cugini d'Oltralpe. E quindi cerchiamo compulsivamente qualcosa che ci riporti sui tavolini di un caffè di Parigi. E qui l'abbiamo trovato.. Noi per completare l'atmosfera *parisienne* decidiamo sempre di ordinare croque monsieur e anche camembert al forno. 18

VINILE

Via Tadino, 17
tel 02 36514233
mar/dom 11.00 - 23.30
www.facebook.com/
VINILE.MILANO

Vinilmania

Un locale decisamente vintage, dedicato agli amanti del vinile. Potete ascoltare musica, leggere libri mentre sorseggiate un bicchiere di vino, ma questo posto è speciale perché è anche un negozio dove acquistare i mobili in esposizione o gli Lp. Carino per organizzare una festa con musica dal vivo, o per tornare agli anni Settanta, come dentro un telefilm. Look optical obbligatorio. Attenzione agli impenitenti rockettari dai capelli lunghi che vi siederanno accanto, nostalgici senza remore di un tempo davvero libero. 19

{BUONI PRODOTTI}

GELATO GIUSTO

Via San Gregorio, 17
tel 02 29510284
mar/dom 12.00 - 20.30
www.gelatogiusto.it

Un gelato «troppo» giusto!

Vittoria ha un sogno: creare un gelato «di alta pasticceria» caratterizzato da genuinità delle materie prime, rispetto scrupoloso per gli ingredienti, fantasia negli abbinamenti, passione per la qualità. Il sogno diventa realtà quando Vittoria trova un piccolo spazio non lontano dal centro e a due passi da corso Buenos Aires: sarà la casa del Gelato Giusto. E noi a casa sua ci andiamo spesso, insieme ai nostri amici Aldo e Stefano, gastrofighetti della prima ora che qui hanno stabilito il loro secondo domicilio. Ne incontrerete molti, a Milano: sono gli hipster della gastronomia, informati su tutte le nuove aperture, sui cambi di chef, e sanno sempre dove acquistare quell'ingrediente introvabile che state cercando. Mettetene almeno uno nel vostro carnet, tanto si conoscono tutti tra loro e possono farvi da apripista verso il magico mondo del «food». Non chiamatelo cibo, a Milano non è cool! 20

MASSIMO PICA

Via Ozanam, 7
tel 338 4051687
mar/dom 7.30 - 21.00
www.massimopica.com

Caffetteria con balconata
Se piace al critico mascherato del «Corriere della Sera», non può non piacere anche a noi! Valerio M. Visintin è uno dei punti di riferimento gastronomici di Milano e i suoi pareri sui locali sono spesso determinanti per le sorti dei recensiti. Nessuno (be', qualcuna di noi in realtà sì, ma è tra le pochissime) conosce il suo volto, per garantire la sua imparzialità. E di questa caffetteria scrive che l'attrazione sono le opere del giovane pasticcere salernitano Massimo Pica, specializzato in dolci campani ma in grado di soddisfarvi anche con le crostate, le mousse, i gelati e i semifreddi. Per Valerio, è da provare la torta panna e nocciola: cioccolato bianco, panna e un'infusione di nocciola montano il latteo arabesco, tra i cui raggi si dispone una mousse, a piccole dune. Non avremmo potuto raccontare meglio quest'autentica delizia, decisamente da assaggiare! 21

LA TEIERA ECLETTICA

Via Melzo, 30
tel 02 29419101
dom/lun 15.30 - 19.30
mar/sab 10.30 - 19.30
www.teieraeclettica.it

Mai più le solite bustine
Quando cercate un tè, questo è il posto, e Barbara è la vostra maestra. Lasciatevi trasportare nelle piantagioni cinesi, fatevi raccontare dei produttori francesi, o dei maestri inglesi. Annusate i vasoni ricolmi di preziose foglie e scoprirete un mondo sconosciuto. Osate, e sarete ripagati da profumi e sensazioni che non pensavate di poter provare sorseggiando una bevanda millenaria, che ha ammaliato popoli. Anna ormai è la regina del pu-erh, il tè postfermentato cinese che invecchia come il vino. E se ci serve anche tutto l'armamentario, perché il tè non si prepara con le bustine, giratevi e c'è quello di cui avete bisogno per servire un perfetto *afternoon tea*. 22

{TEMPO LIBERO}

PLANETARIO

Corso Venezia, 57
tel 02 88463340
www.comune.milano.it/planetario

La luce buona delle stelle
Ai nostri compagni abbiamo chiesto all'infinito di farci vedere le stelle, ma hanno sempre frainteso! L'idea non è quella che hanno sempre in testa loro, proprio no. Il nostro unico pensiero era romantico, e parlavamo proprio delle stelle nel cielo. Ma siccome vederle a Milano è impossibile, abbiamo trovato il posto perfetto per esplorare la volta celeste e imparare tutto ciò che c'è da sapere sulle meraviglie del creato sopra di noi. Ecco quindi che li porteremo al Planetario, e li lasceremo a bocca aperta. Perché in questa sala a volta, che da «spenta» non è altro che un insieme composto di mattoni con belle seggiolone di legno, che ruotano su loro stesse e permettono di guardare all'insù, c'è l'intero firmamento ad aspettarci. Uscendo da lì, il mondo vi apparirà senz'altro più bello. 23

VILLA NECCHI CAMPIGLIO

Via Mozart, 14
tel 02 76020873
mer/dom 10.00 - 18.00
CAFFETTERIA
lun/dom 10.00 - 18.00
www.visitfai.it/villanecchi

Turiste cittadine
Villa Necchi Campiglio ci accoglie nel suo rigoroso razionalismo per un tè nel raffinato giardino, o per un aperitivo all'ombra delle sue rigogliose piante. Datevi appuntamento qui e potrete scoprire la storia di Milano negli anni Trenta e Quaranta, entrando nelle stanze di un autentico capolavoro, progettato dall'architetto Portaluppi e giunto integro fino a noi, con i suoi saloni di rappresentanza ma anche con le funzionali stanze di servizio. Un modo diverso di passare un pomeriggio, fingendoci turiste nella nostra (amata) città. 24

{BELLEZZA}

VIOLETTE NAILS ROOM

Via Castaldi, 20
tel 02 29519283
mar/ven 11.00 - 20.00
sab 11.00 - 19.00
violettemilano.com

Mani (e piedi) di fata
Dove fare una manicure che si rispetti, in un ambiente che non sia la classica estetista della porta accanto, ma un luogo nel quale vi sembri di stare nel ben mezzo dell'Upper east side? Nel dedalo di viuzze tra corso Buenos Aires e la Stazione Centrale, si aprono le due vetrine di Violette, il centro beauty di Helena, una giovane moscovita che ha giocato a ricreare un centro glamour e piacevolissimo dove farsi fare le coccole a mani e piedi, in completo relax.
Prima, dopo e durante, l'apoteosi della violetta (da cui il nome): farete il pieno di tisane e caramelle, e di profumo, of course! 25

{DORMIRE}

ROSSOSEGNALE E 3001 LAB

Via Sacchini, 18
tel 02 29527453
www.rossosegnale.it

Un nuovo modo di interpretare il b&b
L'idea – narrano le cronache – è nata a un corso di biscotti. Da lì a questo delizioso b&b di sapore internazionale, il passo è stato davvero breve. Ed ecco un nuovo e promettente luogo da consigliare agli amici in visita in città che vogliono ritagliarsi un po' di tempo in un posto speciale, molto milanese ma di respiro nordeuropeo, con tocchi francesi e idee nordamericane. È un posto da godersi anche se si abita in città, perché i due giovani soci hanno aperto – ricavandola nell'ex offcina – una galleria d'arte, 3001 LAB, che ospita mostre di giovani artisti emergenti. Segnatevelo anche perché ha un accogliente giardino, e può diventare la location ideale per i vostri eventi. 26

{COL NASO IN SU}

CHIESA DI SAN NICOLA
Via San Gregorio, 5

Anche Milano crede, e lo fa come sempre a modo suo, per esempio in questa chiesa ortodossa dove c'è un'icona che di tanto in tanto pare pianga lacrime accompagnate da un intenso profumo di rose. Vero o no, merita una visita, se non altro per ammirarne le bellezze e scoprirne le particolarità. A

CASA-MUSEO BOSCHI DI STEFANO
Via Jan, 15
tel 02 74281000
www.fondazioneboschidistefano.it

È visitabile la collezione privata di Antonio Boschi e Marieda Di Stefano – una selezione di circa 300 opere a testimonianza della storia dell'arte italiana del XX secolo – grazie alle volontà testamentarie dei coniugi che hanno voluto che l'appartamento da loro vissuto venisse poi aperto al pubblico. B

SPAZIO OBERDAN
Viale Vittorio Veneto, 2
tel 02 77406316
oberdan.cinetecamilano.it

Se siete milanesi radical-chic lo Spazio Oberdan è nelle vostre corde, e da qui siete passate più volte per una retrospettiva che fa subito buona cultura. Se non lo siete, non perdetevi comunque uno dei luoghi cult della cinematografia milanese, dove assistere a spettacoli e vedere mostre di cui parlare al prossimo aperitivo con amici preparati che possono comprendere. Oh sì, potete provarci anche con gli altri, ma non assicuriamo lo stesso risultato! C

PALAZZO SOLA-BUSCA
Via Serbelloni, 10

Un palazzo dotato di… orecchio! In realtà un citofono in pietra, scolpito da Adolfo Wildt nel 1930 e ora non più funzionante, posto accanto al portone d'ingresso per parlare con il custode. La leggenda narra che, bisbigliando un desiderio nell'orecchio, questo si avveri. D

{E POI C'È POTLUCK}

Un gruppo di circa 20 persone si incontra in una location di charme e, insieme a tutor esperti nel floral design, nella fotografia, nel wine o nell'arte culinaria, ma anche nello scrapbooking o nell'ikebana, partecipa attivamente alla realizzazione di un piccolo oggetto e del proprio convivio.

È un'esperienza piacevolissima, da vivere in condivisione per tornare bambini e incontrare persone nuove: una serata unica, davvero diversa dal solito.

Potluck è un progetto di *MilanoSecrets*, ed è per questo che lo amiamo in maniera particolare. Venite a trovarci, tutti gli appuntamenti, rigorosamente a numero chiuso, sono online!

PERCHÉ POTLUCK?

Potluck, all'inglese, è il concetto di festa in cui ciascuno porta un piatto che andrà a comporre un menu condiviso.

Potluck, per i nativi americani, è invece un momento mistico religioso in cui ci si spoglia dei propri beni, in una sorta di purificazione.

Per noi, potluck è una sintesi dei due concetti, un momento in cui ognuno mette in comune il proprio essere e le proprie attitudini per partecipare a un'esperienza che esce dai più consolidati schemi contemporanei di velocità, performance, competizione, apparenza, favorendo – attraverso l'uso delle mani e della fantasia – un momento di dialogo, attenzione, conoscenza.

Potluck è un nuovo concetto di social eating.

È condivisione conviviale di un'esperienza creata e vissuta da un gruppo.

È più di una cena, è più di un corso, è più di un evento, perché racchiude tutto questo in un'unica esperienza.

www.mypotluck.it

Milano inaspettata
CITTÀ STUDI

No, questa non è una zona per turisti. E non è nemmeno frequentata dai milanesi che escono dal loro quartiere per andare alla ricerca di qualcosa di nuovo. Questa parte di Milano è solo dei suoi abitanti, che la conoscono e la apprezzano, la vivono e la sanno rendere unica. Qui troverete soltanto autenticità, ma anche tocchi inconsueti che fanno subito pensare che Milano è grande e accogliente, sempre ben disposta verso chi ha una buona idea e la mette in pratica.

Nessun clamore, parcheggio a disposizione (a Milano è una vera rarità!), ritmi rallentati rispetto al centro e indirizzi che piacciono perché semplici ma allo stesso tempo perfetti per accorgersi che c'è molta vita e genialità anche dove proprio non te l'aspetteresti.

Le vie alberate, le «case vecchia Milano» e l'atmosfera residenziale completano un quadro che non potrà non piacervi.

{SHOPPING}

LE MUSE

Via Castel Morrone, 23
tel 02 43115809
mar/sab 10.00 - 14.00
e 15.30 - 19.00
www.lemusegioielli.com

Le muse... ispiratrici!
Il regalo dell'ultimo minuto, ma personalizzato? Allora questo è il posto che fa decisamente per voi! Con una calma rassicurante e contagiosa e una competenza a dir poco rara, Andrea vi accompagnerà nella scelta. Lo stile è sobrio ed elegante, ma con tocchi insoliti e la possibilità di creare un gioiello personalizzato e unico nel suo genere. 27

TOST APPAREL

Via Lambro, 15
tel 02 49531658
lun 15.30 - 20.00
mar/ven 10.30 - 20.00
sab 11.00 - 20.00
www.facebook.com/tostapparel

Minimal è bello
Un'aria di ventata fresca dal Nord. Questo locale nordico nell'arredamento propone nuovi designer che renderanno la vostra casa più minimal e più bella. Da mischiare con attenzione con altro, per non ottenere «l'effetto Ikea». 28

QUEPO

Via Castel Morrone
(angolo Via Abamonti, 2)
tel 02 29525270
lun 15.30 - 19.00
mar/ven 10.00 - 19.00
sab 10.00 - 13.00 e 15.30 - 19.30
www.facebook.com/QuepoGioielli

Bijoux per il buonumore
Ogni... spesso ci serve un regalino per tirarci su il morale, capita anche a voi? E non sempre si può prenotare un viaggio a Bali, o un weekend romantico a Parigi. Allora ci accontentiamo, e cerchiamo luoghi in città che riescano a darci una bella sferzata di buonumore e ci diano quella sensazione di gioia che un bell'acquisto sa procurarci. Questo negozio è una delle nostre mete per scovare gioielli, bijoux e accessori. Un mondo di oggettini in cui perdere la testa, creati con attenzione per i dettagli e i materiali, tradizionali ma innovativi al tempo stesso. Ed ecco comparire al nostro dito, polso, collo, orecchio, pezzi unici, senza che il nostro portafoglio soffra. 29

NAP ATELIER

Viale Piave, 19
tel 02 796861
lun 14.00 - 18.15
mar-sab 9.30 - 18.15
www.napatelier.com

In stile, ma contemporaneo
Il mobile in stile ha fatto il suo tempo, e le nostre case non sono più fatte per accogliere poltrone Luigi XV o comò con gambette ritorte. A meno che… i mobili in questione non vengano ricreati e diventino quel pezzo di design contemporaneo di cui proprio non si può fare a meno. Tutto quello che serve a rendere la vostra casa più bella qui c'è: e ci sono soprattutto ennemila possibilità di personalizzare quel che non vi piace più, quel che vi ha lasciato la nonna e quello che semplicemente ha bisogno di nuovi colori. 30

EMPORIO LANAR

Via Bixio, 7
tel 02 29403050
lun 14.00 - 18.30
mar/sab 10.00 - 14.00
e 15.00 - 19.00
www.lanar.it

Knitting
Le nostre nonne erano vere maestre nell'arte della maglia, e ci hanno trasmesso la passione, un po' meno la manualità. Ma qui c'è tutto quel che serve per dedicarsi a quello che a Milano si chiama poeticamente *knitting*, ma che altro non è che lo sferruzzare d'altri tempi. Volete diventare abilissime? Venite ai loro corsi, e produrrete in serie copertine, maglioncini, sciarpe e perfino gioielli. Siete già brave? Allora non vi resta che perdervi tra gli scaffali ricolmi di ogni genere di filato da cui estrarre quello che più amate, e che più vi ispira per realizzare qualcosa di cui essere fiera. 31

CALZOLERIA RINNOVA

Via Bixio, 12
lun/ven 8.00 - 12.30
e 15.00 - 19.00
sab 8.00 - 12.30

Sandali total look
Voglia di mare e sandali? Abbiamo trovato il posto che fa per voi e per noi! Una piccola calzoleria artiginale dove farsi replicare i modelli di K.Jacques St Tropez, Capri e Positano, Santorini.
Un paradiso cittadino che vi farà tornare alla memoria la scalinata che porta al mare della costiera, e vi farà sognare serate romantiche con addosso solo una tunica e quei preziosi sandali che da soli bastano a completare il look. 32

JANNELLI & VOLPI

Via Melzo, 7
tel 02 205231
mar/ven 9.30 - 18.30
www.jannellievolpi.it

Chiamatela «wallpaper»
La consideravamo un decoro da casa della nonna, ma ultimamente è sempre più di moda e se non riuscite a trovare quella che fa per voi non siete ancora passate da qui. Ovviamente stiamo parlando della carta da parati, complemento d'arredo d'altri tempi che adesso a Milano si chiama «wallpaper» ma che rimane la vecchia compagna dei muri, con un tocco di design che la rinnova. 33

IMARIKA

Via G. Morelli, 1
tel 02 76005268
lun 15.00 - 19.30
mar/sab 9.30 - 13.30
e 15.00 - 19.30
www.imarika.com

Il gusto nel vestire
Se seguite *MilanoSecrets* e soprattutto se l'avete dichiarato, dovete sempre essere *up to date*. Specialmente nelle occasioni che contano non potete permettervi di essere meno che perfettamente insolite, con tocchi eleganti ma anche dettagli inconsueti. Altrimenti ci farete sfigurare! E se siete state invitate al matrimonio del secolo, dovete essere «di più». Uniche e *charmante*, come mai nessuna prima di voi. E allora prendete con voi l'ultimo stipendio o accendete un mutuo, passate da Imarika e lasciatevi consigliare. Non basterà nulla di meno. Non servirà nulla di più. 34

{MANGIARE/BERE}

LA BELLE AURORE

Via Abamonti, 1
lun/sab 11.30 - 16.00
e 1.00 - 1.30

Altro che vintage!
Se cercate la Milano autentica, quella dei milanesi o divenuti tali, quella da bere ma non da happy hour, quella che lavora ma non nel marketing… è qui che dovete fermarvi, meglio se all'ora dell'aperitivo. Ruvidi quel tanto che basta per smorzare ogni alzata di cresta dei neo bauscia, affabili quel tanto che serve per farvi capire che – se state al vostro posto – qui vi vogliono anche bene, come solo un milanese o presunto tale sa volervene. L'ambiente, nemmeno a dirlo, è rustico e proletario, ma proprio per questo affascinante e coinvolgente. Non andateci in versione tacco 12: rischiate di essere guardate dall'alto in basso, e non sarebbe perché vi ammirano, ma perché vi compatiscono… 35

DIM SUM

Via Bixio, 29
tel 02 29522821
mar/dom 12.00 - 14.30
e 19.00 - 23.30
www.dim-sum.it

Il cinese alza il livello
Scicchettone quel tanto che basta, cinese autentico senza esserlo troppo, rilassato e cordiale senza mai perdere concretezza. Abbandonato il ritrito assioma per cui la cucina cinese equivale a cibi iperfritti scadenti ed economici, qui scopriamo il senso delle piccole porzioni, che caratterizza questa tradizione gastronomica. Piatti curati e goduriosi, presentazioni di livello, grande scelta, servizio attento e ottima carta dei vini. Di più, davvero non potevamo sperare. 36

GATTÒ

Via Castel Morrone, 10
tel 02 70006870
lun/sab 13.00 - 15.00
e 19.45 - 23.00
www.gattomilano.com

Vuoi un gattò?
L'accento può ingannare. Non parliamo di felini ma di un piatto tipico della tradizione napoletana, che a Milano ha una sua particolarissima interpretazione in un locale che è un po' ristorante e un po' negozio e che si farà amare al primo assaggio. Immaginate una serata perfetta. Fatto? Magari in un posto carino, con tavolini piccoli un po' francesi, raggiungibile facilmente senza grossi problemi di parcheggio, in una zona vivace ma non iperaffollata? Allora andate da Gattò! Cucina semplice e gustosa, a prezzi abbordabili e con qualche delizia per chiudere la serata in dolcezza. 37

BURBEE

Via Castel Morrone, 7
tel 02 70103567
lun/dom 12.30 - 15.30
e 19.30 - 00.30
www.burbee.it

Burger & beer
Sì, anche qui è spuntata un'hamburgheria, per fortuna diversa dal consueto e ci dà l'occasione per gustare ottime polpette nel panino, abbinate a birre artigianali italiane ben selezionate. Si scelgono il tipo di carne – c'è l'hamburger anche per gli amici veg – le salse da poter accostare e le verdure o gli extra da abbinare. Insomma, nel suo genere una bella scoperta, che potete assaggiare sul posto o portare a casa, per una serata di relax&junkfood da godervi spaparanzate sul divano, davanti all'ultima puntata della milionesima serie di *Downton Abbey*. 38

PULASTER

Via Lambro, 11
tel 02 84924383
lun/sab 12.00 - 15.00
e 18.00 - 22.00

Pollo e null'altro
Quando siamo affamate ci viene proprio voglia di un bel pollo arrosto… Ed eccoci accontentate! Da Pulaster potrete trovare – e portarvi via in scatole con un bel packaging – pollo allo spiedo, wrap, insalate e polpette, tutto al pollo – of course – e tutto accompagnato da deliziose salse e patate. Per vere *chicken lovers*! 39

LA GELATERIA DELLA MUSICA

Via Abamonti, 2
tel 02 38235911
mar/gio 12.30 - 21.00
ven/sab 12.30 - 22.00
dom 12.00 - 21.00
www.lagelateriadellamusica.it

Emozioni gelate, in musica
È considerato dal solito gruppo di amici gastrofighetti uno dei luoghi di pellegrinaggio per un gelato che sia davvero diverso. E infatti ci veniamo volentieri, perché qui usano solo ingredienti di qualità eccelsa e procedimenti al limite del religioso per ottenere un gelato che emoziona come Bach. Alla frutta trovate i sorbetti, il cioccolato è pura massa scelta tra i migliori produttori e le creme sono tutte da provare e riprovare. Di loro stessi dicono di essere artigiani, che come i musicisti non possono ripetere in maniera sterile una gestualità, ma la ricreano sempre nuova e unica. Crediamoci. 40

POLPETTA DOC

Via Eustachi, 8
tel 02 29517983
mar/ven 8.00 - 1.00
dom/lun 19.30 - 1.00
chiuso sabato
www.facebook.com/Polpettadoc

Non il solito happy hour
Qui troverete un aperitivo più classico, con un buon bicchiere di vino rosso accompagnato da qualcosa di gustoso preparato al momento. A noi piace perché dà un po' la sensazione di essere a casa. Avrete ormai capito che trovare angoli di noi in giro per la città ci dà grande soddisfazione! 41

RIAD

Viale Piave, 17
tel 02 76340504
lun/ven 8.00 - 20.00
dom 10.00 - 16.00
BRUNCH dalle 12.00
chiuso sabato
www.riadfoodgarden.com

Visto? Vostro!
Un negozio di fiori, ma non solo, un bistrot, ma non solo… Qui oltre

che mangiare potete anche acquistare fiori e tutto ciò che fa parte dell'arredamento, in pieno stile internazionale e con una varietà che stupisce. Laura e Luca vi conquisteranno con la loro passione, tramutata in realtà, in questo universo parallelo di bontà e bellezza, che spinge davvero a portarsi tutto a casa. Nota di merito: sono tra i pochi a Milano che hanno capito quanto sia importante farci ricaricare telefoni e tablet. Anche solo per questa piccola ma fondamentale attenzione per il cliente, sono tra i nostri preferiti! 42

{BUONI PRODOTTI}

PASTICCERIA LORINI

Via Castel Morrone, 23
(angolo Via Abamonti, 1)
tel 02 29516086
mar/sab 8.00 - 13.00
e 15.00 - 20.00
dom 8.00 - 13.00 e 15.30 - 18.30
www.pasticceria-lorini-milano.it

Una gioia per il palato

Dovete organizzare un piccolo rinfresco in casa e non avete nessunissima voglia di cucinare? Lorini fa al caso vostro, visto che qui dolce e salato sono di ottima qualità. Non dimenticate però di ordinare la torta al limone il giorno prima, altrimenti rischiate di non trovarla e di perdervi un vero e proprio capolavoro di bontà, tra l'aspro e il dolce proprio *comme il faut*. 43

POPOROYA

Via Eustachi, 17
tel 02 29406797
NEGOZIO
9.30 - 14.00 e 17.30 - 21.30
RISTORAZIONE
11.00 - 14.00 e 18.00 - 21.30
chiuso domenica e lunedì a pranzo
www.poporoyamilano.com

La passione jap nasce qui

Avete voglia di cimentarvi in un sushi casalingo? Ecco il negozio che fa per voi. Prendete anche il numero del takeaway, potrete chiamarli velocemente e farvi portare tutto a domicilio. È il primo e ancora oggi inimitabile negozio di alimentari giapponesi: se siete milanesi, lo amate per forza perché è qui che avete assaggiato il vostro primo sushi, quando per gli altri era solo una stramberia da incontentabili. È qui che è nata una delle più grandi passioni della città, immutabile da oltre quindici anni. Se siete arrivati al sushi da meno tempo, fingete. 44

PASTA FRESCA BRAMBILLA

Via Melzo, 2
tel 02 29521359
mar/sab 9.00 - 20.00
mer/ven 9.00 - 22.00
chiuso lunedì
www.facebook.com/pastafrescabistrot

Fatta da voi?
In questo bistrot con laboratorio potete imparare a fare le pasta fresca, mangiarla sul posto o portarla a casa già pronta. Naturalmente potete anche fingere con i vostri ospiti di averla fatta voi, e usare il tempo che vi rimane gironzolando tra un negozio e l'altro. Potete desiderare di più? 45

CACAO-LAB

Via Eustachi, 47
tel 02 20520158
lun 14.30 - 19.30
mar/sab 10.00 - 13.00
e 14.30 - 19.30
www.cacao-lab.it

Basta che sia di cioccolato!
Si sa che il cioccolato è un perfetto antistress, se poi troviamo qualcuno che ce lo presenta anche sottoforma di accessorio tipo scarpe o borsette diventa un vero toccasana. Qui noi abbiamo trovato il regalo perfetto per Anna! Sssshhh… non diteglielo! 46

{DORMIRE}

CHÂTEAU MONFORT

Corso Concordia, 1
tel 02 776761
www.hotelchateaumonfort.com

Rubacuori
Pretenzioso quanto basta, centrale quanto serve, offre un brunch d'autore. 47

SHERATON DIANA

Viale Piave, 42
tel 02 20581
www.sheratondianamajestic.it

Storico
Celebre per i suoi ricchi happy hour nel bel giardino interno, dove pare si cuccasse alla grande, ora vi si «scende» per un soggiorno executive. 48

BELCANTO B&B

Via Beato Angelico, 13
tel 347 6699602
www.belcantobeb.com

Delizioso
Quattro camere ristrutturate con particolare attenzione all'ecosostenibilità, colazioni curate: il mix per un soggiorno al giusto prezzo. 49

{COL NASO IN SU}

CASA GALIMBERTI

Via Malpighi, 3

Passeggiate in via Malpighi, andate davanti al negozio che vende abiti carini, proprio di fronte al numero 3 e voltatevi, ovviamente col naso all'insù. Wow! Ecco uno dei palazzi Liberty più belli e meglio conservati di Milano, quelli da instagrammare senza dubbio alcuno per mostrare al mondo quant'è bella questa città! Figure femminili e motivi floreali si sprecano, come le decorazioni in ferro battuto tipiche di questo stile. Tutta la facciata è decorata da piastrelle figurate in ceramica dipinte a fuoco, mentre l'interno è dipinto con motivi simili, in un bel dialogo tra interno ed esterno. E

CASA DI VIA POERIO 35

Una copia, ma di grande storia: la casa al numero 35 di questa via è infatti la copia perfetta di altre dodici, unica europea a sopravvivere. L'originale è al 770 di Eastern Parkway a Crown Heights, a Brooklyn, dove si trasferì il rabbino Yosef Yitzchak Schneerson, lasciando l'Europa bombardata e in guerra per sfuggire alle persecuzioni razziali. Le altre sono sparse in giro per il mondo, e si devono al genero che ereditò casa e ruolo e volle rendere così omaggio al suocero. Lo stile gotico vi impressionerà, e la storia è perfetta per un racconto all'amico che viene da fuori. Scommettete che non lo sapeva? F

FONTANA A PINOCCHIO

Corso Indipendenza

«Com'ero buffo quand'ero un burattino! E tu che mi guardi, sei ben sicuro di aver domato il burattino che vive in te?» Il poeta Antonio Negri aveva capito tutto della vita, quando ha composto quest'iscrizione per questa buffa fontana, opera di Attilio Fagioli, dedicata al burattino più celebre del mondo, qui ritratto nella sua versione di carne e di legno, insieme al Gatto e alla Volpe. E voi l'avete domato il vostro burattino? Chiedetevelo qui, e cercate la risposta in questo minuscolo spazio verde. G

{L'UOMO MILANESE}

Ebbene sì, a Milano ci sono anche tanti uomini! E abbiamo dedicato loro una sezione del sito di *MilanoSecrets*, che poi ha preso una strada a sé, diventando *AlfioSecrets*. E così, insieme ai nostri amici maschi, scoviamo indirizzi insoliti per rendere questa città sempre più «a misura d'uomo!» Un uomo che ci piace immaginare dinamico e metropolitano, contemporaneo ma alla ricerca del bello in sé, e di tutto ciò che è d'antan, un po' dandy, sicuramente elegante.

BRITISH STYLE DITTA GUENZATI

Via dei Mercanti, 21
tel 02 86460423
chiuso lunedì mattina

Alle pareti cappelli di ogni foggia, calze lisce, colorate, a coste ma anche vestaglie, tagli di tartan, gemelli e camicie da notte, sciarpe e bretelle. Tutto di grande qualità per chi ama il gusto inglese accompagnato da una cortesia che ormai sta scomparendo.

IL BARBIERE SAPIENTE IL TRICOESTETA

Viale D'Annunzio, 25 (di fronte alla Darsena)
tel 02 8357406/329 2194258
mar/ven 9.00 - 21.00
sab 9.00 - 19.00
www.cirignotta.net/it

Barbitonsore e tricoesteta: tecnicamente Francesco Cirignotta è questo. Le essenze di legno scuro si sposano a ricercati lampadari e a inconsuete poltrone che mettono a suo agio l'amico che torna fedele a far quattro chiacchiere e a farsi fare «barba e capelli». Sugli scaffali, profumi difficili da trovare spingono i curiosi a provarli. A terra un ormai raro lustrascarpe elettrico vi permetterà di lucidarle come non fate a casa. Affidatevi a lui. Qui siete un ospite gradito e stimato. Un consiglio: telefonate prima…

LAUNDRY LAVANDERIA MILANO

Piazza 6 Febbraio
tel 338 3205615/333 7761465/329 7421568 dalle 9.00 alle 21.00
www.lavanderiamilano.com

Non vorrete per caso mettervi – ORRORE! – a stirare camicie? Per fortuna abbiamo scovato qualcuno che ci pensa al posto vostro e, non solo, lo fa 24 ore su 24 e direttamente a domicilio. Il servizio è perfetto: arrivano quando li chiamate, ritirano tutto quello che avete da lavare e stirare, e ve lo riportano come nuovo direttamente a casa, sempre quando preferite.

IL BUCO NON C'È PIÙ MADAME VIVIANI

Viale Gran Sasso, 6 (angolo Viale Abruzzi, pianoterra)
tel 02 29405357
www.madameviviani.it

Entrare nell'appartamento di viale Gran Sasso e tornare indietro nel tempo è un tutt'uno. E in anni in cui il maggiordomo non va più di moda, la mano santa di una rammendatrice professionista è quel che vi ci vuole per rimettere in sesto abiti non più nuovi o preziosi maglioni che hanno subìto qualche attacco incrociato negli armadi. Affidateli a lei e non preoccupatevi: Madame Viviani è la vostra assicurazione contro tarme, buchi e strappi.

SCARPE PER SEMPRE ROBY SHOP

Via Cherubini, 4
tel 02 4980348
www.robyshop.it

Per evitare di non mettere più le vostre preziosissime Church's o essere costretti a regalare quelle Edward Green che vi sono costate più di mezzo stipendio, fatevi un giretto da Roby e lasciatevi trasportare nel magico mondo della cura delle scarpe. Troverete un universo fatto di solette, lacci, lucidi, creme ed emulsioni che nemmeno in profumeria sognereste di trovare. Potrete anche comprare una cintura o una di quelle meravigliose scatole di legno con il nécessaire per la vostra o altrui scarpiera.

AL MUSEO, E ALL'OUTLET AVIREX

Via Comelico, 24
tel 02 36576600
lun/ven 10.00 - 13.00 e 14.00 - 17.00
SABATO SU APPUNTAMENTO

Sotto all'outlet di via Comelico, già di per sé meta interessante per chi ha voglia di un paio di pantaloni o di una giacca da aviatore, ecco aprirsi il mondo Avirex e la sua storia. I giubbotti storici, il seggiolino eiettabile, il rancio dei soldati in missione e i disegni che i piloti mostravano fieri sui loro aerei vi faranno fare un viaggio nel tempo e vi racconteranno come – anche attraverso gli abiti – si possa scoprire la storia. Entrata libera, voglia di comprarsi un giubbotto ed esplorare i cieli del mondo garantita.

Gola insolita
LAMBRATE

Sarà che per più di dieci anni è stato il quartiere dell'ufficio per Emanuela e Anna, e per qualche anno anche di Sibilla, ma a questa zona di Milano, per nulla battuta dai turisti e poco conosciuta dai milanesi che non ci vivono, noi siamo molto affezionate, tanto che qui abbiamo i nostri punti saldi, che rendono queste strade per noi quasi di casa.

In un quartiere dove si susseguono panifici, lavanderie, piccoli bar e negozietti senza arte né parte, di quelli che potreste trovare in qualsiasi paese italiano, siamo riuscite a scovare qualcosa di unico e imperdibile, soprattutto dedicandoci al palato e al gusto. Infatti la nostra amica francese Axelle, che abita qui e sa sempre consigliarci sapientemente, ha organizzato un tour gastronomico proprio a Lambrate, e ha trovato numerosi seguaci.

Per gli amanti del centro e della ressa, questa zona è imperdibile nella settimana dedicata al Salone del Mobile, durante la quale Ventura-Lambrate è sulla bocca di tutti, come vera e propria culla del design innovativo e internazionale.

Per noi, irrinunciabile.

{SHOPPING}

PREATTONI

Via Porpora, 5
tel 02 2826078
lun 15.00 - 19.00
mar/sab 10.00 - 14.00
e 15.00 - 19.00
www.preattoni.it

Schiuma&Pennello
Un must, una garanzia: un set pennello, rasoio e una delle decine di creme da barba inglesi saranno un regalo perfetto anche per il lui più tecnologico, abituato da sempre al poco poetico rasoio elettrico. Doppio vantaggio per voi: darete immediatamente l'impressione di essere una donna sofisticata e potrete scegliere la profumazione che preferite sentire quando lo bacerete appassionatamente sulle guance e sul collo. (50)

GIARDINI GALBIATI

Via Rombon, 97
tel 02 26413810
lun/sab 9.00 - 19.30
dom 9.00 - 19.00
www.giardinigalbiati.it

Il giardino delle meraviglie
Una serra? Un giardino? Un negozio? Molto di più! Il luogo è accogliente e bellissimo: un garden enorme con fiori «veri» e una selezione di fiori in plastica molto ben fatti. Vale la pena andarci per rimettere a nuovo il balcone e il giardino di casa ma anche per i workshop (in cui imparare a fare un centrotavola, per esempio) che organizzano di tanto in tanto. (51)

20134 LAMBRATE

Via Conte Rosso, 22
tel 02 91533992
mar/ven 13.00 - 19.00
sab 11.00 - 19.00
www.20134lambrate.it
20134lambrate.blogspot.com

L'Eden degli abiti vintage
Non stiamo affatto esagerando. Per tutte le appassionate del genere un indirizzo che non si può non conoscere, dove scovare le meraviglie del tempo e delle mode passate, e farle rivivere per un look completamente contemporaneo. Se però non avete voglia di arrivare fin qui, potete trovare molte delle sue proposte da Madame Pauline Vintage, in Foro Buonaparte 74. (52)

REEDROOM STORE

Via Conte Rosso, 18
tel 02 30120481
mar/ven 10.00 - 13.00
e 16.00 - 20.00
sab 12.00 - 19.00
www.redroomstore.com

Di tutto un po'

Quando qualcuno ha pensato alla sintesi del concept store, ha sicuramente pensato a un luogo come questo. Che è un po' salotto, un po' negozio di design, un po' galleria d'arte e un po' boutique di abiti sempre particolari e sempre da provare. Naturalmente organizzano eventi ai quali è bello partecipare, e naturalmente ci piacciono per quello stile non convenzionale che contraddistingue tutti gli indirizzi che ricerchiamo compulsivamente. Come dicono sul sito, questo è un luogo di perdizione. Non dite che non vi avevamo avvisato! 53

COLPO D'OCCHIO

Via Porpora, 9
tel 02 26147855
lun/ven 9.00 - 13.00
e 15.30 - 19.00
sab 10.00 - 14.00 e 16.00 - 19.00
www.colpo-docchio.com

Comode e belle

Il paradiso di chi cerca abiti pratici ma senza dimenticare un tocco di eleganza. Patria indiscussa della maglina, bella e funzionale, qui potrete vestire comode e avere un capo su misura, a partire dalle numerosissime produzioni della proprietaria. Bijoux home made, accessori, spille e cappellini completano l'offerta, e vi daranno il tocco finale a un look *décontracté* ma superchic. Noi impazziamo per i pantaloni ampi in tutti i colori possibili e per le maxi maglie con adorabile scollo a barchetta e nei tessuti a righe, perfette per l'estate più cool. 54

ERBE SALUTE KALLIDENDRIA

Via Vallazze, 116
tel 02 70600600
lun 15.00 - 19.30
mar/ven 9.00 - 13.00
e 15.00 - 19.30
sab 9.00 - 13.00 e 15.00 - 19.00
www.erbesalute.it

Anche online!

Un'erboristeria speciale, che dal 1944 propone tisane preparate ad hoc, oli essenziali o sciroppi e amari, ma anche cosmetici naturali e cruelty free, alimenti e vini biologici e vegani, raffinati tè e spezie in grandi vasi che fanno subito venire voglia di scoprirne il contenuto. Qui troverete un servizio accurato, con i due farmacisti che sono a disposizione persino via e-mail o su Skype per offrirvi tutto il supporto di cui avete bisogno. 55

CONTRO CORRENTE

Via Teodosio, 12
tel 02 70633230
mar/sab 9.00 - 13.00
e 14.30 - 19.30
www.facebook.com/
controcorrentevintage

In nomen omen
Mai nome fu più azzeccato, per un luogo che è una vera e propria caverna di Ali Babà, dove scovare tutto il meglio che il passato ci ha lasciato in eredità. Cravatte e occhiali, oggetti per la casa e una simpatia travolgente vi conquisteranno dal primo istante. E vi faranno tornare spesso, a vedere che cosa di nuovo e pazzo hanno scelto per voi. 56

PIZZI RICCI E STRAVIZI LAB ATELIER

Via Conte Rosso, 26
tel 02 94554238
lun 15.30 - 19.00
mar/sab 10.00 - 13.00
e 15.30 - 19.00
pizziricciestravizi.blogspot.com

L'evoluzione del vecchio merletto
Una volta c'era la sartina, prima ancora c'era la nonna: e adesso, per noi povere donne sempre di corsa e con poca attitudine al cucito, che cosa c'è? Ecco scovato un laboratorio dove, nell'ordine, acquistare già pronti, acquistare in kit, o imparare a realizzare abitucci e aggeggini per bambini e mamme desiderosi di essere unici. 57

UPCYCLE BIKE CAFÉ

Via Ampère, 59
tel 02 83428268
lun 8.30 - 20.00
mar/ven 8.30 - 23.00
sab 10.00 - 23.00
dom 10.00 - 21.00
www.upcyclecafe.it

Cicli e ricicli
Caschetto, guanti tagliati, pantaloni attillati e maglietta con scritta evocativa: eccovi pronte con un perfetto look ciclabile per il locale più trendy per gli amanti delle due ruote senza motore! Upcycle è vivace, bello e prevede la condivisione della propria passione per cibo e cicli con i compagni di tavolo: un luogo inconsueto, dove incontrare persone, mangiare un boccone e chiacchierare in amabile compagnia, da mattina a sera, possibilmente con una fumante tazzona di caffè americano tra le mani a scaldarvi. E se anche voi fate parte della schiera dei nuovi lavoratori «virtuali», giusto dietro al ristorante ci sono scrivanie in affitto per avere un ufficio davvero particolare, dove creare il business della vostra vita. 58

{MANGIARE/BERE}

AMPÈRE 57

Via Ampère, 57
tel 02 36521125
lun/dom 19.00 - 23.30

La Sardegna nel piatto
Menu a base di pesce e cucina perlopiù sarda, così come sardi sono i proprietari. Un luogo per chi, come noi, è innamorato dell'isola e ha voglia di ritornarci, almeno con il palato, anche quando è in città. 59

SANTERIA

Via Paladini, 8
tel 02 36798121
mar/dom 11.00 - 22.30
www.santeriamilano.it

Hipster o non hipster?
Milanese ma non troppo, per nulla hipster ma venirci è hipster, un bel locale di quartiere, con quelle note che lo rendono unico. Uno spazio multifunzionale non solo per quello che offre ma anche per quello che ci si ritrova a fare e pensare quando ci si viene. Carino per pranzo, per un brunch o per l'aperitivo, o per ascoltare musica o per lavorare in un ambiente creativo e dinamico. 60

TRATTORIA MIRTA

Piazza San Materno, 12
tel 02 91180496
lun/ven 12.15 - 14.30
e 20.00 - 23.30
chiuso sabato e domenica
www.trattoriamirta.it

Ristorante o casa?
Il ristorante di quartiere, quello rassicurante e piacevole, dove andare con la famiglia, con le amiche o per una romantica cena tête-à-tête con il fidanzato o tendente tale. Un menu solido, rinnovato a seconda della stagione e degli ingredienti ben selezionati. Pane, pasta e dolci sono di produzione propria, e danno un autentico tocco artigianale alla cucina.
Per il lunch viene proposto un menu più semplice ma comunque vario e curato. 61

MANDARIN 2

Via Garofalo, 22
tel 02 2664147
mar/dom 11.30 - 15.00
e 18.30 - 23.30
www.mandarin2.it

Il cinese che ci piace!
Quando si dice cinese, soprattutto a Milano, si rischia troppo spesso di finire in un posto inospitale, magari un po' sporchino e con piatti con dosi di glutammato oltre i livelli accettabili. Quando se ne trova uno buono, è il caso di tenersi stretto l'indirizzo. Eccoci allora a

testare e approvare (per l'ennesima volta!) il Mandarin 2, coi suoi deliziosi antipasti fritti e croccanti, con il suo mitico pollo cime di rapa e zenzero, e con quel mood industriale cinese curatissimo. I camerieri e proprietari, come dice la nostra amica Caterina, «parlano milanese meglio di me», data la prolungata presenza in città che li ha resi a tutti gli effetti milanesi doc, ma con il ricordo vivissimo, nei piatti, di una delle cucine migliori al mondo. 62

AL' LESS

Viale Lombardia, 28
tel 02 70635097
lun/dom 12.30 - 15.00
e 19.00 - 24.00
chiuso domenica sera
www.alless.it

Monumento al less
Uno dei tanti locali-istituzione che punteggiano la città e la rendono unica nel suo genere. Alla faccia della varietà, questo ristorante propone da sempre il classico bollito misto, che a Milano si chiama «less». In versione completa per stomaci giganti, o in versione media per quelli deboli, qui è ben preparato e accompagnato da mostarde e salsa verde. Ci sono anche altre proposte, tra cui il mitico risotto con ossobuco, ma qui ci si viene per il bollito, in un posticino niente male, di gusto francese e ispirazione fiorita. 63

BIRRIFICIO LAMBRATE BREWPUB

Via Adelchi, 5
tel 02 70638678
mar/dom 18.00 - 2.00
www.birrificiolambrate.com

Cosa vuoi di più dalla vita?
Un posto che sicuramente piacerà a tutti. La birra è ottima, il locale piccolo e superaffollato come ogni posto divertente che si rispetti. Perfetto per i giovani studenti e per i vecchi amanti della buona birra, dove si mescolano gradevolmente generazioni e parole, chiacchiere ed età. Per noi, questo rimane uno dei posti migliori dove bersi un bel boccale in un'atmosfera rilassata. 64

{BUONI PRODOTTI}

GRISSINIFICIO EDELWEISS

Via Teodosio, 27
tel 02 70630084
mar/ven 7.00 - 19.00
sab 7.00 - 18.00

Apoteosi del grissino
Forse un giorno ci vorrete uccidere per avervi segnalato questo indirizzo. Sarà più o meno al decimo sacchetto che comincerete a

riconoscere sul vostro corpo i segni lasciati dai troppi stuzzichini a forma di stecco lungo e sottile che avrete ingurgitato a partire dalla prima volta in cui avete varcato la soglia di questo dispensatore di delizie salate longilinee e croccanti, saporitissime e ideali in ogni momento della giornata. Ma, credeteci, vale comunque la pena entrare nel tunnel del grissinificio di via Teodosio. All'olio, alla paprika, alle erbe, ci sono persino quelli all'acqua (niente paura, nemmeno questi sono dietetici!) Ma i nostri preferiti sono gli speciali: più sono abbrustoliti e coperti di sale e più sono goduriosi. 65

LE DOLCI TRADIZIONI

Via Ampère, 122
tel 02 2820612
mar/sab 8.00 - 13.00
e 14.30 - 19.30
dom 8.30 - 13.30
www.ledolcitradizioni.com

Dalla Francia con dolcezza
Marcello è un perfezionista, ed è a capo della seconda generazione di una pasticceria di tradizione (appunto!) che rimane fedele alla sua storia ma non si limita a quello, e mette a frutto i suoi viaggi in Francia per tentarci con prodotti di alto livello e di buona fattura, da gustare sul posto in un locale dai toni acidi del verde e del cioccolato (non a caso!) o da portare a casa per festeggiare ogni giorno come se fosse domenica. Noi adoriamo il suo fondente al cioccolato con i lamponi, e le torte quadrate con frutti di bosco e morbido ripieno. E per completare non ci facciamo mancare un sacchettino di bottoni al cioccolato salato, da sgranocchiare allegramente fino a casa. P.S.: Occhio alle briciole sulla sciarpa, vi faranno scoprire! 66

{TEMPO LIBERO}

LA BALERA DELL'ORTICA

Via Amadeo, 78
tel 02 70128680
BAR mar/dom 13.30 - 00.30
SI PUÒ GIOCARE A BOCCE
TUTTI I GIORNI
TRATTORIA mar/dom *solo la sera*
www.labaleradellortica.com

Ballo&cucina
I nostri nonni ci andavano come noi siamo andate in discoteca, ma il fascino di questi luoghi perduti nel tempo è immutato e immutabile, e per fortuna qualcuno si è salvato, ed è ancora attivo ai giorni nostri. È il caso della storica Balera dell'Ortica, che ancora oggi ha una favolosa pista da ballo aperta solo d'estate, ma è anche bar, trattoria con cucina casalinga di mamma

Rita e bocciofila. Bisogna seguirli sul sito perché ogni settimana si inventano qualcosa di nuovo per intrattenerci e rendere questo uno dei luoghi perfetti per passare una serata diversa dal solito. Se cercate un posto speciale dove fare una festa di compleanno indimenticabile, venite qui, è una sicurezza! 67

ASSOCIAZIONE MAMI

Via Astolfo, 19
tel 02 23164126
SEGRETERIA
lun/ven 16.30 - 19.00
e mer 9.30 - 12.00
www.ma-mi.it

Mamme associate
Cercate una baby-sitter? Un luogo dove giocare e imparare con i bimbi? Siete alla ricerca di servizi per voi e i vostri pargoli sempre desiderosi di attenzioni e novità? Siamo in tante con le stesse esigenze, ma qui a Lambrate i genitori lungimiranti si sono riuniti in un'associazione senza scopo di lucro per il sostegno della maternità e dell'essere genitori, dando vita a un'accogliente casa con giardino, aperta ai soci grandi e piccini. Qui si condividono esperienze, competenze, tempo e amicizia, crescendo insieme. Sicuramente troverete uno spazio anche per voi! 68

{DORMIRE}

VIETNAMONAMOUR

Via Pestalozza, 7
tel 02 70634614
www.vietnamonamour.com

L'essenza del Vietnam
Lei vietnamita, lui francese: non poteva che venirne fuori un luogo magico, a metà tra una casa borghese di Hanoi e un bistrot parigino con note orientali. Qui si mangia, si beve, si dorme e si chiacchiera con i due proprietari, che hanno tante cose da raccontare. Il cibo è buono e se venite d'estate potete godervi il bel giardinetto esterno. Le camere sono semplici e ben decorate, con pezzi provenienti dal Vietnam miscelati ad arte per diventare contemporanei e adatti anche a Milano. A colazione la torta all'ananas è soffice e golosa come poche altre! 69

{COL NASO IN SU}

IL FUORISALONE DEL MOBILE

Via Ventura

Appassionati di design d'avanguardia, di nuove leve coreane o nordeuropee, questa è la zona che fa per voi. Durante la settimana in cui Milano diviene la città più cosmopolita del mondo, via Ventura e dintorni diventano un brulicare di idee e creatività, e ogni angolo – compresi i più improbabili – viene riempito di installazioni che sono davvero il nuovo che avanza. Non c'è altro posto che valga la pena visitare più di questo per capire il mondo che verrà. H

LUNA E PARK

Via Ventura

Due parole, con lettere giganti e luminose, sono le protagoniste da guardare col naso all'insù nel cuore di Lambrate. Sono lì dal 2005, trasferite dalle mitiche Varesine (il luna park della zona Fiera che è stato smantellato) a qui grazie all'ingegno dell'artista milanese Patrick Tuttofuoco. Un'opera d'arte che rende merito a una zona che, senza tirarsela e senza diventare pop, sta vivendo un vero e proprio Rinascimento, pur non perdendo l'identità di quartiere. I

{LE CLASSIFICHE DI MILANOSECRETS}

LE 5 COSE CHE AMIAMO OSSERVARE

Le persone che aspettano alle fermate del tram/autobus
Un ristorante che si sta preparando all'apertura
Il viavai di un quartiere
L'acqua del Naviglio (quando c'è)
Il risveglio della città

I RISTORANTI CON IL PATRON PIÙ ORIGINALE

Manna, *Piazzale Governo Provvisorio, 6*
Al Pont de Ferr, *Ripa di Porta Ticinese, 55*
Il Bacaro, *Via Montenapoleone, 13*
Da Francesca, *Viale Argonne, 32*

MERCATINI & VINTAGE

Penelope, *Via Melloni, 6*
Al mercatino tra noi e voi, *Via Marcora, 8*
www.almercatinotranoievoi.com
Stazione Bovisa, *Piazza Emilio Alfieri* (solo la domenica mattina)
Via Leoncavallo

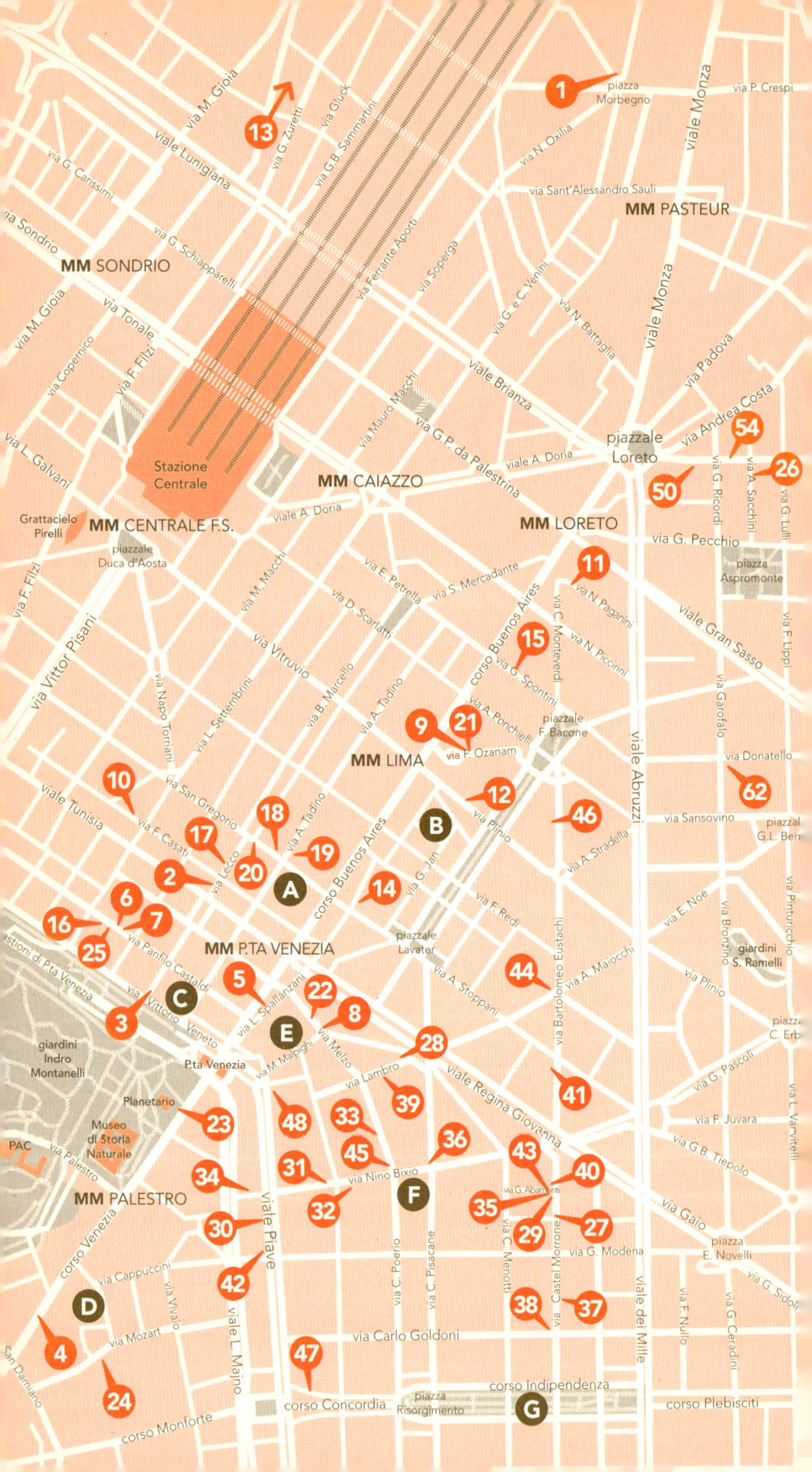

piazza Morbegno
via P. Crespi
viale Monza
via M. Gioia
via G. Zuretti
via Gluck
via G.B. Sammartini
viale Lunigiana
via N. Oxilia
via G. Carissimi
via Sant'Alessandro Sauli
MM PASTEUR
via Sondrio
via G. Schiapparelli
via Ferrante Aporti
via Soperga
MM SONDRIO
via G. e C. Venini
via N. Battaglia
viale Monza
via M. Gioia
via Tonale
via Copernico
via F. Filzi
viale Brianza
via Padova
via Mauro Macchi
via Andrea Costa
via G.P. da Palestrina
piazzale Loreto
via L. Galvani
Stazione Centrale
viale A. Doria
MM CAIAZZO
via G. Ricordi
via A. Sacchini
via G. Lulli
viale A. Doria
Grattacielo Pirelli
MM CENTRALE F.S.
MM LORETO
via G. Pecchio
piazzale Duca d'Aosta
piazza Aspromonte
via M. Macchi
via E. Petrella
via S. Mercadante
via N. Paganini
via F. Filzi
via D. Scarlatti
corso Buenos Aires
via C. Monteverdi
viale Gran Sasso
via Vitruvio
via N. Piccinni
via F. Lippi
via Vittor Pisani
via G. Spontini
via Napo Torriani
via L. Settembrini
via B. Marcello
via A. Tadino
via A. Ponchielli
piazzale F. Bacone
via Garofalo
via F. Ozanam
MM LIMA
viale Abruzzi
via Donatello
via San Gregorio
viale Tunisia
via Plinio
via F. Casati
via A. Tadino
via Sansovino
piazzale G.L. Bern
via Lecco
via A. Stradella
corso Buenos Aires
via G. Jan
via Pinturicchio
via F. Redi
via E. Noe
via Bronzino
bastioni di P.ta Venezia
via Panfilo Castaldi
piazzale Lavater
MM P.TA VENEZIA
giardini S. Ramelli
via A. Stoppani
via A. Maiocchi
via Bartolomeo Eustachi
via Plinio
via Vittorio Veneto
via L. Spallanzani
via Melzo
piazza C. Erb
giardini Indro Montanelli
P.ta Venezia
via M. Malpighi
via Lambro
viale Regina Giovanna
via G. Pascoli
via L. Varvitelli
Planetario
via F. Juvara
Museo di Storia Naturale
via G.B. Tiepolo
PAC
via Palestro
via Nino Bixio
via G. Abamonti
MM PALESTRO
viale Piave
via Gaio
corso Venezia
via C. Menotti
via Castel Morrone
piazza E. Novelli
via G. Modena
via Cappuccini
via Vivaio
via C. Poerio
via C. Pisacane
viale dei Mille
via F. Nullo
via G. Ceradini
via G. Sidoli
viale L. Majno
via Mozart
via Carlo Goldoni
San Damiano
corso Indipendenza
corso Concordia
piazza Risorgimento
corso Plebisciti
corso Monforte
A
B
C
D
E
F
G
1
2
3
4
5
6
7
8
9
10
11
12
13
14
15
16
17
18
19
20
21
22
23
24
25
26
27
28
29
30
31
32
33
34
35
36
37
38
39
40
41
42
43
44
45
46
47
48
50
54
62

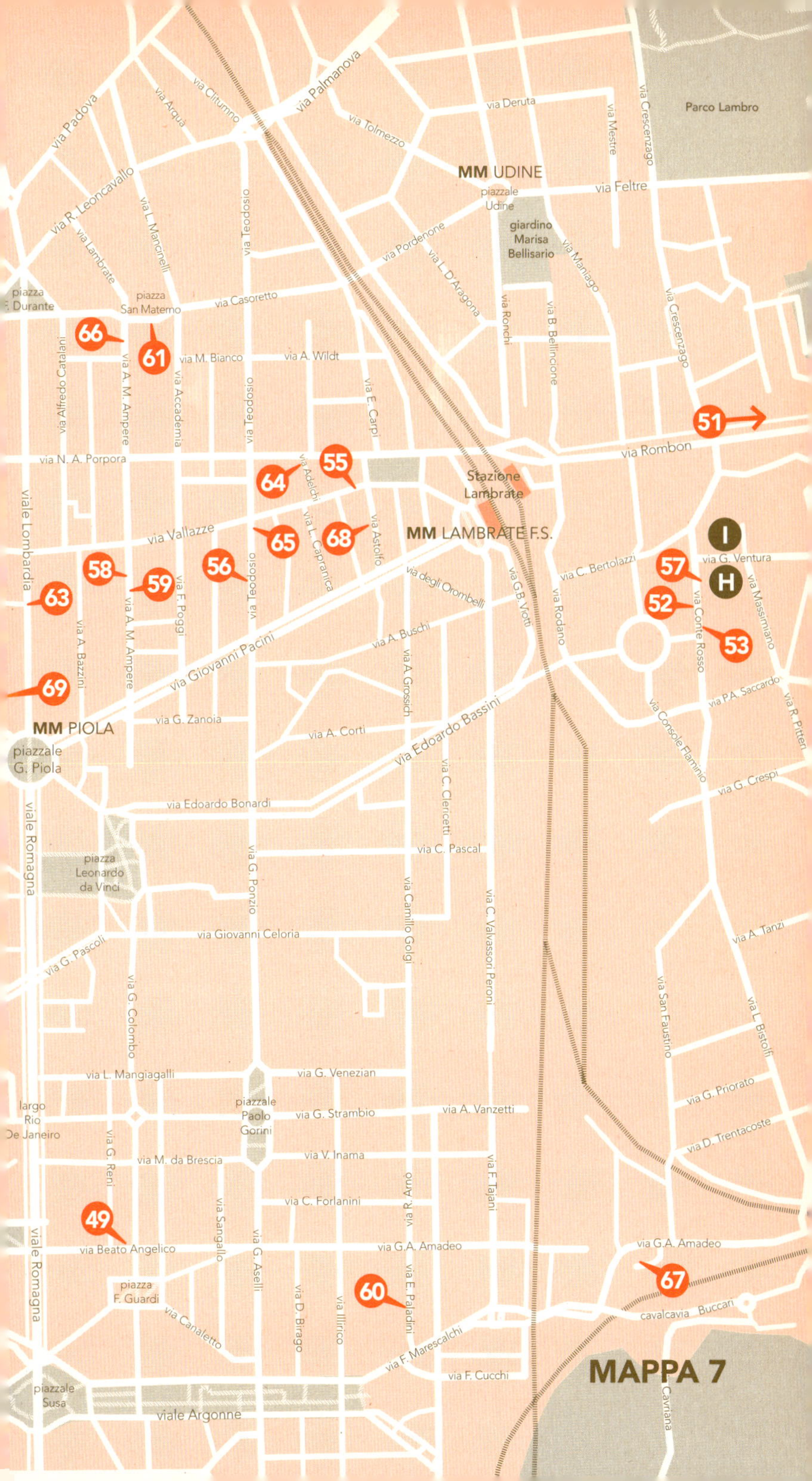
MAPPA 7
Parco Lambro
MM UDINE
piazzale Udine
giardino Marisa Bellisario
Stazione Lambrate
MM LAMBRATE F.S.
MM PIOLA
piazzale G. Piola
piazza Durante
piazza San Materno
piazza Leonardo da Vinci
largo Rio De Janeiro
piazzale Paolo Gorini
piazza F. Guardi
piazzale Susa
via Padova
via R. Leoncavallo
via Lambrate
via L. Mancinelli
via Arquà
via Clitumno
via Palmanova
via Teodosio
via Tolmezzo
via Deruta
via Mestre
via Crescenzago
via Feltre
via Pordenone
via L. D'Aragona
via Maniago
via Ronchi
via B. Bellincione
via Casoretto
via Alfredo Catalani
via A. M. Ampere
via M. Bianco
via Accademia
via A. Wildt
via E. Carpi
via N. A. Porpora
via Rombon
via Adelchi
viale Lombardia
via Vallazze
via L. Capranica
via Astolfo
via C. Bertolazzi
via G. Ventura
via Massimiano
via degli Orombelli
via G.B. Viotti
via Rodano
via Conte Rosso
via F. Poggi
via A. Bazzini
via A. Buschi
via Giovanni Pacini
via A. Grossich
via P.A. Saccardo
via R. Pitteri
via Console Flaminio
via G. Zanoia
via A. Corti
via Edoardo Bassini
via C. Clericetti
via G. Crespi
via Edoardo Bonardi
viale Romagna
via C. Pascal
via G. Ponzio
via Camillo Golgi
via C. Valvassori Peroni
via Giovanni Celoria
via G. Pascoli
via A. Tanzi
via San Faustino
via L. Bistolfi
via G. Colombo
via L. Mangiagalli
via G. Venezian
via G. Strambio
via A. Vanzetti
via G. Priorato
via D. Trentacoste
via G. Reni
via M. da Brescia
via V. Inama
via F. Tajani
via C. Forlanini
via Sangallo
via R. Arno
via Beato Angelico
via G. Aselli
via G.A. Amadeo
via E. Paladini
via D. Birago
via Illirico
via Canaletto
cavalcavia Buccari
via F. Marescalchi
via F. Cucchi
Cavriana
viale Argonne
49
51
52
53
55
56
57
58
59
60
61
63
64
65
66
67
68
69
I
H

Da borghese a etnico
PAOLO SARPI/SEMPIONE

Quante sono le nostre zone preferite? Ebbene sì, ci rendiamo conto, man mano che scriviamo questo libro che tutte, a modo loro, sono ugualmente piacevoli e particolari, e ci permettono di vivere Milano in maniera inconsueta.

Quindi, rassegnatevi: anche questa è una delle zone che preferiamo, soprattutto perché è un crocevia di borghese ed etnico, con punte di gentrificazione che ci fanno credere, a buona ragione, che sia qui che si concentra la più alta percentuale di milanesi di ritorno, che, dopo aver abbandonato queste vie cedendo il posto alla locale Chinatown, sono rientrati e l'hanno fatta diventare un quartiere a metà tra Hong Kong e un paesino della provincia lombarda.

Proprio per questo, accanto all'alimentari cinese troverete la bottega artigiana, o la galleria d'arte contemporanea, perché le contraddizioni e gli ossimori qui sono pane quotidiano.

Qui veniamo a rifornirci di tutto quello che non è italiano, ma scopriamo anche negozietti gradevolissimi.

Qui passeggiamo nella pedonale via Sarpi e ci godiamo il Capodanno cinese o le tante feste tradizionali, locali e non.

Qui riusciamo a sentirci allo stesso tempo a casa e nel mondo, una sensazione davvero unica.

{SHOPPING}

DO-KNIT

Via Canonica
(angolo Via Moscati)
tel 02 83418776
lun 14.00 - 19.30
mar/sab 10.00 - 13.00
e 14.00 - 19.30
gio 10.00 - 13.00 e 14.00 - 21.30
www.do-knit.it

Tricottare che passione!
Quando ero piccola mia mamma mi confezionava un maglione per ogni occasione. Ferri e gomitoli erano sempre in giro per casa, pronti a realizzare un nuovo progetto, e un golf veniva pensato, iniziato e terminato in una giornata. Crescendo ho provato anch'io a cimentarmi, ma non con gli stessi risultati: tempi molto più lunghi e di preferenza solo punti dritti! Ma l'amore per le cose fatte a mano è rimasto, e così quando sono entrata da Do-Knit è stata passione immediata. Do-Knit è uno spazio dove ci si incontra, si impara, si crea. Dove si trovano filati pregiati, libri, accessori indispensabili, ma anche totalmente inutili per vere addicted della maglia e dell'uncinetto. 1

LIBRERIA DEL MONDO OFFESO

Via Cesariano, 7
tel 02 36520797
lun/ven 8.30 - 21.00
sab 10.00 - 21.00
www.libreriadelmondooffeso.it

Voglia di libri!
Ognuno di noi ha tablet ed e-reader per acquistare in pochi clic tutte le ultime novità editoriali, da leggere ovunque senza che pesino nella nostra nuova borsa, rischiando di rovinarla. Perché mai uno dovrebbe perdere del tempo andando in libreria? Perché ne abbiamo bisogno è la nostra risposta, e perché quello che abbiamo trovato entrando nella Libreria del Mondo Offeso offre qualcosa che nessun aggeggio elettronico è in grado di darci. Un posto magico, tranquillo e ispiratore… dove ci si ritrova a pensare, a chiacchierare, a condividere, e non solo a comprare. All'interno, una piccola caffetteria con dolce e salato. 2

OPLÀ!

Via Sarpi, 56
tel 02 49661783
mar/sab 10.30 - 14.00
e 16.00 - 19.30
www.oplamilano.it

Nel mondo dei sogni
Cos'è Oplà!? Indefinibile. Un luogo dove scoprire a ogni occhiata

un oggetto che sarebbe davvero perfetto per la vostra migliore amica, per la collega, per la nipote… e per tutte le persone che conoscete che vivono un po' nel mondo dei sogni. Le appassionate di *Alice nel paese delle meraviglie* troveranno pane per i loro denti, con collane, cartoline e altre delizie dal tocco nostalgico. 3

ORANGORILLA

Via Cagnola, 7
tel 02 45488923
lun 15.00 - 19.00
mar/sab 10.00 - 12.30
e 15.00 - 19.00
www.orangorilla.com

Mille tentazioni
Signore, pronte a impazzire? Andrete letteralmente fuori di testa, ve lo garantiamo! Da quando questo spazio ha triplicato la superficie e gli oggetti a disposizione, il pericolo reale è la follia per troppa bellezza a portata di mano. Un mix ben combinato di cosette di quelle che piacciono a noi, in un salotto ben congegnato da una ragazza che ha tanto da raccontare. Sedetevi e guardatevi attorno: non saprete resistere alle mille idee che vi circondano. Nel frattempo potrete prenotare un catering, pianificare un piccolo evento, fare un corso di cucina o semplicemente sorseggiare un tè, tra un abitino per voi e una bella scoperta per i più piccoli. 4

GREMBIULI SUPERMARKET

Via Lomazzo, 25
tel 02 3492763
lun/ven 8.30 - 12.30
e 14.30 - 19.00
sab 8.30 - 12.00 e 15.00 - 18.30
www.grembiulisupermarket.com

Medico o allievo?
Vi dovete travestire? Avete bisogno del grembiulino per i bimbi che iniziano la scuola? Siete tra i fortunati che hanno una signora tuttofare e volete una divisa *comme il faut*? Siete un medico? Qui troverete grembiuli e divise di tutti i generi e per tutti i gusti, oltre che per tutte le attività del creato. Una volta tanto il monotematico è anche utile, e risolve un problema quotidiano. 5

GRANIEVAGHI

Via Lomazzo, 11
tel 02 33106748
mar/ven 10.45 - 19.30
sab 10.45 - 12.30 e 15.00 - 19.30
www.granievaghi.com

Gioielli non gioielli
Ma non per questo meno belli! Anzi. Noi ci abbiamo passato ore a scegliere, immerse nelle perline e nei fili, alle prese con colori e toni, sfumature e modelli di ogni tipo. I materiali poveri sono al centro delle reinterpretazioni di Silvia Corti, che dagli anni Novanta delizia le signorine di

questa zona con gingilli che si fanno subito notare e che danno a ogni look un tocco piacevolissimo. Spontanei e naturali, l'unico imbarazzo è nella scelta. 6

CARTOLERIA SCOTTI

Via Canonica, 72
tel 02 3311378
lun/sab 7.45 - 13.00
e 15.00 - 19.30

Il protocollo dei fogli

Quanto è passato da quando avete comprato l'ultimo foglio protocollo per voi? Noi ce lo ricordiamo bene… e la risposta è sconfortante. Segno del passaggio inesorabile del tempo. Se volete rispolverare la pratica e tornare indietro negli anni, e respirare ancora una volta quell'inconfondibile profumo di cartoleria, un misto di carta, grafite e colla, ecco il posto giusto. Preparatissimi e superscrupolosi, i proprietari sono preparatissimi sulle scuole del circondario e sono in grado di guidarvi nella ricerca di tutto quello che servirà agli scolari moderni: i vostri figli e nipoti saranno in ottime mani! E chissà che non vi torni la voglia di acquistare un bel quadernone ad anelli… 7

AVANGUARDIA ANTIQUARIA

Via Canonica, 20
tel 02 89052694
lun 15.00 - 19.30
mar/sab 10.30 - 19.30
www.avanguardiaantiquaria.com

Oggetti, ma forse più

Quando qualcuno azzecca il nome, il successo è garantito. E il nome di questo posto è il perfetto condensato di quel che ci troverete. Oggetti che renderanno la vostra casa unica e inimitabile, che al solo sceglierli vi procureranno un moto di felicità interiore per quello che rappresenteranno all'interno dei vostri spazi. Sibilla ci tiene a dire che è il suo preferito, e siamo sicure che diventerà a breve anche il vostro. 8

BERETTI ANTIQUARIA

Via Cesariano, 8
(angolo Via Canonica)
tel 02 33101164
lun 15.30 - 19.00
mar/sab 10.00 - 19.00
www.berettiantiquaria.com

Mobilio d'epoca

Un mercatino vintage, con pezzi curiosi tra cui scovare l'oggetto che non può mancare nella vostra collezione. Mappamondi, jukebox, ghiacciaie e arredi: un giretto ogni tanto va proprio fatto per assicurarsi quell'inutilità tanto imprescindibile quanto bella. 9

CALÙ BISTROT GASTRONOMIA

Via Cesariano, 8
tel 02 87234833
lun/sab 11.00 - 15.00
e 18.00 - 22.00
www.calubistrot.it

Una splendida giornata di sole

Mettete una splendida giornata di sole. Mettete che non lavoriate o che, miracolosamente e solo per una volta, bel tempo e weekend coincidano (eddai, dovrà pur succedere, non fosse che per questioni statistiche). Che ne dite di un bel picnic in città? Decidete il giorno e l'ora, al resto pensa Calù. Couscous, tramezzini, un bicchiere di vino e torte, tutto in confezioni d'asporto, e il gioco è fatto. E a due passi dal parco Sempione. 10

HUA CHENG

Via Giordano Bruno, 13
tel 02 3451613
tutti i giorni orario continuato

China style

Siamo o non siamo nella Chinatown milanese? E allora non possiamo esimerci dal fornirvi un indirizzo autenticamente cinese, ma di quelli veri, «dove vanno solo i cinesi». Ecco una vera e ruspante (veramente ruspante) trattoria cinese, dove farsi consigliare perché alcuni piatti non saprete di sicuro nemmeno come si pronunciano. Se volete saperne di più sull'immenso patrimonio culinario della Cina, questo è il posto giusto. Fighetti milanesi astenersi: non è posto che fa per voi! 11

PISCO

Via Bertani, 16
tel 02 33605057
lun/dom 12.00 - 15.00
e 19.00 - 24.00
www.piscomilano.com

Come in costiera

Anche a noi milanesi piace rilassarci! Come, non ci credete? Allora entrate in questo angolo di amalfitanità, con l'arredamento tipico della costiera e i piatti che sanno di mare e sole. E lasciatevi trasportare nel mood tipico di Sorrento e dintorni, dimenticatevi del mondo convulso là fuori e datevi da fare nella scelta (non facile, a dire il vero!) dei piatti del menu. Non manca nemmeno il bancone frigorifero del pesce fresco: ed è subito amarcord. 12

CI PENSO IO

Via Sarpi, 58
tel 339 4208157
mar/dom 12.00 - 14.30
e 18.00 - 22.00
www.cipensoio.biz

Lombardia golosa alla riscossa

Pensate che la Lombardia non sia una regione ricca di delizie enogastronomiche? Vi sbagliate! Tra salumi e formaggi e vini del vicino Oltrepò, si può davvero mangiar bene e in questa piccola ma deliziosa bottega l'hanno capito. E per questo ci propongono tutto in degustazione ma anche d'asporto, per una serata da godersi sul posto o da procrastinare fino a casa. (Non hanno solo prodotti lombardi, eh? Amici di altre regioni troverete quel che più vi si confà). 13

COREY'S SOUL CHICKEN

Via Sarpi, 53
tel 02 84212963
mar/dom 11.30 - 15.00
e 19.00 - 22.00
ven/sab 19.00 - 23.00
www.coreyssoulchicken.com

Pollo sì, purché sia ben fritto

Manu, Anna e io abbiamo tante passioni in comune. Una di queste è la cucina in tutte le sue varianti: guardata, letta, preparata, soprattutto degustata. Ma qualche volta, anche noi, stremate dalla quotidianità e dalla stanchezza che la accompagna, cediamo volentieri a un takeaway. Benedetti siano gli inglesi che hanno inventato ed esportato questo concept! Un po' stanche di pizza, kebab, giappocinese e hamburger abbiamo scovato un posto veramente buono: Corey's Soul Chiken. La ricetta del pollo fritto, Corey l'ha rubata alla nonna, ovviamente originaria del Kentucky. Pollo fritto, ali e petti, con squisiti contorni tipici. 14

AROMANDO BISTROT

Via Moscati, 13
tel 02 36744172
mar 19.30 - 24.00
mer/dom 12.00 - 15.00
e 19.30 - 24.00

La domenica dalla nonna

Stufe del solito brunch? Volete mettere una bella domenica in puro stile italiano, nel salotto buono della nonna, quello con le vecchie credenze e i tavoli di fòrmica anni Cinquanta? Ambiente famigliare, piccoli bouquet di erbe aromatiche come centrotavola, piatti della tradizione scelti nel ricco ricettario di famiglia, tra cui immancabili spiccano i cappelletti, la gallina lessa, e una classicissima torta da forno. Aromando è subito stato eletto nostra «nonna» preferita, tanto da far diventare questo ristorante il luogo di riferimento per le giornate di festa, e per qualche capatina settimanale, quando si fanno sentire prepotenti il bisogno di una coccola e di un abbraccio speciale. 15

MU ITALIAN FINEST BURGER

Via Sarpi, 63
tel 02 36580240
mar/dom 12.00 - 15.30
e 19.30 - 23.30
www.muburger.it

Sorridere dell'hamburger
I presupposti di questo locale ci hanno subito conquistate, perché si propongono di essere tutto quello che da tempo andiamo cercando: mettono al centro il cliente, fanno in modo di accontentare tutti, anche chi ha delle intolleranze e non può godersi tutto, si propongono di arrivare alla sostenibilità e scelgono con cura le materie prime. E allora perché non provare anche questo hamburger? Ma non senza aver dato prima un'occhiata al sito, in cui si capisce fin da subito quanto questi ragazzi abbiano voglia di prendersi in giro, e di ridere con noi. Nota di merito, non da poco, in una città in cui tanti si prendono fin troppo sul serio. 16

PERSÉ

Via Bertani, 16
(angolo Via Melzi d'Eril)
tel 02 39465755
mar/dom 12.30 - 15.00
e 19.30 - 23.00
chiuso domenica a pranzo e lunedì
www.persemilano.it

Déjeuner sur l'herbe
Due fratelli e un bel sogno: miscelate bene e il risultato è un locale dove gustare un'ottima cucina in una zona altrimenti povera di occasioni gastronomicamente rilevanti. Si chiama Persé e ha una vetrina che guarda l'Arco della Pace. Dribblate abilmente i tanti tavolini dei bar modaioli e andateli a trovare una delle prossime sere, per una cena lontana dal clamore e dalla movida meneghini ma vicina al cuore e all'essenza del buon cibo e del buon vino. 17

CANTINE ISOLA

Via Sarpi, 30
tel 02 3315249
lun 12.00 - 15.00 e 21.00 - 22.00
mar 11.00 - 12.00 e 19.00 - 22.00
mer 12.00 - 2.00
gio 19.00 - 24.00
ven/sab 12.00 - 1.00
dom 9.00 - 24.00

Wine bar classicone
Insomma, se siete mai stati in questa zona, siete sicuramente passati da qui: vera e propria istituzione milanese, che ha dissetato genera-

zioni di cittadini e ha dato asilo a stuoli di giovani e non alla ricerca di ristoro e di chiacchiere. Bottiglie e foglietti sono la tappezzeria naturale di un locale che è alla moda pur non essendolo, anzi, pur evitando come la peste qualsiasi deriva trendy. E a noi piace proprio per questo! 18

HÅLLBAR

Via Sarpi, 60
tel 02 87034681
lun 7.30 - 16.00
mar/sab 7.00 - 21.00
www.hallbar.it

Parola d'ordine: sostenibilità
Hållbar in svedese significa «sostenibile»: e questo cercano di fare qui, in un locale dove i materiali sono scelti con attenzione e rigore per le loro caratteristiche di basso impatto ambientale. E la cucina si fonda sulla filosofia del km 0. A pranzo una selezione di cinque piatti viene comunicata ogni giorno attraverso il sito e i social: sono disponibili in negozio ma anche d'asporto. E poi c'è l'aperitivo, sempre concepito secondo i criteri di cui sopra, e ogni tanto anche la cena e qualche serata a tema che scoprirete sempre stando ben attenti ai loro media digitali. 19

CAFFÈ MOCA

Via Cesariano, 8
tel 348 3520969
lun/sab 6.30 - 20.00
dom 7.30 - 16.00

Bimbi, merenda!
Monica e Carla sono perfette: e i bimbi si fanno portare qui appena finita la scuola per gustare la merenda più speciale e coccolosa del mondo. Minuscolo ma pieno di carattere, questo caffè è il punto di riferimento per chi cerca un'atmosfera un po' speciale e quel tocco di cultura che non guasta, grazie all'angolo dedicato ai giornali e alla lodevole pratica del bookcrossing. E se c'è bel tempo, tutti nei tavolini all'esterno, che fa subito «non siamo a Milano»! 20

PRESSO

Via Sarpi, 60
tel 02 84172700
lun/dom 8.00 - 2.00
www.presso.it

Kook sharing – Casa in «affitto»
Un luogo di cui non pensavamo ci fosse bisogno, e che invece ha avuto un grande successo, soprattutto tra gli emuli di *Masterchef* e affini. In questa location davvero curata, elegante e ipertecnologica potrete organizzare le vostre cene/feste, cucinando davanti ai vostri ospiti e servendoli poi nelle belle sale attigue. Se il vostro soggior-

no è l'equivalente di una scatola di sardine, e i vostri amici sono tanti, questo «surrogato» di casa è davvero l'ideale. C'è persino una sala cinema dove gustarsi popcorn e l'ultimo capolavoro in pellicola. Naturalmente se vi volete limitare all'invito, a cucinare ci pensano loro. Nota positiva: prezzi contenuti per l'offerta. 21

{BUONI PRODOTTI}

PASTICHÉRIE

Via Canonica, 72
tel 02 34930098
lun/dom 7.30 - 19.30
www.pasticheri.it

La piccola Parigi di Chinatown
Quando volete rappacificarvi col mondo fate come Anna: concedetevi uno sfizio, regalatevi una coccola, e non pensate alle conseguenze. Questo è il posto perfetto per questa bella pratica di stile di vita: una bomboniera tutta zucchero e farina, dove lasciarsi trasportare in un luogo magico dove tutto sembra essere buonissimo. E sicuramente qui lo è, con i pasticceri col cappellone bianco che si muovono sicuri nel bel laboratorio a vista, dal quale iniziare il sogno a occhi aperti e scegliere quel che più vi va. Per poi spostare lo sguardo sul piccolo ma ben fornito bancone con le torte a vista, tutte supergolose. Si dice che il capo pasticcere sia stato allievo di Ernst Knam, e se vi serviva una certezza in materia, questa lo è. 22

PASTIFICIO BERTONI

Via Cesariano, 9
tel 02 33608424
lun 8.00 - 13.00
mar/sab 8.00 - 13.00
e 16.30 - 19.30
www.pastificiobertoni.it

Risolvi la serata!
Noi ci compriamo soprattutto le lasagne ma l'intera gamma di proposte è ottima e farete un figurone invitando gli amici a casa spacciando il tutto per vostre creazioni. Potete addirittura portare le vostre pirofile da riempire, così che lo scherzo riesca meglio e nessuno possa sospettare della vostra buona fede! Noi certo non faremo le spie, visto che spessissimo ci riforniamo qui e usiamo la stessa tecnica, finora mai scoperta. Pasta fresca, anche ripiena, prodotti da forno, dolci: se vi organizzate per tempo il menu è garantito e la freschezza anche. 23

KATHAY

Via Rosmini, 11
tel 02 33105368
lun/sab 9.30 - 19.30
www.kathay.it

Il mondo a disposizione
Amanti della cucina etnica, la vostra mecca è qui! Per tutti gli appassionati di thay, noodles, sushi, involtini primavera e chi più ne ha più ne metta… questo supermercato offre prodotti alimentari di ogni provenienza e credo enogastronomico del Sol Levante e dintorni. Noi ci andiamo per rifornirci di bacche di Goji e di salsa di soia, che qui è davvero diversa da quella canonica che si trova in giro. E quando abbiamo il desiderio di realizzare una cenetta inconsueta ci lasciamo trasportare, perché l'ispirazione qui proprio non manca! Mai provata l'infusione al crisantemo? Ebbene sì, c'è anche quella ed è tra i bestseller! 24

MACELLERIA SIRTORI

Via Sarpi, 27
tel 02 342482
mar/sab 8.30 - 13.00
e 16.00 - 19.30
www.muuu.it

A tutta carne!
La nostra amica Cristina passerebbe ore in questa macelleria rara come i buoni fornitori. Sanno consigliarvi, raccontarvi le ricette ma soprattutto vi propongono il meglio che il mondo carnivoro può offrire. Nessun dubbio: buttatevi a capofitto nell'apprendimento e diventerete in breve le loro migliori clienti, perché, come dicono tutti i grandi chef, il gusto di un piatto parte sempre da una materia prima eccellente. E qui c'è! 25

{TEMPO LIBERO}

BIBLIOTECA PARCO SEMPIONE

Via Cervantes
(zona Montetordo)
tel 02 88465812
mar e gio 9.30 - 14.30
mer e ven 14.00 - 19.00
sab 10.30 - 18.30
chiuso lunedì e festivi
biblioparco.blogspot.it

Una casetta nel bosco
Se siete abituati a una biblioteca standard, non capirete subito che anche questa, a suo modo, lo è. Progettata dagli architetti Ico Parisi e Silvio Longhi nel 1954, ha una forma molto particolare e un design essenziale ma curatissimo, realizzata in cemento e vetro per lasciare un'ampia visuale sia dall'interno che dall'esterno.

Da più parti viene definita come «una casetta nel bosco», ed è proprio quello che ci ricorda quando andiamo. 26

{DORMIRE}

ART AND BOOKS BED AND BREAKFAST

Via Messina, 8
tel 02 3495460
anb.house

Camere con attenzioni
Una vera e propria casa dove ritrovare serenità e pace dopo una visita alla città. Tante piccole attenzioni rendono questo b&b una bella soluzione per chi vuole trovare una stanza perfetta per rilassarsi, leggere, scrivere, guardare un film, lavorare usando la connessione WiFi. 27

ADORABILE

Via Bramante, 14
tel 392 7398826
www.adorabile.it

100% di adorabilità
Il nome perfetto per definirlo l'hanno trovato loro stessi: questo posto è davvero adorabile e vi offre uno splendido sguardo sulla città. Calore, condivisione, quel tocco di design e stile che a Milano proprio non può mancare per qualche notte di relax e charme. Tra gli anni Trenta e la contemporaneità, questo piccolo b&b vi coccolerà fin dal vostro arrivo, soddisfando sia chi è in viaggio per affari sia il turista esigente. In ogni stanza c'è una storia milanese. Il piacere per la buona tavola, evocato dallo Zafràn (zafferano); l'amore per la natura, citato dagli Usèi (uccelli); il gusto per lo spettacolo di cui la Scala è il must per eccellenza, celebrato dai Palchìtt (palchi); il fascino per le cose semplici che si vendono nei mercati, di cui il più famoso a Milano è stato il Verzée (Verziere). È molto di più di un bed&breakfast: è un'esperienza per gli occhi e per il palato. 28

{COL NASO IN SU}

I BAGNI MISTERIOSI

www.triennale.org/it/visita/parco

Nei giardini della Triennale tantissime le opere che val la pena fermarsi ad ammirare: tra queste, a noi piace particolarmente il gruppo scultoreo dei Bagni Misteriosi, realizzato da Giorgio de Chirico per la XV Triennale di Milano nel 1973. Si tratta di una vasca all'interno della quale emergono due nuotatori, un trampolino, una palla, una cabina, un cigno, un pesce e una fonte. (A)

TORRE BRANCA

Viale Alemagna
www.triennale.org/it/visita/parco

Soffrite di vertigini? Allora meglio lasciar perdere. Per tutti gli altri salire su questa torre, realizzata nel 1933 con tubi dell'acciaieria Dalmine su progetto di Gio Ponti, è un'esperienza da fare. Se c'è vento vi sembrerà di essere su un albero, in balìa degli elementi, se c'è il sole e il cielo è limpido godrete di un panorama unico. In ogni caso, salite all'imbrunire e state finché tutte le luci saranno accese. Meraviglia assoluta da quei 108,6 metri: Milan l'è on gran Milan. E da qui, nei giorni sereni, riuscirete ad ammirarla tutta. (B)

ARCO DELLA PACE

Piazza Sempione

Guardate l'Arco dalla fine di corso Sempione, magari al tramonto, magari mentre un tram sferragliante passa nella via pedonale costellata di locali. È lì, in tutto il suo immobile splendore, che capirete l'essenza della città di Milano: imponente, con i piedi ben piantati per terra e l'ambizione a crescere fino al cielo. E poi raggiungete l'Arco, e guardatelo più da vicino: da lì scoprirete tutto il resto, comprese le personificazioni dei fiumi del Lombardo-Veneto, Po, Ticino, Adda e Tagliamento. (C)

{LE CLASSIFICHE DI MILANOSECRETS}

LE SPA PER COCCOLARSI

Terme di Milano, *Piazzale Medaglie d'Oro, 2 (angolo Via Filippetti)*
Bulgari Spa, *Via Gabba, 7/b*
Calicanto Day Spa, *Via Mauri, 5*

I LOCALI CON MUSICA DAL VIVO

Tom, *Via Molino delle Armi (angolo Via della Chiusa)*
La Salumeria della Musica, *Via Pasinetti, 4*
Blue Note, *Via Borsieri, 37*
Le Scimmie, *Via A. Sforza, 49*
Carroponte, *Via Granelli, 1 (Sesto San Giovanni - MI)*
Circolo Magnolia, *Via Circonvallazione Idroscalo 41 (Segrate - MI)*

I CHIRINGUITI

Chiringuito Risorgimento, *Piazza Risorgimento, 9*
Chiringuito La Falena, *Piazza Mentana*
Bar Bianco, *Via Ibsen, 4*
Chiringuito San Siro, *Piazzale dello Sport*
Sergio e Efisio, *Corso Sempione, 32*

LE TERRAZZE CON VISTA

Ceresio 7
Terrazza Martini
Terrazza della Rinascente
Unico
Torre Branca di Gio Ponti alla Triennale

Tra New York e la Bovisa
CENISIO

Che ne dite di una gita in una zona davvero fuori dalle solite rotte, anche di quelle più inusuali, alla ricerca della Milano tanto cara ai milanesi?

I milanesi del centro pensano che qui gli abitanti vadano ancora in giro con diligenza e cavalli, ma se non appartenete a quella schiera di persone mettete al bando la pigrizia e inoltratevi da queste parti.

Pronti, partenza, via: direzione Cenisio e dintorni. Una zona da esplorare, in cui troverete quell'aria da vecchio quartiere di periferia, intervallato da spazi polifunzionali e ipercontemporanei, tra Soho e il Meatpacking District.

Ebbene no, non stiamo esagerando:

seguendo le strade giuste qui scoverete gallerie d'arte, negozi dove trovare abiti particolari e locali perfetti per passare serate divertenti.

Siamo sicure che cercando con attenzione troverete anche voi quel che più vi piace.

Nel frattempo, lasciatevi guidare dalle nostre scoperte e, mentre siete in zona, infilatevi nelle vie laterali: le principali sono per chi non ha voglia di sperimentare, mentre le viuzze più insignificanti di solito nascondono segreti inaspettati.

{SHOPPING}

KAYU

Via Piero della Francesca, 6
tel 02 316132
lun 15.30 - 19.30
mar/sab 10.30 - 13.00
e 15.30 - 19.30
www.kayumilano.com

Non soltanto etnico
Un mix davvero ben assortito di stilisti internazionali caratterizzano questo negozio decisamente multisfaccettato, dove acquistare quel capo o accessorio, per voi o per la casa, che darà carattere a tutto il vostro stile. I bijoux turchi, i tessuti portoghesi, le ceramiche francesi e chi più ne ha più ne metta. Venite con calma, senza fretta, e lasciatevi guidare in questi mondi nuovi. 29

S.OGGETTI

Via Procaccini, 41
tel 02 89696083
lun/ven 10.00 - 18.00
SABATO SU APPUNTAMENTO
www.soggettimilano.it

Piccolo mondo antico
La credenza della nonna non la volete più? La potete portare da S.Oggetti! Ma occhio, perché una volta lì correte il rischio di innamorarvi follemente di un'altra credenza, di un'altra nonna che non è la vostra. Qui è tutto vintage: arredi, lampade e oggetti, sedie e scrivanie, tende e tessuti. Vi serve fare bella figura per una sera o avete intenzione di girare un film sulla vostra vita? Qui noleggiano anche, così potrete ricostruire la vostra casa d'infanzia con arredi d'antan per servizi fotografici, filmati pubblicitari e per il film di cui sarete registe. 30

RICARICA

Via Canonica, 91
tel 340 3439133
lun/ven 9.30 - 13.00
e 15.30 - 19.00
sab 10.00 - 13.00
e 15.30 - 19.00

RICARICAtevi!
L'unica ricarica che conoscete è quella per il cellulare? Conoscete l'arte del riciclo solo se a riciclare è qualcuno che indossa per la seconda volta uno dei vostri mille abiti stipati nell'armadio? Allora bisogna proprio che andiate alla scoperta di questo negozietto, che sembra una bottega dei tempi andati, ma con un design e una filosofia molto attuale, e un occhio all'ambiente che fa subito green. L'imperativo categorico è semplice: eliminando gli imballaggi, il risultato cambia per il mondo. Ed ecco allora i detersivi vegetali da acquistare alla spina. 31

ATLANTIDE ANIMALI

Via Lomazzo, 39
tel 02 33103630
lun 15.30 - 19.30
mar/sab 9.30 - 12.30
e 15.30 - 19.30
www.atlantideanimali.it

Non è una borsa, ma è rettile
Sentite l'assoluta e impellente necessità che il vostro salotto abbia un brivido animale? Allora recatevi a passo deciso in questo negozio. Oltre ai consueti cani e gatti, canarini e amenità faunistiche varie, potrete scegliere i vostri rettili da salotto preferiti. Sì, avete capito bene: qui vendono anche quelli. E chi siamo noi per non raccontarvi anche questa bizzarria milanese? 32

METROPOLIS DUE

Via Procaccini, 7
tel 02 3490110
lun 15.00 - 19.00
mar/sab 10.00 - 19.00
www.metropolisdue.it

Portatelo al vinile
Chi di voi non ha avuto un fidanzato appassionato di vinili? Moltissimi uomini sono amanti del genere, e vanno in deliquio ogni volta che trovano la prima edizione di quell'album che ha segnato inesorabilmente la loro adolescenza. Portateli qui, e lasciateceli: voi potrete andare a fare altro! 33

{MANGIARE/BERE}

IL GUSTO DI VIRDIS

Via Piero della Francesca, 38
tel 02 33607093
mar/sab 10.00 - 14.00
e 17.00 - 22.30
www.facebook.com/
ilgustodivirdis

Calciatore alcolico
Pietro-Paolo-Virdis! Ooooooooooohhhhhhhh!!!! Curva in delirio nel sentire il nome dello storico bomber: già, perché soltanto il nome rievoca la sua straordinaria carriera di calciatore e ricorda ai tifosi, e non solo, il momento di massimo splendore del bel calcio italiano. E ora? Adesso Virdis lo si può applaudire comunque, nel suo ristorantino-enoteca, dove gustare stuzzicanti proposte accompagnate da un buon vino e incontrare la storia del calcio in persona. Un banco, una decina di coperti o poco più, un ambiente tranquillo e rilassato: che cosa c'è di meglio per chiudere una giornata di lavoro o per un pranzo di lavoro o di piacere? Noi quando andiamo non ci perdiamo mai il «bomber pestato». 34

IYO

Via Piero della Francesca, 74
tel 02 45476898
mar/dom 12.30 - 14.30
e 19.30 - 23.30
www.iyo.it

Certezze nipponiche
Da quando ha preso la sua prima stella Michelin nel 2015, questo ristorante dai toni giapponesi e dalle consistenze italiane è il posto perfetto per una cena di tono, nella quale fare sfoggio della vostra cultura in ambito jap. Ambiente di livello, cucina splendida, chef a vista che raccontano la storia del Giappone con prodotti della nostra terra. Insomma, garanzia di successo sia con gli amici che con il fidanzato di turno. 35

BON WEI

Via Castelvetro, 16/18
tel 02 341308
lun 19.00 - 23.30
mar/dom 12.00 - 14.30
e 19.00 - 23.30
www.bon-wei.it

Alta cucina cinese
Sì, se vi volete lavare le mani dovrete mettervi in vetrina. Il dettaglio fashion fa parte dell'idea cool&design che caratterizza il locale, un cinese-fusion dal nome evocativo: Bon Wei ovvero «buon gusto». Tre termini inglesi come questi nella stessa frase vi fanno trasalire? Non spaventatevi! Il locale non è solo chiacchiere e distintivo, anzi! Al bello dell'estetica corrisponde un buono in cucina, da dove provengono le delizie della tradizione cinese mixate sapientemente e presentate con cura. Luci soffuse, atmosfera newyorkese, clientela attenta ai dettagli e proposte che colpiscono per leggerezza, creatività e piacevolezza. 36

CERESIO 7

Via Ceresio, 7
tel 02 31039221
lun/dom 12.30 - 15.00
e 19.30 - 23.00
AMERICAN BAR 12.30 - 1.00
www.ceresio7.com

Milano (gustosa) dall'alto
Siamo state molto combattute se segnalarvi questo indirizzo… non avevate certo bisogno di noi per scovarlo. È recensito ovunque e tutti ne parlano. Ma quando l'altra sera ci siamo state per l'aperitivo abbiamo deciso che ne valeva la pena. Lo sguardo corre libero dalle due terrazze sempre aperte, anche nel rigido inverno milanese. La vista toglie il fiato: uno scorcio meraviglioso sulla nostra città, dal vecchio e maltrattato Cimitero Monumentale a tutta la nuova area dei grattacieli di Porta Garibaldi. Insomma, un must per un turista a Milano per pochi giorni. 37

MYTHOS

Via Quadrio, 23
tel 02 29001851
mar/sab 12.30 - 15.00
e 18.30 - 23.00
dom 18.30 - 23.00
www.hellenicmythos.com

Il mio grosso grasso bistrot greco
Mythos è mitico, nel senso greco del termine: una piccola rosticceria che ci riporta alle omeriche sponde per un pranzo veloce che ci ricorda l'estate e le spiagge delle Cicladi. Si può mangiare lì o approfittare del servizio takeaway, che si trasforma in delivery se abitate nei dintorni. Il gyros pita è buonissimo e per deliziarvi dopo cotanto sapore non perdetevi la piccola confezione di yogurt miele e noci o amarene. 38

DELICATESSEN

Via Lomazzo, 67
tel 02 34934905
mar/dom 12.00 - 14.45
e 19.00 - 24.00
www.rifugiodelicatessen.com

Sapori di montagna, il gusto ci guadagna
Quando non ci si può trattenere dal desiderio di un'atmosfera da rifugio alpino, questo è sicuramente il posto giusto: un angolo dell'Alto Adige trasportato a Milano, dove assaporare tutto quel che fa montagna. Noi adoriamo i loro bretzel e le farine, i mille semini da mettere nello yogurt, ma anche il pane fatto da loro, di tutte le forme e dimensioni. E poi ci sarebbero anche le birre, lo speck, i rösti e i formaggi di malga. 39

{BUONI PRODOTTI}

IL VINAIO

Via Mussi, 11
tel 02 347908
lun/sab 9.00 - 13.00
e 16.00 - 20.00

Segreti da non svelare!
Insomma, l'avete capito o no che pretendiamo che ne sappiate di vino? Una milanese che si rispetti è una perfetta padrona di casa, e tra le sue mille incombenze sa scegliere anche il vino più adatto a ciò che cucinerà. Pensate che lo sappia perché ha fatto i tre corsi per diventare sommelier professionista? Assolutamente no. Lo sa perché prima di qualunque cena di tono passa da qui e si fa consigliare, recitando il menu e imparando per bene le caratteristiche di ciascun vino che le viene proposto. 40

IL MASSIMO DEL GELATO

Via Castelvetro, 18
tel 02 3494943
mar/dom 12.00 - 23.00

Cioccolato al Massimo!
D'estate sul marciapiede davanti a questa gelateria c'è il pienone. Facce felici leccano il loro cono, dai meravigliosi gusti. Noi ci veniamo per i suoi sette tipi di gelato al cioccolato, che rimangono in assoluto una delle esperienze gastronomiche più goduriose in città. Le cassette di frutta che vedete nel locale garantiscono una proposta stagionale e sempre molto attenta alla qualità. 41

TORREFAZIONE HODEIDAH

Via Piero della Francesca, 8
tel 02 342472
lun/sab 7.00 - 19.30
www.hodeidah.it

Seducente, nero e tostato
Il profumo di caffè appena tostato è una meraviglia che risveglia i sensi. Anche solo per questo vale la pena venire qui e aspirare a pieni polmoni, e naturalmente anche a pieno palato, questa delizia scura e bollente. Miscele selezionate da gustare sul posto e da portare a casa, e anche una elegante selezione di tè e biscotti. 42

{TEMPO LIBERO}

GALLERIA LIA RUMMA

Via Stilicone, 19
tel 02 29000101
mar/sab 11.00 - 13.30
e 14.30 - 19.00
LUNEDÌ SU APPUNTAMENTO
www.liarumma.it

Come a NYC
Avete mai avuto la sensazione di trovarvi a New York stando a Milano? No? Forse allora non siete mai state in questa galleria! Un cubo dalle dimensioni grandissime e dalla luce incredibile. Quattro piani espositivi illuminati da ampie vetrate. Ospita i maggiori artisti del panorama mondiale, così, tanto per farvi capire com'è questo posto e perché dovete assolutamente iniziare a frequentarlo. 43

GALLERIA PEEP-HOLE

Via Stilicone, 10
tel 345 0774884 - 02 87067410
mer/sab 14.30 - 19.00
www.peep-hole.org

Project space
Guardate dallo spioncino (questo significa il nome della galleria!) e

scoprirete un mondo d'arte dove l'avanguardia viene messa in scena con esposizioni ma anche con reading, eventi e performance vari in cui la cultura è protagonista. 44

FONDERIA ARTISTICA BATTAGLIA

Via Stilicone, 10
02 341071
FONDERIA lun/ven
8.00 - 12.00 e 13.00 - 17.00
MUSEO lun/ven
9.30 - 13.00 e 14.00 - 17.00
SU APPUNTAMENTO
www.fonderiabattaglia.com

Mi faccio il monumento!
Avete sempre desiderato una scultura bronzea? Volete farvi fare un busto da mettere nel salotto di casa? Ecco dove potete farveli realizzare! Fondata nel 1913, questa è l'unica fonderia artistica esistente a Milano, e produce sculture in bronzo con la tecnica della fusione a cera persa, con un processo artigianale affascinante e perlopiù sconosciuto alla maggior parte delle persone: va dalla realizzazione del positivo in cera, ovvero l'esatta copia del modello, alla colata del bronzo che costituirà la scultura finita. Non presentatevi senza appuntamento: qui si lavora!!! 45

FABBRICA DEL VAPORE

Via Procaccini, 4
tel 02 88464132
www.fabbricadelvapore.org

Poliedrica
Dire che cos'è la Fabbrica del Vapore è come trovare la formula per la felicità: possiamo provarci, ma non è detto che ci si riesca. Anche perché, oggi è così, ma domani chissà? Nel 1899 fu fondata in quest'area di fronte al Cimitero Monumentale la Ditta Carminati, Toselli & C., dedita alla «costruzione, riparazione, vendita di materiale mobile e fisso per ferrovie, tramvie e affini». Dalle antiche vestigia, è nato questo spazio polifunzionale. La struttura è un ottimo esempio di archeologia industriale di fine Ottocento. È composta da circa 30.000 metri quadrati utilizzati per differenti proposte che si susseguono tutto l'anno: laboratori, mostre, esposizioni fotografiche, dibattiti e spettacoli, corsi ma anche intrattenimenti di vario genere. 46

{MERCATI}

VIA FAUCHÈ

mar 8.30 - 13.00
sab 8.30 - 17.30

Per una milanese doc, il giretto al mercato è una vera tradizione. E se il mercato è come ce lo si immagina – bello, ricco, colorato, allegro – e permette di trovare di tutto, è difficile resistergli. Specialmente se offre un ricco assortimento di vestiti firmati e vintage a prezzi contenuti, scarpe e accessori d'ogni tipo, che noi adoriamo scovare spulciando bancarella dopo bancarella. Anche i banchi di generi alimentari si sprecano, e troverete ogni ben di Dio per imbandire una cena con i fiocchi, senza bisogno di spadellare neanche un minuto. I migliori affari si fanno la mattina e pare che il martedì sia meno frequentato. 47

{DORMIRE}

GOGOL'OSTELLO

Via Chieti, 1
tel 02 36755522
www.gogolostello.it

Per stranieri, e non
Appassionati di letteratura russa, ecco il posto che abbiamo selezionato apposta per voi. Caffè letterario, luogo di incontro e scambio, hotel, location per eventi dei più vari. Spazio alle idee della città, come ama definirlo Asli, l'eclettica proprietaria di uno dei punti focali per gli stranieri in visita in città. 48

TOWN HOUSE 12

Piazza Gerusalemme, 12
tel 02 89078511
www.townhouse.it

Contemporaneo
Clientela business e accuratezza nel servizio, per un hotel che è un classico contemporaneo e offre ai visitatori un bel punto d'appoggio, comodo e accogliente. Se vi serve la tecnologia, questo posto fa proprio per voi. 49

{COL NASO IN SU}

DEPOSITO DEI TRAM

Via Messina, 41
tel 02 48039533
visita su appuntamento

Architettura post-industriale per un luogo simbolo della Milano che fu: affascinante visitare questo hangar di ferro, vetro e cotto, datato 1912. Se avete bimbi (o compagni!) appassionati di mezzi di locomozione non potete non portarceli. Fior di architetti e costruttori vengono da tutto il mondo per ammirare quest'opera, che per noi è invece – solo ma non solo – un bel modo di guardare Milano da un insolito punto di vista. D

CIMITERO MONUMENTALE
ASSOCIAZIONE AMICI DEL MONUMENTALE

Piazzale Cimitero Monumentale
tel 02 88465600
mar/dom 8.00 - 18.00
www.amicidelmonumentale.org

Sì, ci si può appassionare a una città anche visitando il suo cimitero. Che a Milano si chiama Monumentale mica per caso, visto che è un vero e proprio museo a cielo aperto, con tombe e monumenti che lasciano a bocca aperta! Per visitarlo fatevi accompagnare da chi lo conosce bene, come i membri dell'Associazione Amici del Monumentale. E

VILLA SIMONETTA

Via Stilicone, 36
tel 02 971524

Una chicca nascosta e poco conosciuta, sede della Civica scuola di Musica «Claudio Abbado». È una villa patrizia rinascimentale costruita alla fine del XV secolo per Ludovico il Moro. Passata più volte di mano, adibita a usi diversi, mutilata dalla ferrovia e devastata dai bombardamenti della seconda guerra mondiale, è riuscita a conservare la fronte principale con ampio portico e due ordini di logge architravate. L'edificio ai tempi suscitava curiosità per il suo famoso eco che ripeteva 56 volte i suoni emessi dal giardino verso la facciata posteriore, della quale rimane testimonianza solo nelle pagine di chi la sperimentò come per esempio lo scrittore francese Stendhal. F

{SUSHI ALLA MILANESE}

Il sushi, per la milanese che si rispetti, è l'equivalente del risotto, ormai. Da almeno quindici anni il piatto di pesce e riso alla giapponese è diventato a buon diritto un classico intramontabile di tutta la proposta gastronomica cittadina. Se non sapete usare le bacchette, se non apprezzate la salsa di soia, se non bevete sakè, sarete out per la città gastronomica che conta.

Il sushi è moda, ma per alcuni è quasi religione, e accanto ai mille cinesi finti giapponesi, e ai takeaway che sorgono a ogni angolo, poter gustare un piatto *comme il faut* è ormai sempre più complicato. Ma anche trovando un luogo idoneo, sareste in grado di affrontare la prova come si deve?

Ecco le regole base.

Forchetta abolita. Chiaro? Non c'è nemmeno bisogno che ve lo spieghiamo. Bacchette, o al massimo, per gli imbranati, dita.

Il wasabi (sì, quella pasta verde acido) è MOLTO piccante. Non si mangia a cucchiaiate, non si stempera nella salsa di soia, ma si stende sul pesce in modicissima quantità.

Lo zenzero (quei petali bianco-giallo lattiginosi) non è una decorazione, serve per pulire la bocca tra un pesce e l'altro. Prima mangiate tutto il sushi di un tipo, poi, prima di passare a un altro, mangiate una fettina di zenzero. Capito?

La salsa di soia è detestata dalla maggior parte degli chef giapponesi, quelli più integralisti non ve la portano nemmeno al tavolo. In ogni caso, se proprio la desiderate, non si dovrebbe «pucciare» il sushi dalla parte del riso, ma da quella del pesce!

Per cortesia: non tagliate la polpetta di riso in due, e se usate la soia non lasciate che dentro la ciotolina cadano chicchi di riso che galleggiano raminghi per tutta la cena. Appoggiate le bacchette sul portabacchette e nessuno si farà del male, ok?

Il sushi non si mangia da solo, e in Giappone non è l'unico piatto che compare nei menu, anzi! Lasciatevi tentare anche da altro, ma non sbagliate l'ordinazione. Per esempio: la zuppa di miso si mangia dopo, come una sorta di digestivo.

E adesso che sapete come si fa, dove andare a sfoggiare le vostre nuove competenze?

Per noi, allo **Zero**, per un'esperienza chic di gran gusto.

Da **Wicky's**, per assaporare il miglior pesce mai assaggiato prima.

Da **Sushi B**, da scegliere anche per piatti cucinati di gran livello.

Da **Poporoya**, per l'esperienza più simile all'autentica omologa in Giappone, come ci suggerisce l'amico filo-giapponese Marco Massarotto, che, se siete appassionati del genere, vi consigliamo di seguire con la sua associazione La Via del Sakè.

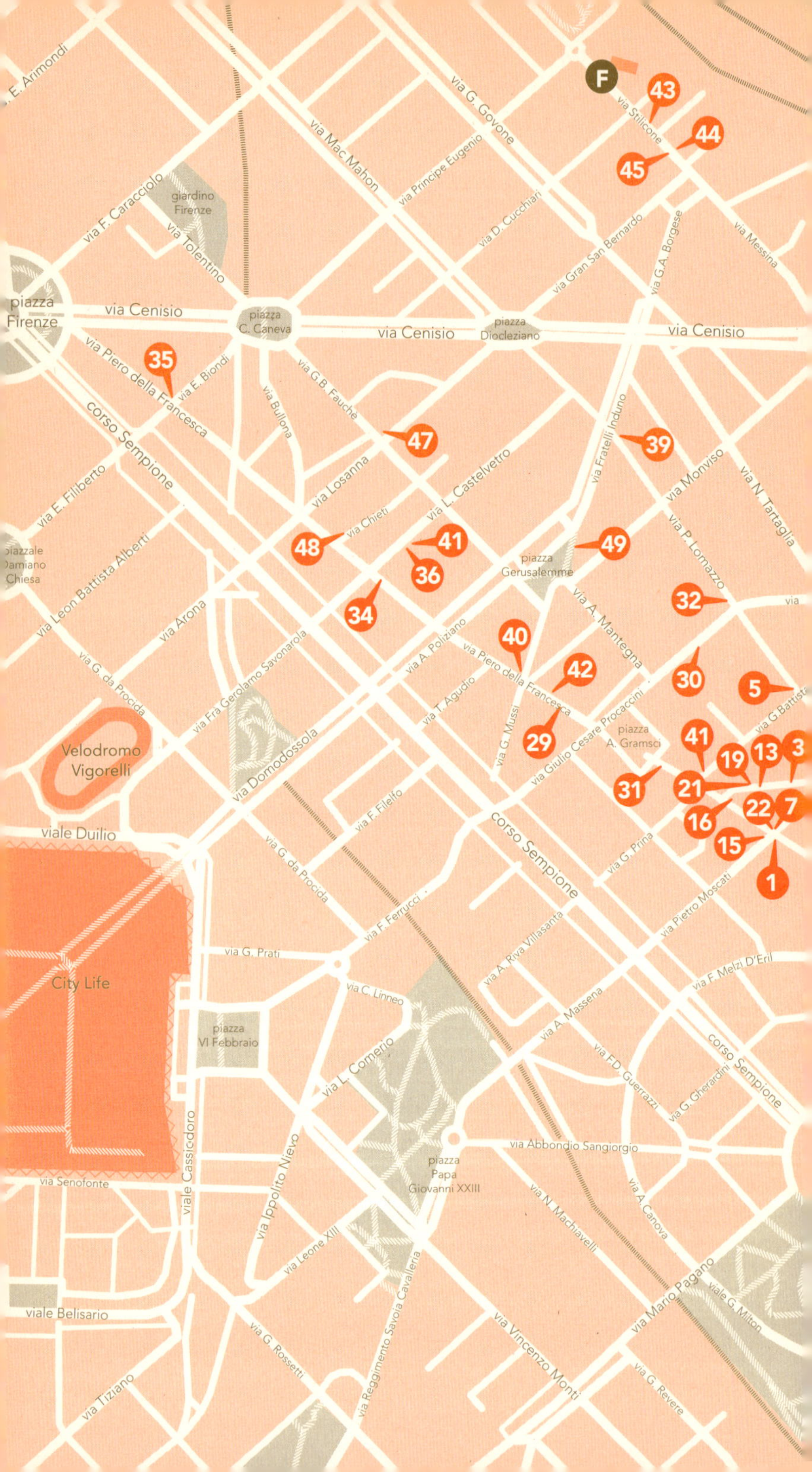

via E. Arimondi
F
43
44
45
via Stilicone
via G. Govone
via Mac Mahon
via Principe Eugenio
giardino Firenze
via F. Caracciolo
via Tolentino
via D. Cucchiari
via Gran San Bernardo
via G.A. Borgese
via Messina
piazza Firenze
via Cenisio
piazza C. Caneva
via Cenisio
piazza Diocleziano
via Cenisio
35
via Piero della Francesca
via E. Biondi
via Bullona
via G.B. Fauché
47
39
via Fratelli Induno
corso Sempione
via Losanna
via L. Castelvetro
via Monviso
via N. Tartaglia
via E. Filiberto
48
via Chieti
41
36
49
piazza Gerusalemme
via P. Lomazzo
piazzale Damiano Chiesa
via Leon Battista Alberti
via Arona
34
32
via
via A. Mantegna
40
via A. Poliziano
via Piero della Francesca
42
30
5
via G. da Procida
via Fra Gerolamo Savonarola
via T. Agudio
via G.Battista
29
via G. Mussi
via Giulio Cesare Procaccini
piazza A. Gramsci
41
13
3
19
Velodromo Vigorelli
via Domodossola
31
21
22
7
16
15
1
viale Duilio
via F. Filelfo
corso Sempione
via G. Prina
via G. da Procida
via F. Ferrucci
via Pietro Moscati
via G. Prati
via A. Riva Villasanta
via F. Melzi D'Eril
City Life
via C. Linneo
via A. Massena
piazza VI Febbraio
via L. Comerio
via F.D. Guerrazzi
corso Sempione
via G. Gherardini
viale Cassiodoro
via Abbondio Sangiorgio
piazza Papa Giovanni XXIII
via Senofonte
via Ippolito Nievo
via N. Machiavelli
via A. Canova
via Leone XIII
via Mario Pagano
viale G. Milton
viale Belisario
via G. Rossetti
via Reggimento Savoia Cavalleria
via Vincenzo Monti
via Tiziano
via G. Revere

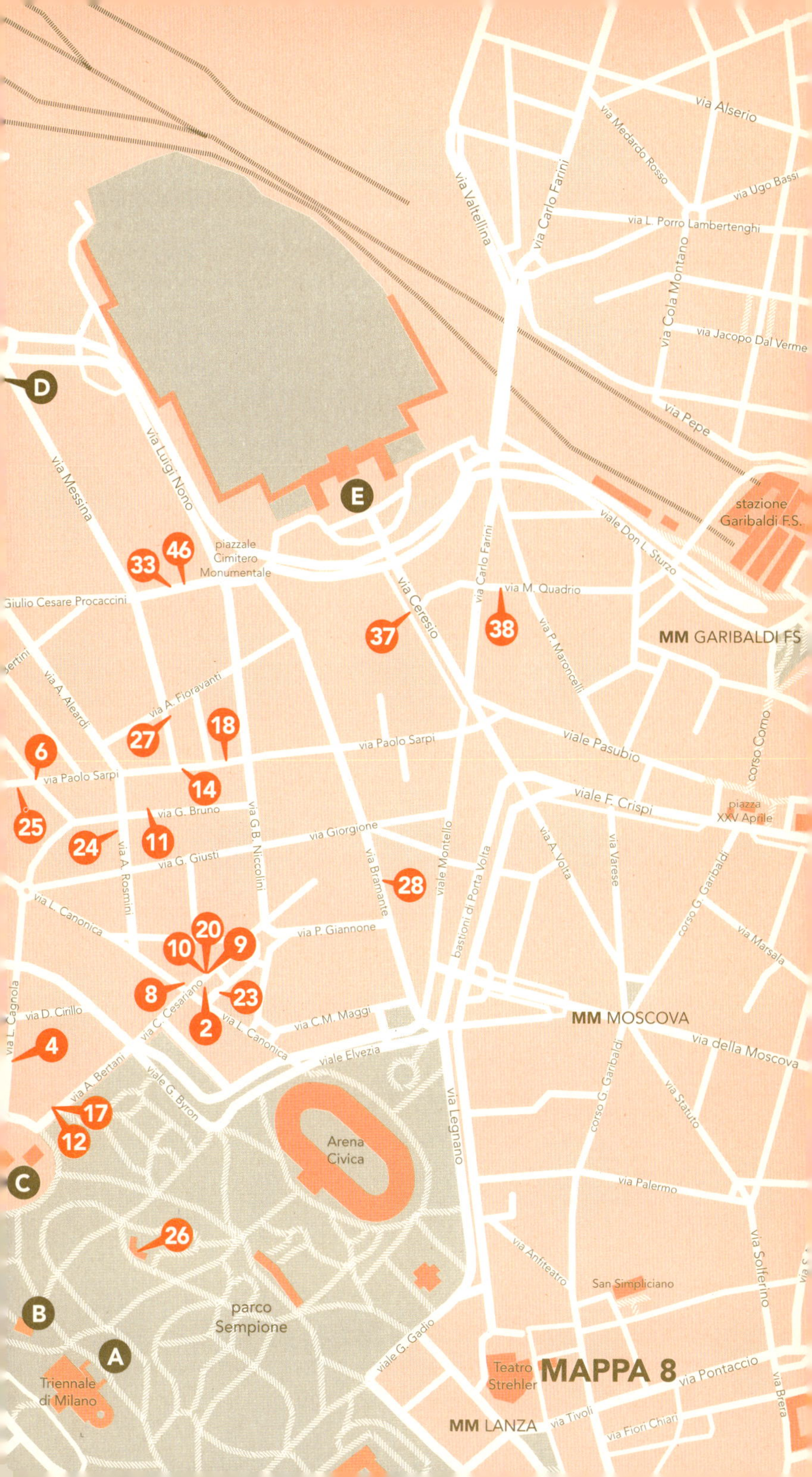
MAPPA 8
via Alserio
via Medardo Rosso
via Ugo Bassi
via Carlo Farini
via Valtellina
via L. Porro Lambertenghi
via Cola Montano
via Jacopo Dal Verme
via Pepe
stazione Garibaldi F.S.
viale Don L. Sturzo
via Luigi Nono
via Messina
piazzale Cimitero Monumentale
Giulio Cesare Procaccini
via Ceresio
via M. Quadrio
via P. Maroncelli
MM GARIBALDI FS
via A. Aleardi
via A. Fioravanti
via Paolo Sarpi
viale Pasubio
corso Como
viale F. Crispi
piazza XXV Aprile
via G. Bruno
via G.B. Niccolini
via Giorgione
via G. Giusti
via A. Rosmini
via Bramante
viale Montello
bastioni di Porta Volta
via A. Volta
via Varese
corso G. Garibaldi
via Marsala
via L. Canonica
via P. Giannone
via C. Cesariano
via C.M. Maggi
MM MOSCOVA
via della Moscova
via L. Cagnola
via D. Cirillo
viale Elvezia
via A. Bertani
viale G. Byron
via Legnano
via Statuto
Arena Civica
via Palermo
via Solferino
via Anfiteatro
San Simpliciano
parco Sempione
viale G. Gadio
Teatro Strehler
via Pontaccio
via Brera
MM LANZA
via Tivoli
via Fiori Chiari
Triennale di Milano
A
B
C
D
E
2
4
6
8
9
10
11
12
14
17
18
20
23
24
25
26
27
28
33
37
38
46

Milano casa e famiglia
WASHINGTON

Passeggiando qui vi sentirete un po' come a casa, perché è una zona classica, tradizionale, residenziale e ricca di negozi, che vi daranno subito l'idea di un quartiere che ha molto da offrire.

Infatti è così, e ci piace soprattutto nei pomeriggi d'inverno, durante la settimana, quando possiamo mescolarci agli autoctoni e gironzolare con calma, dedicandoci a un terapeutico *window-shopping*.

In più, se amate i pelosi a quattro zampe, qui troverete compagnia, perché è una delle zone preferite dagli amici degli animali, visti i tanti parchetti che la punteggiano.

Volete fare due chiacchiere con Sibilla?

Facile che la troviate nel suo amato largo Zandonai, che lei apprezza perché le sembra di essere in vacanza, tra la giostrina, i caffè all'aperto, i bar con i tavolini, i giornalai, l'assenza delle auto e la presenza dei bimbi in bicicletta.

Tra le villette di via Elba e il nuovo CityLife, è una zona da scoprire e riscoprire, dove sicuramente potrete fare ottimi affari.

{SHOPPING}

CIRCOLO MARRAS

Via Cola di Rienzo, 8
(*cortile interno*)
tel 02 89075002
mar/sab 10.00 - 19.00
www.antoniomarras.it

Idee in movimento

Immancabile. Indecifrabile. Indefinibile. Imbattibile. Incredibile. Anche immorale, a volte (quando strisciate la carta di credito, per esempio!) Per noi, all'unanimità, uno dei posti più cool di Milano, dove perdere la testa almeno una volta a stagione e regalarsi una cosetta che sarà il capo must sul quale far ruotare tutto il resto del guardaroba. Lo stilista sardo ha trovato in questo cortile un po' riparato la sua dimensione ideale, creando uno spazio davvero unico, e per una volta non usiamo questa parola «tanto per dire». Dovete passarci. Anche solo per respirare quella creatività travolgente che rende Antonio Marras uno dei più apprezzati stilisti mondiali. Perché questo non è uno showroom, ma un laboratorio di idee in movimento. 1

DOMITILLA LABORATORIO FLOREALE

Via Rasori, 7
tel 347 4704632
lun 14.30 - 18.30
mar/ven 9.30 - 14.30
www.domitillabaldeschi.it

Fioriti e felici

Quanto invidiamo (bonariamente, s'intende!) chi un giorno ha mollato tutto per inseguire il suo sogno? Ecco un'altra bellissima storia, di chi una sera, passeggiando su un tappeto di petali, ha deciso di buttarsi in una nuova avventura: prima partendo per Londra a studiare floral design con i più celebri artigiani britannici e poi aprendo il suo luogo del cuore, dove realizzare creazioni esclusive, per rendere più bella e profumata la vostra casa. 2

MARTINO &MAZZOLINI

Via Rasori, 8
tel 02 39400445
mar/gio/ven/sab 10.00 - 13.30
e 15.30 - 19.00
mer 10.00 - 13.00 e 15.30 - 19.00
www.martinoemazzolini.it

Quasi delle sculture

Impossibile non accorgersi di indossarli: i gioielli che troverete in questa bottega con laboratorio a vista sono pezzi importanti e ben strutturati, per dar risalto al materiale con il quale sono realizzati – quasi esclusivamente bronzo – e alle forme che assomigliano spesso a sculture. Artigianali e su misura, i gioielli ci vengono «affidati» per custodirli e per esprimere attraverso di loro il nostro essere. 3

DRESSAI

Via Stendhal, 71
(*cortile interno*)
tel 348 4818322
SU APPUNTAMENTO
www.dressai.com

Le più belle del reame
Cristiana ci ha subito colpite. Fin dalla prima volta in cui, miracolosamente tutte e tre, ci siamo accomodate nel suo atelier, abbiamo capito subito che lei sarebbe stata un nuovo pezzo determinante di *MilanoSecrets*. Sarà il suo innato buon gusto, sarà il suo sorriso contagioso. Saranno i suoi abiti perfetti per noi, e quel suo modo tutto speciale nel consigliarceli. Tutto questo, siamo sicure, colpirà anche voi. Perché Cristiana non vende abiti, ma realizza sogni, i vostri, vestendovi come mai avreste immaginato, facendovi scoprire una nuova identità o un nuovo modo di porvi agli altri. Trovate le sue proposte online, ma noi vi consigliamo di andare a trovarla e farvela amica: sarà un ottimo stylist, e il vostro look ne uscirà rinnovato. 4

IO E MEG

Via Sacco, 5
(angolo Via Marghera)
tel 02 4986310
lun 15.00 - 19.00
mar/ven 10.00 - 14.00
e 15.00 - 19.00
sab 10.00 - 13.00 e 15.30 - 19.00
www.ioemeg.com

Un po' Parigi, un po' Milano
Adoriamo entrambe le città, per noi simbolo indiscusso dello shopping più *charmant*. E allora non possiamo non adorare questo minuscolo negozietto dove troviamo di tutto un po': dagli abiti agli accessori fino ad arrivare ai piccoli gioielli. Per farsi un regalo o da regalare, un po' romantico e un po' francese, insomma un concept store in miniatura dove scoprire l'ultima chicca della quale ovviamente non potrete più fare senza. 5

COMME À LA MAISON

Via Giovio, 28
commealamaison.it

Mixare si deve
C'è qualcosa che ci piace di più dello stile francese? Sì, lo stile scandinavo o del Nord Europa in generale. O meglio, il giusto e sapiente mix di entrambi, perché alla linearità e al minimalismo nordico adoriamo abbinare le

piccole leziosità raffinate e tipicamente francesi. Detto, fatto: ecco qui un posticino dove hanno unito complementi di arredo per la montagna e la campagna in cui trovare questo mix assolutamente ben mescolato. Tutto da copiare. 6

ROBERTA TAJANI

Via Cuneo, 4
tel 02 84215968
lun 15.00 - 19.00
mar/sab 10.00 - 13.30
e 15.00 - 19.00
www.tajaniroberta.it

Portami sempre con te
E se diventassimo indimenticabili? E se, come per magia, potessimo stare sempre insieme alle persone che amiamo o avere loro sempre con noi? Be', fisicamente è impossibile, certo, ma con uno stratagemma il desiderio si può realizzare. E avere sempre con sé almeno l'immagine dei nostri affetti più cari non soltanto sarà fattibile ma anche tremendamente glamour. Bastano un po' di conchiglia australiana (la madreperla!) e la fantasia di Roberta Tajani, che imprime su questo materiale naturale l'immagine a cui siete più legate e la monta su gioielli unici nel significato e nella forma, da portare davvero sempre addosso. 7

W MILANO

Via Washington, 51
tel 02 87386401
mar/sab 10.00 - 19.30
www.wmilano.it

Tutto, ancora
Vintage? Ebbene, sì. Definibile? Ebbene, no. In questi duecento metri quadrati c'è di tutto, ben distribuito tra abbigliamento, mobili e suppellettili, oggetti utili e inutili, nazionali e internazionali. Si definiscono un concept store dedicato alla Casa alla Persona al Pianeta, tanto per non lasciar fuori niente e nessuno. Andateci: senza cercare nulla in particolare, e con la mente aperta alla possibilità di trovare ogni cosa. 8

LA POTISSERIE

Via delle Foppette, 2
tel 338 9510012
lun/ven 9.00 - 13.00
e 14.30 - 18.30
lapotisserie.blogspot.com

Nel nome, il concept
Quando hanno pensato al nome, hanno avuto un colpo di genio: e così è nata questa bottega-laboratorio dove si realizzano e vendono oggetti di ceramica con imballi da pasticceria! Non troverete solo le classiche ceramiche da usare in tavola o come oggetto d'arredo, ma anche accessori per la moda e bijoux assolutamente unici. 9

{MANGIARE/BERE}

LADYBÙ

Via Buonarroti, 11
tel 02 39401487
lun/sab 8.30 - 22.30
ladybu.com

Intolleranti ai latticini? Astenersi!
Ma per tutti gli altri, l'indirizzo da segnare in agenda è questo: LadyBù. Sì, in effetti il nome è un esercizio di stile non particolarmente chic, ma quel che importa qui è la sostanza. E qui, di sostanza, ce n'è e tanta: un concentrato di mozzarella, ricotta, yogurt e chi più ne ha più ne metta.
Ci si viene per fare shopping gourmet, ma ci si può anche accomodare a uno dei tavolini di legno chiaro e farsi accompagnare in un bel viaggio alla scoperta dei segreti e dei sapori più intriganti. Nessun dubbio: questo posto è perfetto per una cenetta tra amiche, o un aperitivo davvero goloso (con anche un vero succo di pomodoro!), o addirittura per una cena da asporto che ricorderete (non dimenticate un pezzo di focaccia con i pomodorini!) 10

LAB CAFÉ

Via Scrosati, 9
tel 02 41299114
lun/sab 7.00 - 19.30
www.facebook.com/labcafemilano

Nordic way
Qui potrete trovare oggetti e accessori, ben mischiati a tanto altro rigorosamente «fatto a mano». La filosofia del locale è basata sul Do It Yourself: tanto hand made da comprare ma anche da creare sul posto, visto che vengono ospitati laboratori creativi. 11

TAVERNETTA RASORI

Via Rasori, 4
tel 02 4812532
lun/sab 12.30 - 15.00
e 19.30 - 23.00

Poco ristorante, molto trattoria
Come direbbe Emanuela, qui si mangia come a casa, e quindi ci piace perché noi a casa cuciniamo poco! La gestione è casalinga: mamma in sala, papà e figlio in cucina, a contendersi la regia. I piatti sono semplici ma ottimi, la pasta fresca è fatta a mano e noi troviamo irrinunciabili la pasta rossa con ricotta di bufala, il filetto di Angus e la crema al mascarpone con scaglie di cioccolato e cannella. 12

VANILLA BAKERY

Via San Siro, 2
tel 02 48102542
mar/ven 8.00 - 12.00
sab/dom 9.30 - 12.00
www.vanilla-bakery.com

Ad alto tasso glicemico

Immaginatevi una domenica uggiosa. Immaginatevi una giornata nata storta. Shakerate il tutto e il risultato è un assoluto e incondizionato bisogno di un bel pomeriggio tra amiche, condito con un assaggio di dolci in quantità industriale. Abbiamo scovato il luogo dove tutto questo non solo è possibile, ma anzi è consigliato: perché Vanilla Bakery sembra fatto apposta per una merenda ad alto tasso glicemico dove un gruppetto di amiche può davvero rimettersi in pace col mondo e ritrovare il sorriso. 13

BLUE GINGER

Viale Troya, 22
tel 02 47718603
lun/sab 12.30 - 15.00
e 19.00 - 24.00
www.blueginger.it

Fusion!

«Io amo gli involtini primavera.» «Io odio i ristoranti cinesi, che orrore!» - «Ci facciamo un sushi?» «Pesce crudo, mai nella vita.» - «Ho assaggiato un pollo con latte di cocco fenomenale!» «Se mi porti a mangiare una porcheria in cui mischiano frutta e pesce o carne ti uccido.» Siamo impazzite? No, abbiamo semplicemente riportato una normale conversazione al momento della scelta del ristorante per cenare un sabato sera! Mettere d'accordo tutti? Al Blue Ginger si può! Se cercate un etnico, qui ne trovate tanti, tutti insieme. Accogliente, moderatamente fashion, sicuramente gustoso, questo ristorante è soprattutto «fusion»! Pssssssh: non dimenticate di ordinare il pollo in crosta di mandorle e gli involtini thai, sono buonissimi! 14

DEDANS

Piazza Wagner, 3
tel 02 4812556
lun/dom 7.00 - 23.00
www.dedansbar.com

Croissant e baguette

Chi non ha nell'immaginario una colazione con baguette e pain au chocolat, su un traballante e minuscolo tavolino tondo, con la Tour Eiffel in lontananza e la *Vie en rose* in sottofondo? Ecco, qui manca solo la Tour, ma tutto il resto c'è, ed è anche buono, servito in un'atmosfera decisamente francese, con tocchi provenzali che ci fanno subito sentire meglio. Noi ci veniamo quando sappiamo che la giornata è in salita, e abbiamo bisogno di un'iniezione di positività e un po' di sana dolcezza. 15

RISTORANTE ESSENZA MILANO

Via Marghera, 34
(*cortile interno*)
tel 02 4986865
lun/sab 12.30 - 15.00
e 20.00 - 23.00
chiuso sabato a pranzo e domenica
www.essenzaristorante.it

Trovare l'essenza
Eugenio ha un viso da burbero, ben mascherato dietro alla barba hipster. Ma se lo guardate negli occhi ci vedrete una sconfinata passione per il buono, e un'innata propensione per il bello. E allora come non seguirlo in ogni suo nuovo progetto? Entrate felici nel bel cortiletto e accomodatevi a uno dei tavoli ampi e ben apparecchiati con una candida tovaglia e stoviglie da perdere la testa. E poi lasciatevi tentare da una proposta creativa ma concreta, di struttura e tecnica, ma soprattutto di gran cuore. Tra i nuovi nati a Milano, questa piccola delizia entra a buon diritto nella nostra personale classifica per location, atmosfera, cucina e passione. Fatevi portare! Altamente consigliato per romantici gastrogourmet. 16

LA FACTORY POLENTA

Via delle Foppette, 2
tel 02 84576954
lun/gio 11.00 - 18.00
ven 11.00 - 20.00
sab 11.00 - 15.00
www.lafactorypolenta.flazio.com

«Solo» polenta
Alla larga schiera di locali in cui si mangia «solo» una cosa, si aggiunge questo, specializzato in polenta, per di più da asporto, ma non solo. Un takeaway all'italiana (ma adesso fanno anche la consegna a domicilio), dove le materie prime sono di gran livello e la farina di mais è una base sulla quale giocare sapientemente, accompagnandola con condimenti, contorni, salumi e formaggi, mescolando sapori e consistenze per piatti che vi conquisteranno nella loro rustica semplicità. Mangiatela qui o portatela a casa, ma soprattutto sbizzarritevi con i condimenti, e provate anche i dolci: anche in quel caso, il mais è protagonista! 17

{BELLEZZA}

SANAMENTE

Via Scarpa, 15
tel 02 43982060
lun/ven 10.00 - 19.00
chiuso sabato
www.sanamentebenessere.it

Rinnovarsi
Vi capitano mai giorni in cui avete bisogno di coccole? A noi spessissimo. E in quei momenti, non c'è nulla di meglio di un po' di tempo per sé. Un'ora e un quarto di oro puro: scrub, massaggio e polvere d'oro per un trattamento anti-age degno di una vera luxury Spa, ma in pieno centro cittadino. Avvolte da un dolce profumo di ambra e rosa, lo scrub dorato, arricchito con estratti di caviale e zucchero di canna, sarà il primo passo per la rigenerazione cellulare, seguito da un sapiente massaggio con miele all'oro… pelle setosa assicurata! E come se tutto questo non bastasse, ecco il gran finale: un bozzolo con pagliuzze dorate ed estratti di champagne chiuderà quest'esperienza lussuosa. Rigenerate e rincuorate? Crediamo proprio di sì! 18

{BUONI PRODOTTI}

DULCIS

Via Marghera, 49
tel 02 43911377
lun/gio 7.30 - 23.00
ven 7.30 - 24.00
sab/dom 9.00 - 24.00
www.dulcistore.com

Esperienza deliziosa
Interno giorno, o anche sera. Vedete voi. Quell'indicibile desiderio di qualcosa di buono che assale. La dispensa? Deserta. L'armadietto dei dolci? Sguarnito. Per non soccombere all'immediato bisogno, ecco una pasticceria con delivery, un'idea davvero geniale! Scegliete e vi sarà portato, dalla colazione al dopocena, passando per ogni intermezzo della giornata in cui sentite il bisogno di essere dolcissime. 19

I GELATI DI NANINÀ

Via Foppa, 52
tel 02 42296698
lun/gio 12.00 - 22.00
ven/dom 12.00 - 23.00
www.igelatidinanina.it

Per sempre gelato!
C'è qualcuno in città che ha deciso di regalarci gusti insoliti e nuovi sapori, partendo sem-

pre da ingredienti di stagione e offrendo accanto ai gusti tradizionali abbinamenti insoliti e accattivanti. E sapete che c'è? Noi ci siamo appassionate anche alla versione «abbinamento» dei loro prodotti: il gioco è accostare limone&basilico a un crudo di pesce o pesce ai ferri o accompagnare il gelato di fichi a un salume importante, così da renderlo meno grasso. Vi sembra follia? No! È la nuova frontiera del gelato gourmet! Non vi abbiamo convinte? Ok, continuate a gustarvi coni e coppette assaggiando i gusti classici. 20

PANIFICIO SANNA

Via Marghera, 37
tel 02 4812072
lun/sab 7.30 - 19.30

Ciao, magre!
Anna appena lo vede si incolla alle vetrine e ispeziona ogni angolo del bancone alla ricerca del prodotto del desiderio, che normalmente è ben più d'uno. Io e Sibilla non siamo da meno, soprattutto attratte dalla parte salata del locale, che è di perdizione assoluta, almeno sul fronte bilancia. Carboidrati e zuccheri, a noi! Come resistere davanti a tutta questa meravigliosa sfilata di croissant, focacce, panzerotti e frittelle, pizze e pizzette, bignè e salatini? Semplice, facendone una gran scorta e cercando di non mangiarli tutti prima di arrivare a casa, dove – forse – potremmo anche decidere di condividere il bottino con qualcuno goloso quanto noi. 21

GELATERIA MARGHERA

Via Marghera, 33
tel 02 468641
lun/dom 10.00 - 24.00
www.gelateriamarghera.it

Il gelato di Milano-Milano
Questa è la gelateria yuppie per eccellenza, quella immancabile per tutti i milanesi che hanno fatto la fortuna dei film di Vanzina e che nel resto d'Italia sono ormai una macchietta. Per certi versi sopravvalutata, per altri troppo modaiola, per noi rimane pur sempre un ottimo compromesso per il gelato da asporto, in una zona che alla fine è il crocevia giusto per andare un po' ovunque. 22

FONTANA E FONTANA

Via Foppa, 37
tel 02 48951466
lun/sab 9.00 - 13.00
e 16.00 - 20.00

Cioccolato&mousse
Stavate cercando una pasticceria? L'avete trovata! Nella città in cui tutto è questo e anche quell'altro,

un po' così ma anche cosà, ecco un posto che è rimasto se stesso e incarna ancora la sua specializzazione non monoprodotto. Sono bravi soprattutto col cioccolato, ma sono famosi per le mousse: non vi resta che provare e scegliere in autonomia quali sono le cose che vi garbano di più. E portarle a casa compulsivamente! 23

LA BAITA DEL FORMAGGIO

Via Foppa, 5
tel 02 4817892
lun 15.30 - 19.30
mar/sab 9.30 - 12.30
e 15.30 - 19.30
www.labaitadelformaggio.it

Formaggiosissimevolmente
Anna fa parte della confraternita delle *Cheese girls*, quindi questo è il suo indiscusso paradiso, ma noi non siamo da meno. E da quando c'è la possibilità di degustare sul posto, la Baita è diventata un cult da frequentare con assiduità. Facilissimo descriverla: tutti i formaggi che potete desiderare, e anche quelli che non eravate nemmeno in grado di immaginare, riuniti in un unico luogo. Scegliere è il vero match: impossibile, a meno di essere molto allenate a saper dire di no. Pensate che alcune specialità se le fanno fare solo per loro, così, giusto per mettervi ancora di più in difficoltà al momento di puntare il ditino verso il vostro prossimo boccone. 24

OUT OF GLUTEN

Viale San Michele del Carso, 13
tel 02 433004
mar/sab 10.00 - 14.00
e 15.30 - 19.00
www.outofgluten-milano.it

Celiaci di tutta Milano unitevi
Senza glutine ma con gusto? Qui, si può. Perché con una ricerca spasmodica di alimenti alternativi e la giusta dose di sperimentazione sulle farine per celiaci, in questo locale anche chi ha intolleranza o allergia può scoprire un buon modo di mangiare sano. Si compra, ma ci si può anche far portare tutto a casa, per un servizio in più molto utile quando il celiaco è un amico e voi non sapete proprio come sfamarlo! 25

{MERCATI}

MERCATO COMUNALE COPERTO

Piazza Wagner, 4
lun 8.00 - 13.00
mar/ven 8.00 - 13.00
e 15.30 - 19.30
sab 8.00 - 13.15 e 15.30 - 19.30

Se cercate un mercato, avete sbagliato indirizzo. Diciannove botteghe dove la parola d'ordine non è risparmio ma di sicuro qualità. Qui siamo al Cartier delle bancarelle, al Tiffany degli ambulanti, alla Ferrari dei banchi: insomma, fuori la carta di credito e via libera allo shopping compulsivo tra frutta e verdura d'autore, formaggi mirabili, carne e pesce di livello eccelso, pane e focacce dei più croccanti e fiori più fioriti del reame. Il mercato comunale di piazza Wagner nasce nel 1929, con la classica struttura in ferro in pieno stile Liberty, e i suoi banconi stracolmi di prelibatezze soddisfano il palato ancor prima del gusto. Occhio alle «sciure» impellicciate dotate di cane al guinzaglio e carrellino con diamanti, dirette al mercato dove fare la spesa più chic della città. Se avete un desiderio, un'amica in gravidanza con voglie incontenibili di pesche a dicembre, non abbiate timore: qui le stagioni non osano mettersi d'intralcio. 26

{DORMIRE}

BED&CAFÉ

Via Sardegna, 34
tel 334 2897159
www.bcmaison.it

Ode alla tranquillità
Un piccolo bed and breakfast, in una palazzina anni Quaranta, è una comoda e piacevole soluzione per una sosta in zona, dove soggiornare al giusto prezzo trovando un'accoglienza garbata. Propongono una colazione preparata quotidianamente con pane fresco, croissant, e torte tutte fatte in casa. Frutta, centrifughe e succhi, assieme a tè, latte e l'immancabile caffè, completano il breakfast. Nota di merito per il caminetto, che rende la hall un bel posticino dove riposarsi tra una visita e l'altra della città. 27

{COL NASO IN SU}

I GRATTACIELI DI PIAZZA PIEMONTE

Ma quanto sono belli questi due gemelli diversi che spartiscono il traffico e la visuale su una delle piazze con più arterie della città! Noi non possiamo fare a meno di ammirarli, dal semaforo che sta proprio lì davanti, e scoprire le piccole diversità che li rendono ancora più unici, come se stessimo giocando a *Trova le differenze* della «Settimana Enigmistica». Quando furono realizzati, nel 1923, li chiamavano grattacieli: adesso sono una testimonianza di un'epoca che ci piace tanto ricordare. A

CASA DI VIA DOMENICHINO

Via Domenichino, 1-3

Questa casa è un pezzo della storia dell'architettura e del design milanese, una sorta di sperimentazione innovativa per gli anni Trenta, quando fu eretta. L'abitazione di via Domenichino (1928-1931) è una prova particolarmente ben riuscita del nuovo corso del binomio Gio Ponti/Emilio Lancia, che si sono misurati con massa, colori e materiali creando un unicum da cui è partita una nuova scuola di pensiero sull'architettura abitativa borghese. B

CITYLIFE

Qui, dove una volta c'era la Fiera campionaria, adesso c'è il progetto di riqualificazione creato dalle «archistar» internazionali Arata Isozaki, Daniel Libeskind e Zaha Hadid. Vituperato, ammirato, contestato e chiacchierato, questo polo di grande attrattiva è stato uno degli interventi più discussi negli ultimi anni in città, e anche solo per questo è un posto da non lasciarsi sfuggire. Fra detrattori e ammiratori, per dare il vostro giudizio dovete venire a vederlo, e decidere se arricchisce o impoverisce questa zona al crocevia tra il centro e le autostrade. C

{IL BON TON DELLA FESTA HIPSTER}

Salone del Mobile, Settimana della moda, Social media week: a Milano c'è solo l'imbarazzo della scelta per avere buone occasioni per imbucarsi alle feste più cool. Trovare un accredito o infilarsi impunemente nella lista giusta non è un problema: basta conoscere l'amico degli amici che lavora per o fa il pr di, e in un attimo la vostra casella di posta pullulerà di inviti ai quali la maggior parte delle volte è opportuno dire di sì.

Ma attenzione: anche alle feste di rappresentanza, soprattutto quelle un po' hipster che vanno tanto di moda in questo periodo, bisogna sapere come comportarsi. Ecco allora il vademecum perfetto, stilato con l'aiuto della nostra amica Alice, detta Mozza, assidua frequentatrice e detentrice del «bon ton della festa hipster».

Innanzitutto, si arriva un po' in ritardo. Non troppo, ma nemmeno tra i primi. L'ideale è mandare un emissario davanti all'ingresso che vi avvisi quando i tre o quattro personaggi cult sono arrivati. Voi state pure nel bar dietro l'angolo, ed entrate con nonchalance a festa già mezza piena.

Naturalmente ci si muove col car sharing, non sognatevi di arrivare alla festa in metro, né tantomeno in taxi. In taxi arrivano solo i vip, e a volte nemmeno loro.

Regola aurea: non si fanno foto, non si posta sui social, non ci si fanno selfie. Per voi è assolutamente normale esserci, quindi non avete bisogno di sbandierarlo ai quattro venti. I più estremisti arrivano a non farsi nemmeno fotografare davanti al photocall con logo dello sponsor. La foto, rubata quando nessuno vi vede, ma tecnicamente perfetta che neanche Helmut Newton, con filtro di correzione chiaro-quasi-bianco, la posterete solo domani, solo su Instagram, con hashtag appropriato e la dicitura «lategram». Foto rigorosamente priva della vostra immagine, di qualunque vip presente e di qualsiasi riferimento allo sponsor.

Al buffet, di solito scarso e di dubbia qualità, si beve ma non si mangia. Masticare qui vi farà passare per l'imbucato di turno. Mangiare non è cool. Passeggiare con un drink lo è moltissimo. Quale drink? Se dovete chiederlo, siamo messi male! A Milano oggi si beve solo gin tonic con Hendricks e fettina di cetriolo: ma come fate a non saperlo?

E per finire? Ovvio: non si saluta quando si va via. Né si ringrazia qualcuno, tanto non sapete nemmeno chi ha organizzato la festa! Uscire alla chetichella, strizzare l'occhio alla hostess all'ingresso, vi darà il lasciapassare per la prossima occasione. E appena usciti, mi raccomando: subito a mangiare ramen. Non sapete che cos'è? Be', non è che possiamo far miracoli! Studiate per la prossima volta!

Creatività e giovani stilisti
PORTA GENOVA

Quando abbiamo voglia di un pezzo insolito da aggiungere alla nostra collezione, sia quella di casa che quella negli armadi, il passaggio da Porta Genova e dintorni è d'obbligo!

Qui, essendo ormai diventata zona di culto per quel fenomeno meraviglioso che è il Fuorisalone del Mobile – quando da mattina a sera, per un'intera settimana, sembra di stare davvero in una metropoli di respiro internazionale – si ritrovano tutti i più geniali e inconsueti giovani designer.

Se l'Isola è il regno degli artigiani dell'arte, questa zona della città è invece appannaggio degli artisti pazzi, quelli che vedono oltre, e regalano spunti del mondo che verrà.

Passeggiando troverete cortili aperti con botteghe e atelier, un'energia creativa che si sente e si percepisce… e volendo si può pure comprare!

In realtà la settimana dedicata al Salone è proprio quella da cui tenersi alla larga, perché qui si concentrano la maggior parte delle manifestazioni e degli eventi, e anche una quantità industriale di persone, tanto che il pittoresco ponte di ferro sulla stazione si trasforma in una trappola mortale, sulla quale potreste restare bloccati per ore. Ma in tutto il resto dell'anno, non perdetevi un tour alla ricerca di qualcosa di davvero originale, che andrà abbinato con gusto al vostro look da tutti i giorni. Non passerà inosservato!

{SHOPPING}

CARMEN VECA MONILI

Via Savona, 1
tel 02 58105363
mar/sab 11.00 - 14.00
e 16.00 - 19.30
www.carmenvecamonili.it

Agghindami!
A noi bambine intramontabili questi negozietti piacciono sempre molto. Impossibile uscire senza qualcosa. Già il fatto che li chiamino «monili» ci fa letteralmente impazzire! 28

MEMÈM

Via Savona, 1
tel 02 36753846
mar/sab 10.30 - 14.00
e 15.30 - 19.30
mememshop.blogspot.it

Proprio per me, anzi per noi!
Memèm, uno spazio che la proprietaria dedica ai suoi primi trent'anni e alla sua personale ricerca di tutto ciò che fa stile, è pensato per chi vuole coniugare look sofisticato e originalità, grazie a una selezione di marchi di abbigliamento e accessori scovati in tutto il mondo. Ci è piaciuto immediatamente, già dalla vetrina. All'interno, poi, una grande ricerca che arriva da tutta Europa e che si sofferma sui nostri adorati stilisti francesi (una mania per noi di *MilanoSecrets*). Vestiti, gonne, borse, scarpe, gioelli… una vera e propria cassaforte di coccole per lo spirito modaiolo che ci anima! 29

LIBRERIA CORRAINI

Via Savona, 17/5
tel 02 36584119
lun 15.00 - 19.30
mar/sab 10.30 - 14.00
e 16.00 - 19.30
www.corraini.com

La cultura, in leggerezza
Da Corraini si rischia di sperperare lo stipendio, ma ne vale senz'altro la pena, viste le tante meraviglie che questa casa editrice e libreria pubblica e propone al lettore curioso. Innumerevoli e sempre di livello i libri per i piccoli, che diventeranno grandi lettori con questo «trattamento d'urto». E per voi? Davvero c'è solo l'imbarazzo della scelta!
È anche il posto ideale per quando si hanno poche idee per un regalo: qui c'è di sicuro qualcosa di curioso sia per chi adora leggere sia per chi legge poco ma ama farsi stupire da un bell'oggetto. 30

UNDUETRESTELLA

Via Vico, 1
tel 02 89452445
lun/ven 10.00 - 19.00
SABATO SU APPUNTAMENTO
www.unduetrestellababy.com

Arte accessibile
Un paradiso per grandi e piccini. Arte, design e food, per bambini ma non solo. Un progetto di Paola Noè che vi farà letteralmente impazzire, come è successo a noi che ci siamo innamorate di quel modo così semplice ma così speciale di creare arte accessibile e alla portata di tutti. Paola crede che l'estetica sia una ricerca quotidiana, una ricerca da imparare fin da piccoli. E noi certo non smettiamo perché siamo troppo cresciute! La scusa di portare qui i bambini è sempre perfetta! 31

{MANGIARE/BERE}

ANGELO'S BISTROT

Via Savona, 55
tel 02 45548642
lun 9.30 - 16.00
mar/sab 9.30 - 24.00
www.angelos.it

Tuffo Fifties
Un bel bistrot, dove assaporare piatti classici con qualche tocco insolito. Il locale è molto carino e molto vintage. Consigliato per una sosta e per una cena tra amiche. Perché gli anni Cinquanta non passano mai di moda, e l'insegna di questo posto è lì a dimostrarlo! Non fa subito *Grease*? 32

MAIDO!

Via Savona, 15
tel 02 39434027
lun/sab 12.00 - 15.00
e 19.00 - 23.00
www.maido-milano.it

Come in un cartone giapponese
Mai assaggiato l'okonomiyaki? Qui lo troverete, e scoprirete una preparazione succulenta e sostanziosa, in diretta dalla tradizione del Sol Levante. Se come Anna siete cresciute davanti alle puntate di *Kiss me Licia* non potete non venirci! Ricordate Marrabbio? Il padre di Licia, burbero brontolone, gestiva il Mambo, un ristorantino esattamente come questo, dove era sempre intento a strapazzare uova, base indispensabile di questa preparazione. Scegliete la vostra preferita e aspettate sugli sgabelloni che sia pronta, e perdete qualche minuto a osservare i ragazzi che lavorano in cucina e gli avventori del locale. Se non è multietnica Milano! 33

LANGOSTERIA 10 BISTROT & BOTTEGA

Via Bobbio, 2
(angolo Viale Coni Zugna)
tel 02 58107802
mar/dom 12.00 - 15.00
e 19.00 - 23.30
ANCHE TAKEAWAY
www.langosteria10bistrot.it

Un locale, mille usi!
Un piccolo bijoux dedicato a tutti coloro che amano il pesce. Atmosfera molto *parisienne*, ottima cucina partenopea, pesce e crostacei a volontà. Che cosa desiderare di più? La sofisticatezza e il glamour degli arredi uniti al gusto e al sapore dei piatti; il tutto amalgamato dalla fresca simpatia dei camerieri (una rarità nella Milano di questi tempi!) e da ottimi vini. P.S.: Nella vicinissima via Savona c'è anche il ristorante ma noi preferiamo il Bistrot. 34

AL FRESCO

Via Savona, 50
tel 02 49533630
lun/dom 12:30 - 15.30
e 19.30 - 24.30
www.alfrescomilano.it

Stai fresco
Al Fresco è uno dei nomi più azzeccati tra i quasi nuovi ristoranti milanesi. Perché ben si adatta a questo ampio spazio armonioso, provenzale ma non lezioso. Colori chiari, tessuti di lino, un po' di vintage che non guasta, fiorellini di campo e lucine di candela. Che altro dire? Si mangia, sì! E nella bella stagione lo si fa anche all'aperto. 35

HAMBISTRO

Via Savona, 13
tel 02 89406511
lun/ven 12.00 - 15.00
e 19.00 - 23.00
sab/dom 12.00 - 16.00
e 19,00 - 23.00
www.hambistro.it

Hamburger e zuppe
Le due proprietarie hanno creato un minuscolo posticino dall'aria internazionale, dove è piacevole fermarsi e gustare qualche delizia. Come dicono loro, è davvero il posto perfetto «per sentirsi sempre in vacanza». Piatti direttamente dagli States, accompagnati anche da dolcetti della nostra tradizione. 36

VALÀ

Via D. Crespi, 14
tel 02 91636095
mar/mer 8.30 - 21.30
gio/ven 8.30 - 23.30
sab 9.30 - 23.00
dom 9.30 - 16.00 e 18.00 - 23.00
www.facebook.com/
valabancoecucina

Caffetteria con cucina green
Il bianco e nero del pavimento a quadroni e i tavolini turchesi ci han-

no fatte innamorare di questo posto dove assaporare una buona cucina veg. A noi piacciono in particolare le crescentine, ma voi scegliete dal menu e non rimarrete deluse! 37

OFELÉ CAFFÈ & COCCOLE

Via Savona, 2
tel 02 49500096
mar/mer/ven 8.00 - 18.00
gio 8.00 - 20.00
sab 10.00 - 20.00
dom 10.00 - 17.00
www.ofele.it

Coccole per ogni ora del giorno
Questo è il posto giusto per coccolarsi. Un mix di piatti americani e prodotti nostrani, per accontentare ogni tipo di fame, a qualsiasi ora del giorno. Sapete che cosa vuol dire *ofelé*? Pasticcere, in dialetto milanese! È anche parte di un detto: ogni ofelé al fa el so mestè = a ciascuno il suo (mestiere). Una tappa perfetta durante un giro in Porta Genova. 38

MORNA

Via G. Bugatti
(angolo Via Tortona, 21)
tel 345 5895057
lun/ven 7.00 - 2.00
sab 18.00 - 2.30

Vecchia Milano da cartolina
Veniteci d'estate, e godetevi il glicine, la quiete, e i vecchietti che litigano sui punti della partita a bocce. Non troverete niente di più milanese nei dintorni: la città qui è rimasta quella dei vecchi quartieri, dei cittadini che inforcavano la bicicletta dopo il lavoro e venivano a farsi un bicchierino di quello buono e qualche colpo al boccino. Non è cambiato molto, tranne l'offerta di cocktail che allora mancava e di cui, forse, non sentivamo la mancanza. 39

PANINOLAB

Via Montevideo, 8
tel 02 22220034
mar/sab 12.00 - 15.00
e 18.00 - 24.00
dom/lun 12.00 - 15.00
chiuso lunedì mattina
www.paninolab.it

Pane e companatico
Nel quartiere dove tutto è creatività, non poteva non esserci un vero e proprio laboratorio del panino. In lista non troverete una varietà infinita di proposte, ma le ricette che propongono sono tutte preparate con ingredienti di primissima scelta. Nota di merito e di gusto per il pane, realizzato rigorosamente a lievitazione naturale, con pasta madre e farine macinate a mano. 40

LES GITANES BISTROT

Via Tortona, 15/Via Forcella, 2/a
tel 02 8394084
lun/sab 8.00 - 2.00
www.lesgitanesbistrot.it

Amichevole accoglienza
Alla base del successo di un locale, spesso, c'è la passione del suo proprietario. E qui la passione c'è, ed è tanta. Dalla colazione al dopocena, ecco il posto adatto per mangiare piatti curati, preparati con materie prime d'eccezione, e avere quell'accoglienza che vi farà sentire subito amici e benvenuti. Per «fare serata» senza cambiare locale, veniteci per l'aperitivo e vi alzerete a tarda sera. 41

{BUONI PRODOTTI}

PASTICCERIA SUPINO

Via Cesare da Sesto, 1
tel 02 89404058
mar/sab 8.00 - 13.00
e 16.00 - 20.00
dom 8.00 - 13.00 e 16.00 - 19.00

La cannoncineria
Se come noi siete amanti dei cannoncini non potete non passare da questa pasticceria. Non sono solo buoni, ma in assoluto sono i migliori della città. Anzi, forse i migliori che abbiamo
mai assaggiato. Persino Anna, che è una vera rompiscatole sul cibo, li trova semplicemente deliziosi. Unico neo? Non sono disponibilissimi a vendervelí.
Non sappiamo come mai, ma c'è della ritrosia nel farlo…
Se riuscite ad averne anche solamente un paio, vuol dire che siete degli ottimi negoziatori. Ma il loro sapore vi ripagherà dello sforzo! 42

MAG MASTRI ARTIGIANI DEL GELATO

Corso Genova, 26
lun/ven 7.30 - 23.30
sab/dom 8.00 - 23.30
www.gelatomag.it

Slurp!
Perché segnalare un'altra gelateria? Perché non abbiamo mai mangiato un gelato biscotto così! Fatto con fecola, burro e uova, viene riempito al momento, con uno o due gusti. Nemmeno quelli al mare che ci comprava il nonno appena dopo il bagno delle quattro del pomeriggio era così buono. Voi la granella la preferite di pistacchio, cioccolato fondente o bianco oppure nocciola? Qui le troverete tutte! E troverete anche altre alternative alle solite cose da passeggio banali e scontate. 43

{TEMPO LIBERO}

LIBROTECA LIBELLULA

Via d'Oggiono, 1
tel 333 9349983
lun/dom 11.00 - 13.00
e 15.00 - 19.30
mer 11.00 - 19.30
chiuso lunedì mattina
www.facebook.com/
libellulaliberipercrescere

Favole a merenda
Un po' libreria e un po' biblioteca: non trovate che sia un'idea bellissima abbinarle? Qui potete sfogliare tanti libri per bambini dagli 0 ai 100 anni, ma anche prenderli in prestito o acquistarli, e fermarvi a sentire le letture «animate» e il profumo della carta, quello che fa subito sognare le storie meravigliose che i volumi nascondono tra le loro pagine. Qui le mamme avranno a disposizione un fasciatoio, i nonni potranno fare i nonni, e i bambini allestiranno la vetrina in cui poi potranno giocare. 44

{DORMIRE}

HOTEL MAGNA PARS SUITES MILANO

Via Forcella, 6
tel 02 8338371
www.magnapars-suitesmilano.it

Come su una nave
Una location nella quale sentirsi coccolati. Un albergo ricco di fascino, tutto sui toni del bianco, con l'utilizzo del legno, tanto che sembra di stare su una nave, in cui potersi ritemprare. Piacevole la sosta al ristorante «Da noi in», dove lo chef prepara delizie sopraffine, da gustare secondo la formula del pranzo/colazione anglosassone, e il fresco giardino sarà perfetto dopo un giro di shopping. 45

COCOON

Via Voghera, 7
tel 02 8322769
www.cocoonbb.com

Come in un bozzolo
Se preferite luoghi d'atmosfera e che sappiano di casa, il posto è perfetto. In più è silenzioso, che è un must da non sottovalutare, e ha una vista sul giardino interno che è impagabile. 46

{COL NASO IN SU}

CONCA DI VIARENNA

Via Conca del Naviglio

Costruita tra il 1557 e il 1558, la conca rappresentava il passaggio obbligato dei blocchi di marmo provenienti dalla Candoglia e diretti al laghetto di S. Stefano, a 500 metri dalla Fabbrica del Duomo. In occasione della morte della moglie Beatrice d'Este, il duca di Milano Ludovico il Moro donò alla Veneranda Fabbrica la conca e l'esenzione dal dazio dei materiali destinati al cantiere del Duomo cioè il passaggio gratuito delle barche marchiate «Ad usum fabricae» (da qui l'espressione «a ufo» per indicare chi non paga). A testimonianza di questo evento, in via Conca del Naviglio c'è un'edicola con lo stemma dei Visconti e l'insegna della Fabbrica del Duomo ovvero la Madonna che col suo mantello protegge la cattedrale di Milano. Il nome Viarenna deriva da «via della renna» che dal dialetto milanese si traduce in sabbia ovvero il materiale da costruzione che, assieme al marmo di Candoglia, passava dalla conca. Con la copertura del Naviglio Interno, verso la fine degli anni Venti del Novecento, si è interrotta la via d'acqua e la conca è rimasta inutilizzata. D

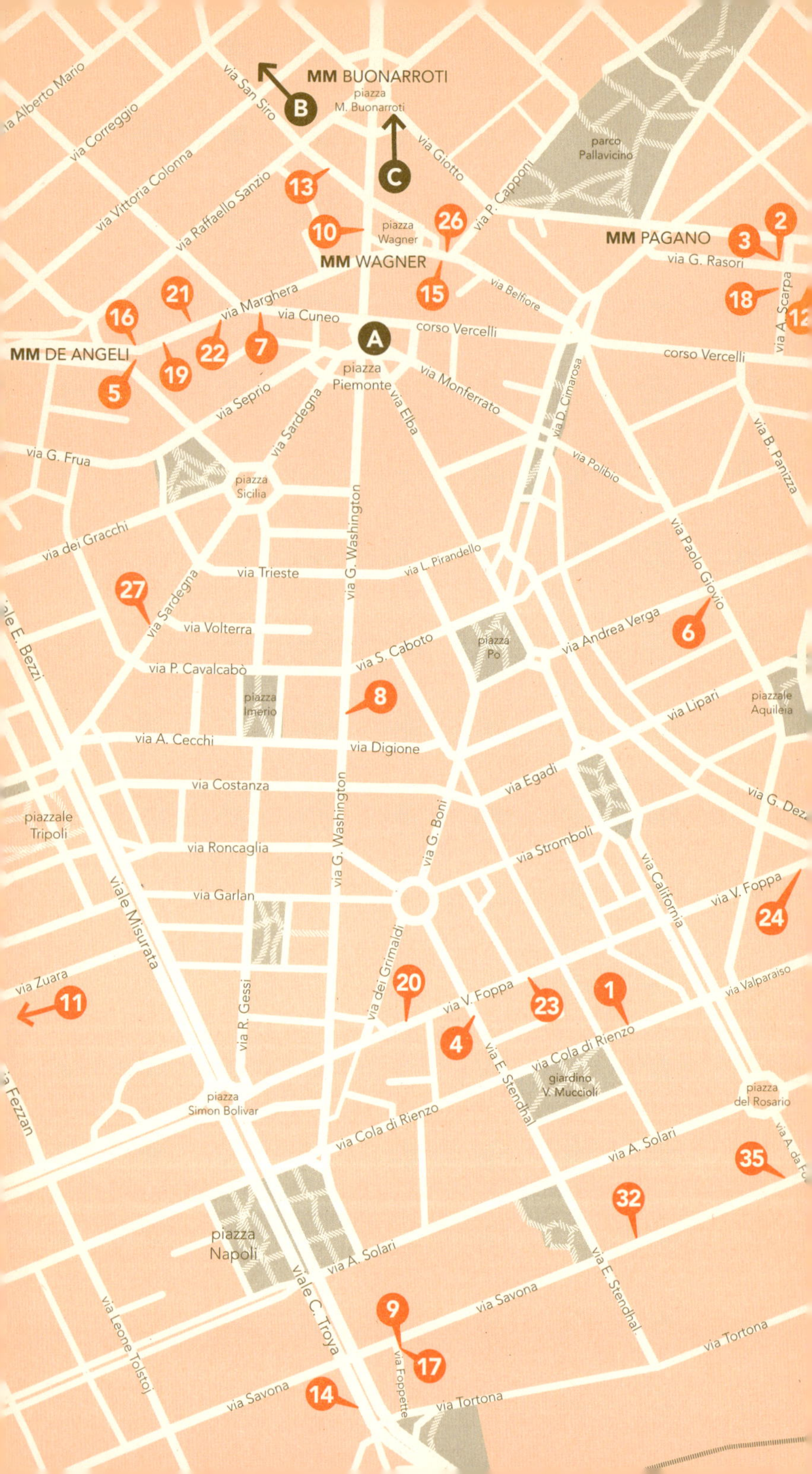
MM BUONARROTI
piazza M. Buonarroti
B
C
A
MM WAGNER
piazza Wagner
MM PAGANO
MM DE ANGELI
parco Pallavicino
piazza Piemonte
piazza Sicilia
piazza Po
piazza Imerio
piazzale Aquileia
piazzale Tripoli
piazza Simon Bolivar
giardino V. Muccioli
piazza del Rosario
piazza Napoli
via Alberto Mario
via Correggio
via San Siro
via Vittoria Colonna
via Raffaello Sanzio
via Giotto
via P. Capponi
via G. Rasori
via A. Scarpa
via Belfiore
via Marghera
via Cuneo
corso Vercelli
via Monferrato
via Elba
via Seprio
via Sardegna
via G. Frua
via D. Cimarosa
via Polibio
via B. Panizza
via dei Gracchi
via G. Washington
via L. Pirandello
via Trieste
via Paolo Giovio
via Volterra
via Andrea Verga
via S. Caboto
via P. Cavalcabò
viale E. Bezzi
via Lipari
via A. Cecchi
via Digione
via Costanza
via Egadi
via G. Boni
via Roncaglia
via Stromboli
via California
viale Misurata
via Garlan
via V. Foppa
via dei Grimaldi
via Zuara
via Valparaiso
via R. Gessi
via Cola di Rienzo
via E. Stendhal
via Fezzan
via A. Solari
viale C. Troya
via Savona
via Leone Tolstoj
via Tortona
via Foppette
1
2
3
4
5
6
7
8
9
10
11
12
13
14
15
16
17
18
19
20
21
22
23
24
26
27
32
35

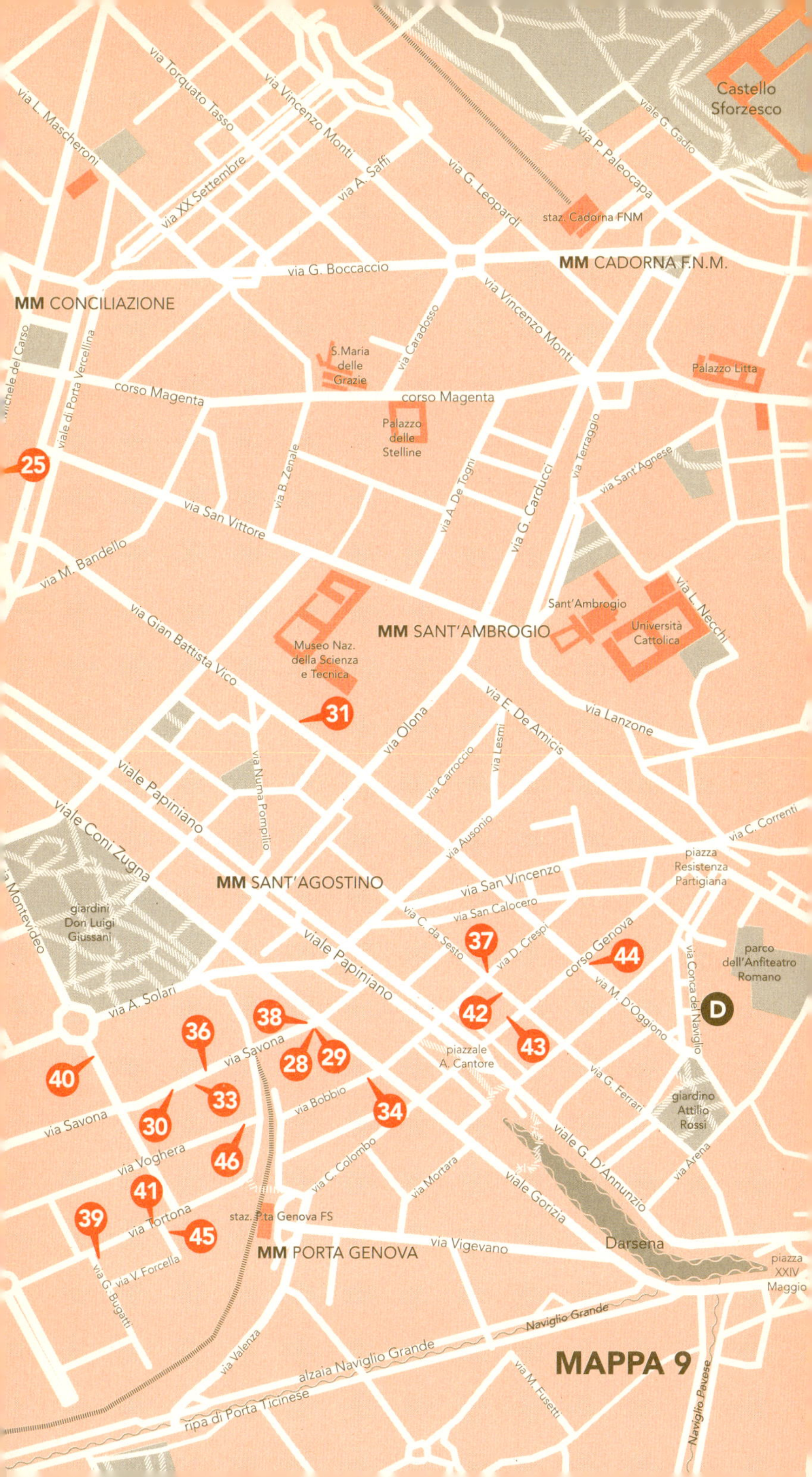
MAPPA 9
Castello Sforzesco
via Torquato Tasso
via Vincenzo Monti
via L. Mascheroni
viale G. Gadio
via P. Paleocapa
via XX Settembre
via A. Saffi
via G. Leopardi
staz. Cadorna FNM
via G. Boccaccio
MM CADORNA F.N.M.
MM CONCILIAZIONE
via Caradosso
via Vincenzo Monti
S.Maria delle Grazie
Palazzo Litta
corso Magenta
corso Magenta
viale di Porta Vercellina
Palazzo delle Stelline
via Terraggio
via Sant'Agnese
via B. Zenale
via A. De Togni
via G. Carducci
via San Vittore
via M. Bandello
Sant'Ambrogio
MM SANT'AMBROGIO
Università Cattolica
via L. Necchi
via Gian Battista Vico
Museo Naz. della Scienza e Tecnica
via E. De Amicis
via Lanzone
via Olona
via Lesmi
via Carroccio
viale Papiniano
via Numa Pompilio
viale Coni Zugna
via Ausonio
via C. Correnti
piazza Resistenza Partigiana
MM SANT'AGOSTINO
via San Vincenzo
via San Calocero
giardini Don Luigi Giussani
via C. da Sesto
via D. Crespi
corso Genova
viale Papiniano
parco dell'Anfiteatro Romano
via Conca del Naviglio
via M. D'Oggiono
via A. Solari
via Savona
piazzale A. Cantore
via G. Ferrari
via Savona
via Bobbio
giardino Attilio Rossi
via Voghera
viale G. D'Annunzio
via C. Colombo
via Mortara
viale Gorizia
via Arena
via Tortona
staz. P.ta Genova FS
MM PORTA GENOVA
via Vigevano
Darsena
piazza XXIV Maggio
via V. Forcella
via G. Bugatti
Naviglio Grande
alzaia Naviglio Grande
via Valenza
ripa di Porta Ticinese
via M. Fusetti
Naviglio Pavese
25
31
37
44
D
42
43
38
36
28
29
40
33
34
30
46
41
39
45

Andar per cascine?
Anche a Milano si può!

CASCINA CASSINETTA

Azienda Agricola Cascina Cassinetta
C.na Cassinetta (SP 54 km 1+300)
Gudo Visconti (MI)
tel 02 94961803
www.cascina-cassinetta.it

Azienda a impatto zero, gestita da Alberto, giovane 26enne. La cascina attua in modo non intensivo e con modalità ecocompatibili l'allevamento di bovini, suini e animali di «bassa corte» (polli, galline, oche, faraone, capponi, conigli ecc.). Punto vendita di carne, salumi e prodotti di aziende del territorio con anche una bella fattoria didattica.

CASCINA FORESTINA

Azienda Agricola La Forestina
tel 02 90389263/380 1994068
Cisliano (MI)
www.laforestina.it

Potete raccogliere da voi la verdura direttamente dal grande orto. C'è anche un ristorante, in cui si utilizzano i prodotti biologici e animali che allevano i proprietari. Altre squisitezze arrivano da aziende amiche del circondario. Niccolò è un tipo in gamba, salutatelo quando arrivate!

CASCINA CA' GRANDE

Azienda Agricola Zipo
Via S. Giacomo, 15
Zibido San Giacomo (MI)
tel 338 7916753
aperto solo
sab/dom 10.00 - 12.00 e 16.00 - 19.00
www.zipo.it

Luogo meraviglioso, con cascina da caccia del 1400, vende latte, riso, uova, formaggi prodotti a mano dalla giovane e brava Elisa Pozzi. Un posto da «non puoi non andarci!»

Cinque luoghi immersi nella natura, da vedere per non dire mai più che la nostra città è solo cemento!

CASCINA MADONNINA

Azienda Agricola La Madonnina
Via Cascina Madonnina
Pregnana Milanese (MI)
tel 02 93595320
chiuso martedì
www.cascinamadonnina.com

Allevamento di oche e anatre, ha uno speck d'oca favoloso, oltre a più consuete carni e salumi in vendita. È anche ristorante, con piatti solo di oca e anatra, a ottimi prezzi.

CASCINA CAMPI

Agriturismo Cascina Campi
Via Fratelli Rizzardi, 15
Milano
tel 02 48203061
www.cascinacampi.it

L'allevamento è di tipo tradizionale e si basa su alimentazione naturale e pieno rispetto dei ritmi biologici dei nostri animali. Una vera fattoria a Milano, dove comprare carne di coniglio, galline, faraone, tacchini, capponi, anatre, uova fresche. Potete anche acquistare riso e salumi da aziende del territorio.

A Lapo e Luca
Questa guida è dedicata ai mariti pazienti che ci accompagnano con alterne fortune a testare per voi i segreti della nostra città.

Grazie a…

Baldini&Castoldi,
Antonella e Mara, nostre splendide alleate in questa avventura.

Tutti coloro che, a diverso titolo, ci hanno suggerito indirizzi e offerto spunti: Alfio, Elena, Cecilia, Carla, Martina, Beatrice, Dan, Valerio M., Marco, Sara, Angela, Laura, Anna, Nuvola, Sara, Alberto, Cristina, Dodo, Federico

Francesca, per le chicche da mamma
Samanta, per le cascine
Fabio, per i musei, palazzi e monumenti
Alice, per le dritte per le feste hipster

INDICE DEI NEGOZI E DEI LUOGHI

BELLEZZA

BUONI PRODOTTI

CASCINE

COL NASO IN SU

DORMIRE

MANGIARE/BERE

MERCATI

SHOPPING

TEMPO LIBERO

Stampato nel giugno 2015
per conto di Baldini&Castoldi s.r.l.
da Reggiani S.p.A. - Brezzo di Bedero (Varese)